NÉLIDA PEÑA COLMENARES

LOS REFERENDOS EN EL ORDENAMIENTO CONSTITUCIONAL VENEZOLANO

COLECCIÓN MONOGRAFÍAS
N° 16

cidep
Centro para la Integración y el Derecho Público

Cita sugerida: Nélida Peña Colmenares, *Los referendos en el ordenamiento constitucional venezolano* (Caracas: Centro para la Integración y el Derecho Público, 2026)

Primera publicación: Centro para la Integración y el Derecho Público (CIDEP), Venezuela, 2025.

ISBN: 979-8-90529-018-3

Publicado por
Centro para la Integración y el Derecho Público
Un sello editorial de CIDEP LLC
www.editorial.cidep.online
editorial@cidep.online

TÍTULOS DE LA COLECCIÓN

1. *Derecho Administrativo, LOPNNA y protección de niños, niñas y adolescentes*, Jorge Luis Suárez Mejías.
2. *Casos de estudio sobre la expropiación en Venezuela*, Samantha Sánchez Miralles.
3. *Constitución, integración y Mercosur*, Jorge Luis Suárez Mejías.
4. *Derecho Administrativo y arbitraje internacional de inversiones*, José Ignacio Hernández.
5. *El estado de excepción a partir de la Constitución de 1999*, Gabriel Sira Santana.
6. *La ejecución de sentencias en el proceso administrativo iberoamericano (España, Perú, Costa Rica, Colombia y Venezuela)*, Miguel Ángel Torrealba Sánchez.
7. *La teoría de la cláusula exorbitante. El tránsito de la cláusula derogatoria a la potestad administrativa contractual en los sistemas de contratación pública*, José Araujo-Juárez.
8. *Las situaciones administrativas en la función pública*, José Gregorio Silva Bocaney.
9. *Violaciones del derecho a la defensa en el procedimiento sancionatorio venezolano*, Flavia Pesci Feltri.
10. *Consideraciones sobre las fuentes del Derecho Constitucional y la interpretación de la Constitución*, Claudia Nikken.
11. *El control constitucional de las decisiones judiciales*, Rafael Chavero Gazdik.
12. *La vigencia temporal de los criterios jurisprudenciales en materia tributaria*, Taormina Cappello Paredes.
13. *Diálogo jurisprudencial en Venezuela*, Gonzalo Federico Pérez Salazar.
14. *El derecho de excepción y la emergencia económica*, Gabriel Sira Santana.
15. *La responsabilidad administrativa en Venezuela: Algunas ideas para su reforma*, Jessica Vivas Roso.
16. *Los referendos en el ordenamiento constitucional venezolano*, Nélida Peña Colmenares.

NÉLIDA PEÑA COLMENARES es Abogada, Doctora en Derecho y Profesora Titular de la Cátedra de Derecho Constitucional y de la Especialización de Derecho Constitucional de la Universidad Central de Venezuela.

Especialista en Derecho Constitucional y Ciencia Política del Centro de Estudios Políticos y Constitucionales de Madrid. Diploma de Estudios Avanzados (DEA) del Doctorado de Derecho Administrativo de la Universidad Complutense de Madrid.

Autora de diversas publicaciones en revistas de Derecho Público y de los libros "El régimen de la responsabilidad administrativa en la Ley Orgánica de la Contraloría General de la República y del Sistema Nacional de Control Fiscal", "Los estados de excepción en el ordenamiento jurídico venezolano" (repositorio SABER UCV) y "La delegación legislativa en el ordenamiento jurídico venezolano".

Miembro del Comité Académico de la Especialización de Derecho Constitucional de la Facultad de Ciencias Jurídicas y Políticas de la Universidad Central de Venezuela (2024) y Miembro (Vocal suplente) del Consejo Directivo de la Asociación Venezolana de Derecho Administrativo (AVEDA), 2024-2026.

ÍNDICE

INTRODUCCIÓN

La democracia directa es definida por Garrorena Morales como "aquella forma de intervención de los ciudadanos en la adopción y control de las decisiones públicas que se realiza con la participación inmediata de aquellos en tales actos"[1]. Así comprendida, la democracia directa responde a las exigencias del principio de identidad en cuanto supone la plena paridad entre "el pueblo y el Estado". En el desarrollo de su tesis, el referido autor afirma que la democracia existe no porque los actos de las autoridades públicas tengan que estar referidos al consentimiento de los gobernados, sino porque los gobernantes y los gobernados son las mismas personas.

Es evidente que la existencia real de la democracia directa como sistema político constituye en la actualidad una verdadera utopía que, históricamente, solo pudo existir en la democracia ateniense, en virtud de que el pueblo que participaba en la toma de decisiones solo estaba integrado por ciudadanos atenienses, excluyéndose la gran mayoría de las personas que no estaban investidos de esa condición, y por ende, el grupo gobernante era excesivamente reducido.

Posteriormente, la idea de democracia directa se deriva en el siglo XVIII del concepto de "voluntad general", a partir del cual Rousseau construye su tesis sobre la concepción de ley y de soberanía popular, esta última soslayada en la oportunidad histórica en que los revolucionarios franceses toman el poder (1789) y optan por seguir las ideas de Montesquieu sobre la representación de la nación –no del pueblo– la cual encuentra su fundamento en un sistema electoral con base "censitaria".

---

1 GARRORENA MORALES, Ángel. "Democracia directa". En *Temas Básicos de Derecho Constitucional*. Tomo I. Civitas. Madrid, 200, p. 123.

De esa manera, se prefiere la democracia representativa y a la soberanía nacional sobre la democracia directa y la soberanía popular.

Durante todo el siglo XIX la democracia directa estuvo preterida, hasta que la idea resurge en el primer tercio del siglo XX. No es sino hasta mediados de ese siglo, después de la segunda guerra mundial, cuando vuelven las discusiones sobre la democracia directa en vista de las deficiencias que presentaba el sistema de democracia representativa, tales como la exigua participación del pueblo en los asuntos públicos –pues la misma se limitaba al ejercicio periódicamente del voto–, las carencias en el funcionamiento del Parlamento, la lentitud en la toma de decisiones, el enquistamiento de la misma clase política en el poder, etc.

Así, en virtud de que resultaba irreal postular la sustitución de la democracia representativa por la democracia directa, surgen las peticiones de constitucionalizar expresiones y formas de la última en el marco de la primera, bajo la denominación de *técnicas de democracia directa*.

Es pues en ese contexto cuando cobra fuerza como expresión emblemática de estas técnicas el *referendo*, aunque a decir verdad, siguiendo a Aguiar de Luque, se conoce que fue utilizado en las dietas medievales respecto a algunas de sus decisiones, las cuales eran aprobadas *ad referéndum*[2].

Por cierto, también en la Constitución "jacobina" francesa de 1793 –la cual como es sabido nunca llegó a entrar en vigencia– se introdujo una norma que establecía la condición de que las leyes sancionadas por el Parlamento debían ser aprobadas mediante referendo por el pueblo. Cabe recordar que el Emperador Napoleón acostumbraba a someter sus decisiones más importantes a referendo, el cual fue denominado "plebiscito"[3],

---

[2] AGUIAR DE LUQUE, Luis. "Referéndum". En: *Temas Básicos de Derechos Constitucional*. Civitas. Madrid, 2001, pp. 124-126.

[3] Conviene destacar que los intentos de elaborar una definición unívoca de plebiscito han fracasado, pese a que son muchos los autores que

lo que ha dado lugar a que algunos autores utilicen el sintagma "democracia plebiscitaria" para regímenes autoritarios que suelen validar sus actuaciones mediante la utilización frecuente del plebiscito.

Cabe añadir en esta breve exposición sobre el origen y desarrollo histórico de la institución del referendo que, pese a los esfuerzos de los propugnadores del referendo como técnica de democracia directa, los sistemas de democracia representativa generalmente son refractarios a la inclusión de este y otras técnicas de democracia directa en los ordenamientos constitucionales.

Así, por ejemplo, en las Constituciones europeas posteriores a la segunda guerra mundial son muy pocos los textos constitucionales que recogen técnicas de democracia directa. Entre otras, la italiana de 1947 que introduce el referendo en la modalidad de abrogatorio[4], la española de 1978 en la modalidad

---

han propuesto definiciones, entre otros Biscaretti di Ruffia, quien sostiene que el término plebiscito está referido al pronunciamiento del cuerpo electoral en relación con un hecho, acto político o medida de gobierno, el cual se diferencia del referendo porque el pronunciamiento del cuerpo electoral es respecto a un acto normativo. Por su parte, Loewenstein considera que el plebiscito está reservado a votaciones sobre cuestiones no constitucionales y no legislativas. Ambos autores son citados por SAÉNZ ROYO, Eva en "La regulación del referendo en el derecho comparado. Aportes para el debate en España". En: *Revista Española de Derecho Constitucional 108 (septiembre-diciembre)*. Centro de Estudios Políticos y Constitucionales. Madrid, 2016, pp. 125-126. Consideramos que la definición de referendo genera menos confusión porque se trata de una consulta que se somete al cuerpo electoral que puede versar sobre textos normativos, constitucionales o legales, o sobre decisiones políticas de especial trascendencia.

4 "Artículo 75. Se convocará referéndum popular para decidir sobre la derogación total o parcial de una ley, o de un acto con valor de ley, cuando lo soliciten quinientos mil electores o cinco Consejos regionales. No se admitirá el referéndum sobre las leyes tributarias y de presupuestos, de amnistía y de indulto y de autorización para la ratificación de tratados internacionales. Tendrán derecho a participar en el referéndum todos los ciudadanos llamados a elegir la Cámara de los Diputados. La propuesta sometida a referéndum se considerará aprobada siempre que participe en la votación la mayoría de los titulares

del consultivo[5], y la francesa de 1958 que prevé el denominado referendo constitucional en materia de enmienda y reforma[6].

En fin, queda claro que históricamente el referendo como técnica de democracia directa introducido en los textos constitucionales es de reciente data, y en América Latina cobró una fuerza inusitada a partir del inicio del siglo XXI, como se verá más adelante, definido como una técnica de democracia directa que encuentra concreción en una consulta popular sobre diversas materias, predominantemente de carácter normativo pero que nada obsta para que sean de carácter no normativo.

A los efectos de este trabajo debemos señalar que, en el marco de la Constitución, el referendo es un instrumento de democracia directa mediante el cual el pueblo se pronuncia – en términos amplios– sobre una cuestión política de relevancia nacional, estatal o municipal, que en Venezuela está referida a

---

del derecho al voto y se alcance la mayoría de los votos válidamente emitidos. La ley determinará las modalidades de realización del referéndum".

5 "Artículo 92. 1. Las decisiones políticas de especial trascendencia podrán ser sometidas a referéndum consultivo de todos los ciudadanos. 2. El referéndum será convocado por el Rey, mediante propuesta del Presidente del Gobierno, previamente autorizada por el Congreso de los Diputados. 3. Una ley orgánica regulará las condiciones y el procedimiento de las distintas modalidades de referéndum previstas en esta Constitución".

6 "Artículo 89. La iniciativa de la reforma de la Constitución corresponde conjuntamente al Presidente de la República, a propuesta del Primer Ministro y a los miembros del Parlamento. // El proyecto o proposición de reforma deberán ser examinados en las condiciones de plazo fijadas en el tercer párrafo del artículo 42, y votados por ambas Cámaras en términos idénticos. La reforma será definitiva después de ser aprobada por referéndum. // No obstante, el proyecto de reforma no será sometido a referéndum cuando el Presidente de la República decida someterlo al Parlamento convocado en Congreso; en este caso, el proyecto de reforma sólo quedará aprobado si obtuviere mayoría de tres quintos de los votos emitidos. La Mesa del Congreso será la de la Asamblea Nacional. // No podrá iniciarse ni proseguirse ningún procedimiento de reforma mientras sufra menoscabo la integridad del territorio. // No podrá la forma republicana de gobierno ser objeto de reforma".

normas (referendos aprobatorios y abrogatorios), asuntos de trascendental importancia en la vida nacional (referendo consultivo), la revocación de mandatos de los titulares de cargos electivos (referendo revocatorio) y la aprobación de enmiendas y reformas constitucionales (referendos constitucionales).

El examen de la historia constitucional venezolana evidencia que la primera vez que el referendo es incorporado a una Constitución es en 1811, y se trataba de la modalidad del revocatorio, el cual estaba limitado únicamente a la revocación de los delegados de las Provincias al Congreso[7]. Como es bien sabido, la vigencia del referido texto constitucional estuvo limitado a pocos meses durante los cuales no llegó a ser aplicada la norma en la que estaba previsto el referendo.

En realidad, la primera vez que se introducen los referendos en sus modalidades más importantes (revocatorio, consultivo, aprobatorio y abrogatorio) en una Constitución, es en la de 1999, si bien en la de 1961 estaba prevista una especie de referendo aprobatorio constitucional para la reforma de la Constitución, y en el caso de la enmienda no se requería para su aprobación la celebración de un referendo. Cabe añadir que durante la vigencia de la Constitución de 1961 nunca se reformó la Constitución, razón por la cual tampoco se celebró un referendo de esta clase.

En cambio, bajo la Constitución vigente el referendo constitucional admite dos modalidades (referendo de enmienda y referendo de reforma constitucional[8]) que son tipos del refe-

---

7 La primera Constitución venezolana fue promulgada el 21-12-1811 y su vigencia terminó el 25-07-1812, cuando con el triunfo de Monteverde se puso fin a la primera República. Esa Carta constitucional establecía en su artículo 209 que el pueblo de cada provincia podía revocar el mandato de sus Delegados en el Congreso o de alguno de ellos en cualquier fecha del año, y enviar a otros que los sustituyeran. Observamos que en este referendo revocatorio estaba implicado una especie de mandato imperativo que se otorgaba a los mencionados Delegados.

8 Consideramos que todos los referendos previstos implícita o expresamente en las Constituciones obviamente tienen el carácter de constitucionales, pero algunos autores venezolanos solo le dan esta denomi-

rendo aprobatorio. Así pues, la Constitución de 1999 en sus artículos 341 y 344 contempla los referendos de enmienda y reforma constitucional, ejercidos por el pueblo en el año 2007 –cuando resultó rechazada la reforma propuesta por el gobierno en virtud de que no fue aprobada por el cuerpo electoral– y en el año 2009, cando este sí aprobó la enmienda de la Constitución, que estableció la reelección indefinida para todos los cargos de elección popular.

Finalmente en esta introducción, nos corresponde precisar los principales obstáculos que debimos superar en el desarrollo del presente trabajo, y es así que se impone destacar que el referendo revocatorio, en la modalidad presidencial, es el único de los cuatro[9] previstos en la Carta de 1999 que encuentra un significativo desarrollo doctrinario, jurisprudencial y reglamentario, excluyéndose casi todos los referendos revocatorios

---

nación a los destinados a aprobar enmiendas o reformas constitucionales, únicamente a las segundas en la Constitución de 1961 y ambas en la de 1999. Entre esos autores cabe mencionar GIRAUD, Armando. "Contribución al estudio de la figura del referendo en el derecho venezolano". En: *Revista de la Facultad de Ciencias Jurídicas y Políticas n° 91*. Universidad Central de Venezuela. Caracas, 1994, pp. 64-65. COMBELLAS, Ricardo. "El referéndum como mecanismo de democracia participativa y la reforma constitucional venezolana". En: *Revista de la Facultad de Ciencias Jurídicas y Políticas n° 84*. Caracas, 1992, p. 273. PELLEGRINO, Cosimina. "Una introducción al estudio del referendo como mecanismo de participación ciudadana en la Constitución de 1999". En: *El Derecho Público a comienzos del siglo XXI. Estudios en Homenaje al Profesor Allan Brewer Carías. Tomo I*. Editorial Civitas. Madrid, 2003, pp. 467-468. En el presente trabajo estudiamos todos los referendos conceptuándolos como constitucionales, en razón de que están regulados en la Constitución, de tal manera que son constitucionales los revocatorios, los consultivos, los aprobatorios, los abrogatorios y los propiamente constitucionales, que en realidad constituyen una categoría de los aprobatorios.

9 Conviene aclarar que algunos autores consideran que hay una quinta categoría de referendo, denominada referendos constitucionales. Como ya dijimos, en nuestro criterio todos los referendos son constitucionales pues, en el fondo, los referendos de enmienda y reforma constitucional son de carácter aprobatorio, y esa es la orientación que le damos en el trabajo.

de los titulares de otros cargos de elección popular, como diputados, gobernadores de estado, legisladores, alcaldes, concejales, y los respectivos órganos colegiados (Asamblea Nacional, Consejos Legislativos y Concejos Municipales).

Conviene advertir, además, que el mencionado desarrollo tuvo lugar sin que hubiera sido sancionada la ley destinada a regular a los referendos, concebidos como técnicas de democracia directa y como derechos de participación ciudadana en los asuntos públicos, sobre la base de una "normación" de dudosa constitucionalidad, como quedará demostrado más adelante, y una jurisprudencia con un evidente sesgo político. Así, el aludido desarrollo del referendo revocatorio presidencial encuentra su explicación en el promovido en 2003 -finalmente celebrado el 15-08-2004- y los que se realizaron en octubre de 2007 para el caso de algunos diputados, legisladores y alcaldes[10], y el presidencial de 2016, que llegó hasta la fase previa a la votación.

En fin, con ocasión de la celebración del referendo del año 2004, de los poquísimos de 2007 y el intentado en 2016, fueron dictadas varias sentencias por el Tribunal Supremo de Justicia -la mayoría emanadas de la Sala Constitucional y algunas pocas de la Sala Electoral- y reglamentos por el Consejo Nacional Electoral, bajo la forma de resoluciones normativas. Asimismo, con posterioridad a la celebración del referendo de 2004 y a los celebrados e intentados en 2007 y 2016, fueron muchos los trabajos publicados sobre el referendo revocatorio presidencial en Venezuela, e inclusive algunos en el extranjero[11].

---

[10] Según el Observatorio Electoral Venezolano, de 167 solicitudes solo 10 consiguieron respaldo para efectuar el referendo revocatorio https://oevenezolano.org/2016/11/dos-siglos-de-revocatorio-en-venezuela siendo el caso, según información publicada por el CNE en su página web, que de esos diez resultaron revocados siete alcaldes y el legislador regional. Véase http://www.cne.gob.ve/int_divulgacion_rr2007/interfaces

[11] *Cfr.* en Venezuela principalmente los trabajos de AYALA CORAO, Carlos. "El referendo revocatorio. Una herramienta ciudadana de la democracia". En: *Los Libros de El Nacional*. Caracas, 2004. ANTELA, Ricardo.

En cambio, aparte del referendo consultivo promovido en el año 2002 –que no llegó a término en virtud de la sentencia nº 23 del 22-01-2003 (caso Desiré Santos Amaral, Ramón Darío Vivas y otros) dictada por la Sala Electoral accidental del Tribunal Supremo de Justicia, que suspendió los efectos de la Resolución nº 021203-457 del 03-12-2003, emanada del Consejo Nacional Electoral, mediante la cual se había aprobado la solicitud de referendo consultivo para preguntar a los ciudadanos si querían o no la renuncia del entonces presidente Chávez–, no se promovió ningún otro, ni tampoco aprobatorios o abrogatorios, hasta diciembre del año 2023, cuando fue celebrado el referendo consultivo sobre el problema que confronta Venezuela con Guyana sobre el Esequibo.

La revocatoria del mandato (régimen jurídico del referéndum revocatorio en Venezuela). Editorial Jurídica Venezolana. Caracas, 2011; HERNÁNDEZ, José Ignacio. *El referendo revocatorio presidencial en Venezuela y el abuso de poder*. Editorial Jurídica Venezolana. Miami, 2017. BREWER-CARÍAS, Allan. "El secuestro del poder electoral y la confiscación del derecho a la participación política mediante el referendo revocatorio presidencial: Venezuela 2000-2004". En: *Revista de Derecho Administrativo nº17*. Editorial Sherwood, Caracas, 2003. BREWER-CARÍAS, Allan. "Nuevo secuestro del pueblo a la realización de referendo revocatorio presidencial perpetrado por la Sala Electoral, algunos tribunales penales y el poder electoral". En: *Revista de Derecho Público nº 147-148*. Editorial Jurídica Venezolana. Caracas, 2016. GARCÍA SOTO, Carlos. "Notas para una perspectiva histórica del referendo revocatorio en Venezuela". En: *Revista de Derecho Público nº* 147-148. Editorial Jurídica Venezolana. Caracas, 2016. GARCÍA SOTO, Carlos. "Entre los votos y las balas: las salidas constitucionales a las crisis venezolanas". En *Revista de Derecho y Sociedad nº* 4. Universidad Monteávila. Caracas, 2003. USECHE, Judith. "Aspectos jurídicos del referendo revocatorio". En: *Anuario del Instituto de Derecho Comparado de la Universidad de Carabobo*. Facultad de Derecho. Instituto de Derecho Comparado. Valencia, 2003. MARTÍNEZ MEUCCI, Miguel Ángel. *Apaciguamiento: el referéndum revocatorio y la consolidación de la revolución bolivariana*. Editorial Alfa. Caracas, 2012; y en el derecho comparado, DOMINGO BARBERÁ, Elia. *La revocación del mandato presidencial: La experiencia en la República Bolivariana de Venezuela y en el Estado Plurinacional de Bolivia. Tesis para optar el título de Doctora en Derecho Constitucional (mimeografiada), presentada ante la Facultad de Dret.* Valencia, 2016.

Como es fácil colegir, el problema jurídico que constituye el objeto de nuestra investigación presenta serios obstáculos debido a la práctica inexistencia de fuentes nacionales con relación a todas las modalidades de referendo y, muy especialmente, la ley que debe desarrollar los preceptos constitucionales y que no ha sido sancionada en veinticinco años.

No obstante, debemos reconocer que con respecto al referendo revocatorio presidencial se han creado unas "fuentes normativas", así como una dudosa "legalidad", producto del Consejo Nacional Electoral y algunas sentencias sobre las materias proferidas por el Tribunal Supremo de Justicia (¿"Jurisdicción normativa"?). Además, tampoco abunda el caso de los referendos abrogatorios, consultivos y aprobatorios en el Derecho comparado.

En el mismo orden de ideas, se advierte que no son muchos sus antecedentes constituyentes, porque están limitados básicamente al referendo revocatorio, con énfasis en el presidencial, a pesar de que el artículo 72 constitucional está referido a todos los cargos a cuya titularidad se acceda mediante elecciones, e inclusive se extiende a los órganos colegiados. Los relativos a las otras clases de referendos brillan por su ausencia.

Es necesario reiterar que el trabajo versa sobre todas las clases de referendos previstos en los artículos 71, 72, 73, 74, 340 y 342 de la Constitución, a saber: revocatorio (Capítulo I), abrogatorio (Capítulo II), consultivo (Capítulo III) y abrogatorio (Capítulo IV), mas conviene señalar que solamente nos referiremos al referendo revocatorio presidencial teniendo como base las fuentes jurisprudenciales, reglamentarias y doctrinarias a partir de los años 2004, 2007 y 2016.

Entre esas fuentes estudiaremos las constituidas bajo forma de resoluciones contentivas de reglamentos -dictados bajo la forma de resoluciones de carácter normativo- y, especialmente, las numeradas 070327-341 de 27-03-2007 (Normas para regular los referendos revocatorios) y 070906-2770 del 06-09-2007 (Normas para regular el procedimiento de promoción y solicitud de referendo revocatorios de mandatos de cargos de elección popular), que aún están vigentes.

Por supuesto que serán materias de nuestro análisis los instrumentos normativos dictados con anterioridad que hayan mantenido transversalmente su vigencia total o parcial, así como las doctrinas jurisprudenciales que igualmente mantengan su pertinencia pese a que tengan su origen con anterioridad al año 2016.

Pese a la poca existencia de fuentes documentales concernientes al referendo revocatorio de los otros cargos de elección popular y a los referendos abrogatorios, consultivos y aprobatorios, debido al carácter integral del trabajo, todos ellos también forman parte del mismo.

Igualmente analizaremos cuando resulte pertinente la Ley Orgánica de Procesos Electorales de 2009, cuya disposición transitoria primera establece que son fuentes normativas regulatorias de los referendos la propia Ley Orgánica de Procesos Electorales, la Ley Orgánica del Poder Electoral, y los instrumentos jurídicos especiales dictados por el Consejo Nacional Electoral que regulen los procesos de referendos, cuando las circunstancias así lo exijan.

Por último, partimos de la premisa que los referendos (revocatorio, abrogatorio, consultivo y aprobatorio) son especies del género de la consulta popular prevista en el artículo 70 constitucional y es el enfoque que le damos al trabajo, siendo Venezuela el único país de América Latina –e incluso de Europa– que tiene una regulación tan completa de referendos a nivel constitucional, pero ante los obstáculos antes descritos, hemos formulado tesis interpretativas que son el producto del examen y análisis de los preceptos constitucionales con el auxilio de la poca bibliografía (latinoamericana y europea) a la que tuvimos acceso, y en ese sentido consideramos que hemos realizado un esfuerzo con la finalidad de enriquecer el marco teórico de una materia que resulta de relevancia para el desarrollo del derecho de participación del pueblo en los asuntos públicos.

CAPÍTULO I:
EL REFERENDO REVOCATORIO

I. ANTECEDENTES CONSTITUCIONALES Y LEGALES DEL REFERENDO REVOCATORIO, CONSULTIVO, ABROGATORIO Y APROBATORIO

1. En las Constituciones suramericanas sancionadas después del año 1945

Desde finales de la década de los ochenta y principio de los noventa del siglo pasado, varios países suramericanos promovieron reformas constitucionales en las que incorporaron mecanismos de democracia directa. Algunos como Bolivia y Ecuador siguieron el ejemplo de Venezuela e incorporaron la revocatoria del mandato del Presidente de la República; otros se abstuvieron de incluirlo y lo limitaron a funcionarios electivos de menor jerarquía, pero siempre con el propósito de incentivar la participación y el control ciudadano en las políticas públicas. En ese orden de ideas, a continuación, pasamos a hacer un resumen de esas experiencias.

Argentina. La Constitución de 1994 regula dos modalidades de consulta popular de las leyes (art. 40). La primera consiste en someter por iniciativa de la Cámara de Diputados a consulta popular un proyecto de ley, de tal manera que si resulta aprobado por el pueblo, su promulgación es automática. La segunda modalidad consiste en facultar al Congreso o al Presidente de la Nación, dentro de sus respectivas esferas de competencia, para convocar a una consulta popular no vinculante sobre materias de importancia nacional.

Observamos que estas dos modalidades de consultas populares se corresponden –con algunas diferencias– con las denominadas en el ordenamiento constitucional venezolano referendos aprobatorio y consultivo, sin que estén previstos los referendos revocatorios y abrogatorios.

Brasil. En el modelo constitucional brasileño (Constitución de 1988), se enuncia entre los mecanismos de participación popular al referendo, remitiendo su regulación a la ley.

El artículo 49 XV constitucional añade la competencia exclusiva del Congreso Nacional para autorizar y convocar los referendos, siendo regulados en la Ley n° 9.709, de 18-11-1998, que los define como la "consulta formulada al pueblo para que delibere sobre materia de acentuada relevancia constitucional, legislativa o administrativa" (art. 2).

Precisa el texto legislativo que el referéndum podrá ser convocado dentro del plazo de treinta días contados desde la promulgación de una ley o la adopción de una medida administrativa, que tenga relación directa con la consulta popular, y se requiere la propuesta de al menos un tercio de los miembros que integran cualquiera de la Cámaras para su convocatoria. Además, el referendo se considerará aprobado o rechazado por mayoría simple, según el resultado ratificado por el Tribunal Superior Electoral.

Observamos que ese texto constitucional no prevé el referendo revocatorio a ningún nivel de gobierno, ni aprobatorios o abrogatorios. Por tanto, solo está previsto en Brasil la modalidad del referendo consultivo, con la particularidad de que la iniciativa corresponde solo al Parlamento.

Bolivia. El artículo 11.II.1. de la Constitución de 2009 enuncia entre las técnicas de democracia directa y participativa a la revocatoria de mandato, la consulta previa y el "referendo", siendo únicamente regulada de manera más extensa la revocatoria del mandato en el artículo 171, que contiene las disposiciones generales sobre la revocación del mandato presidencial, mientras que el artículo 240 *ejusdem* establece las reglas de la revocación para cualquier cargo de elección popular. Entre estas reglas destacan que *(i)* la revocatoria del mandato debe solicitarse cuando haya transcurrido al menos la mitad del período del mandato del funcionario; *(ii)* no puede tener lugar durante el último año de la gestión en el cargo; y *(iii)* procede por iniciativa ciudadana, a solicitud de al menos el 15% de votantes del padrón electoral de la circunscripción que eligió al servidor público.

También está prevista en el artículo 11 constitucional la consulta previa -equivalente a un referendo consultivo- y el denominado "referendo" a secas que cabalga entre un referendo aprobatorio y abrogatorio. Todos se encuentran regulados extensamente en la Ley n° 26, del Régimen Electoral, dictada el 30-06-2010.

Colombia. La Constitución de 1991 consagró la consulta popular -equivalente al referendo consultivo- que puede convocar el Presidente de la República con la firma de todos los ministros y previa opinión favorable del Senado de la República, sobre las decisiones de trascendencia nacional, siendo obligatoria la decisión que se adopte (art. 104).

El referendo como forma de participación ciudadana (art. 103), en la modalidad de referendo derogatorio de leyes (art. 170), puede ser solicitado por un número de ciudadanos equivalente a la décima parte del censo electoral, quedando derogada la ley si así lo determina la mitad más uno de los votantes que concurran, siempre y cuando participe en el proceso una cuarta parte de los ciudadanos que componen el censo electoral. No obstante, la Constitución impone límites materiales en el mismo precepto constitucional, relativos a que no pueden ser sometidas a referendo derogatorio las leyes aprobatorias de tratados internacionales, la ley de presupuesto ni las leyes referentes a materias fiscales o tributarias.

Ahora bien, en la Ley 134 de 31-05-1994, regulatoria del procedimiento y los mecanismos de participación ciudadana, se prevé otra modalidad de referendo denominado referendo aprobatorio (art. 5) mediante el cual se somete:

> ...un proyecto de acto legislativo, de una ley, de una ordenanza, de un acuerdo o una resolución local, de iniciativa popular que no haya sido adoptada por la corporación pública correspondiente, a consideración del pueblo para que decida si lo aprueba o lo rechaza total o parcialmente.

Con relación a la revocatoria de mandatos, la Constitución colombiana en su artículo 103 ordena al legislador que establezca los casos y la forma en que este procederá, y en ese sentido en la citada Ley 134, reformada por la Ley 1757 de 06-07-2015, se estableció la revocatoria del mandato de gobernadores y alcaldes, conforme a las siguientes pautas normativas: (*i*) la revocatoria del mandato procede cuando haya transcurrido no menos de un año, contado a partir del momento de la toma de posesión del respectivo mandatario; y (*ii*) en caso de que se produzca la revocatoria, se convocará una elección para cubrir la vacante, pudiendo participar en la misma como candidato cualquier ciudadano que cumpla los requisitos constitucionales y legales respectivos, con excepción del mandatario que ha renunciado o al que le ha sido revocado el mandato.

En conclusión, en el ordenamiento jurídico colombiano por vía constitucional y legal están previstas las cuatro modalidades de referendo consagradas en la Constitución venezolana de 1999, ya que la consulta popular se corresponde con el referendo consultivo, la revocatoria de mandatos con el referendo revocatorio, el referendo derogatorio de leyes con el referendo abrogatorio y el referendo aprobatorio de leyes con el referendo aprobatorio.

Ecuador. En la Constitución de 2008 está prevista la consulta popular (art. 104) –equivalente a un referendo consultivo– que puede ser convocada por el Presidente de la República sobre los asuntos que estime de su conveniencia y por la ciudadanía sobre cualquier asunto, caso en el cual el petitorio contará con el respaldo de un número no inferior al 5% de personas inscritas en el registro electoral cuando sea a nivel nacional, y con el respaldo de un número no inferior al 10% del correspondiente registro electoral, cuando sea de carácter local.

También consagra el referendo revocatorio del mandato de todas las autoridades de elección popular, incluyendo al Presidente de la República (artículos 61 num. 6; 105; 145 num. 6), el cual se rige por las siguientes reglas: (*i*) la solicitud de revocatoria del mandato debe presentarse una vez cumplido el primero y antes del último año del período para el que fue electa la autoridad; *(ii)* durante el período constitucional de gestión únicamente podrá realizarse un solo proceso de revocatoria del mandato; *(iii)* la solicitud de revocatoria deberá ser respaldada por un número no inferior al 10% de personas inscritas en el registro electoral correspondiente y, para el caso del Presidente de la República, se requerirá el respaldo de un número no inferior al 15% de inscritos en el registro electoral.

En este sentido, no están prevista las modalidades de referendos aprobatorios y abrogatorios.

Perú. La Constitución de 1993 consagra en su artículo 31 el derecho de los ciudadanos a participar en los asuntos públicos mediante referendo y la "remoción o revocación de autoridades". Por su parte, el artículo 32 *ejusdem* prevé la modalidad de referendo aprobatorio y establece que pueden ser sometidas a la aprobación del pueblo las normas con rango de ley, especialmente aquellas materias relativas al proceso de descentralización y ordenanzas municipales. Al mismo tiempo, enumera que no pueden ser objeto de dicho referendo las normas relativas a la supresión o la disminución de los derechos fundamentales de la persona, ni las normas de carácter tributario y presupuestario, así como los tratados internacionales vigentes.

Con relación a la modalidad de referendo revocatorio, la Constitución no desarrolla las reglas mínimas del mismo, pues se limita a establecer el carácter revocable del mandato de los alcaldes y regidores (art. 191) y del presidente de región (art. 198), siendo encomendada esa competencia al Legislativo que la ejecutó mediante la Ley 26.300 de 02-05-1994 (de los Derechos de Participación y Control Ciudadanos), reformada parcialmente por la Ley 29.313 de 07-01-2009 y posteriormente, por la Ley 30.3015 de 07-04-2015, que únicamente limitó la regulación a la revocatoria de mandatos a los alcaldes y regidores, presidentes regionales, vicepresidentes regionales, consejeros regionales y jueces de paz que provengan de elección popular.

Este referendo revocatorio está regido por las siguientes reglas: (*i*) solo procede una vez en el respectivo período de mandato constitucional, excluyendo la posibilidad de solicitarse en el primer y último año del mandato salvo en el caso de los jueces de paz; (*ii*) para que proceda la revocatoria se requiere la mitad más uno de los votos válidos y que hayan asistido a las votaciones por lo menos el 50% de los electores hábiles del padrón electoral; (*iii*) los suplentes o quienes reemplacen a los revocados completan el período para el que fueron elegidos estos; (*iv*) únicamente si se confirma la revocatoria de más de un tercio de los miembros del Concejo Municipal o Consejo Regional se convocan nuevas elecciones; y (*v*) no están previstos los referendos abrogatorios y consultivos.

Uruguay. En la Constitución de 2004 se prevé el referendo como una forma de ejercicio de la soberanía directa (art. 82) y la única modalidad que está contemplada es la del referendo abrogatorio bajo la denominación de "recurso de referéndum contra leyes" (art. 79, inciso 2), que tiene como finalidad abrogar o derogar una ley, pero no procede en la hipótesis de leyes que establezcan tributos, ni las leyes cuya iniciativa sea exclusiva del Poder Ejecutivo.

El constituyente remite al Parlamento su desarrollo, siendo así que tal cometido se cumplió con la promulgación de la Ley 16017 (de Elecciones) de fecha 20-01-1989, modificada parcialmente por la Ley 17.244 del 06-07-2000, que exige para su validez que vote el 25% del total de los inscritos en el Registro Electoral habilitados para votar, contra la totalidad de la ley o contra una parte de la misma.

Este tipo de referendo debe ser solicitado dentro del año de la promulgación de la respectiva ley y se considera procedente el referendo cuando sufraguen por el "sí" más de la mitad de los votantes cuyo voto sea considerado válido.

El texto constitucional no prevé el referendo revocatorio a ningún nivel de gobierno.

De la breve reseña constitucional y legislativa anterior se desprende que el único país que contempla una regulación total en materia de referendos en su Constitución es Venezuela, en virtud de que en esta son consagradas las cinco modalidades de referendos más conocidas en el Derecho comparado -consultivo, revocatorio, aprobatorio, abrogatorio y constitucional (artículos 71, 72, 73, 74, 341 y 344)- en el entendido que este último en realidad es propiamente una modalidad del aprobatorio, con la particularidad que a veinticinco años de haber sido promulgada la Constitución, todavía no ha sido sancionada la ley orgánica que desarrolle las citadas normas constitucionales.

En cambio, en las Constituciones de los países de América del Sur que hemos examinado, se constata que las mismas incorporan a su texto una o dos clases, máximo tres, sobre referendos en el siguiente orden: Argentina los referendos aprobatorio y consultivo; en Brasil, el referendo consultivo; en Bolivia, los referendos consultivos, aprobatorios y revocatorios de todas las autoridades que adquieren su investidura mediante elecciones populares, incluyendo el presidencial; en Colombia, los referendos revocatorios, excluido el presidente, consultivo y abrogatorio; en Ecuador, revocatorio y consultivo; en Perú, revocatorio y aprobatorio y; en Uruguay, abrogatorio.

2. En las Constituciones y leyes venezolanas

Como ya se dijo precedentemente, de las veinticinco Constituciones que precedieron a la vigente, solo fue consagrado el referendo revocatorio en el artículo 209 de la Constitución de 1811 en los siguientes términos:

> El pueblo de cada Provincia tendrá facultad para revocar la nominación de sus Delegados en el Congreso, o a algunos de ellos en cualquier tiempo del año, y para enviar otros en lugar de los primeros, por el que a éstos faltare al tiempo de la revocación.

Cabe añadir que algunos autores incluyen dentro de esos antecedentes el acto que originó la renuncia de Vicente Emparan a la Capitanía General de Venezuela el 19-04-1810[12], así como el plebiscito del año 1957 que tuvo como finalidad prorrogar el mandato del dictador Marco Pérez Jiménez, los cuales en nuestro criterio solo tienen una connotación simbólica desde la perspectiva histórica, pero no encuadran en la categoría conceptual de los referendos revocatorios, ya que en realidad el dato relativo a la primera vez que fue incorporado el referendo revocatorio en un texto constitucional ocurrió en la Constitución de 1811, con la particularidad de que por razones históricas no llegó a tener ninguna aplicación, en virtud de que ese texto constitucional fue sancionado el 21-12-1811 y estuvo en vigencia hasta el 25-07-1812, cuando se perdió la denominada primera República, fecha en que España recuperó temporalmente el poder en Venezuela.

En ninguna de las Constituciones subsiguientes fue incorporada técnica alguna de democracia directa, y por ende, tampoco referendos. Sin embargo, la Constitución de 1961 -como ya se dijo- sí recogía una especie de referendo aprobatorio, el cual procedía cuando se produjera una reforma total de la Constitución, y consistía en la convocatoria del cuerpo electoral para que se pronunciase sobre la aprobación o rechazo del texto aprobado previamente por el Congreso de la República (art. 162 num. 5), pero en virtud de que en los casi treinta ocho años de vigencia de la Carta de 1961 nunca fue reformada, esta técnica de democracia directa tampoco encontró aplicación.

La otra técnica de democracia directa era la iniciativa legislativa popular, la cual estaba regulada de tal manera que resultaba casi inaplicable, al punto de que en el indicado lapso solo una ley fue aprobada acudiendo a esa técnica, y se trató de la Ley de Reforma parcial del Código Civil de 1982, mediante la cual se modificó estructuralmente la parte del Derecho de familia.

---

[12] *Cfr.* AYALA CORAO, Carlos. Ob. cit., p. 31. GARCÍA SOTO, Carlos. “Entre los votos y las balas...”, Ob. cit., p. 174.

Por otro lado, cabe acotar que entre las leyes anteriores al 2000 que contenían regulaciones sobre referendos, es preciso mencionar a los siguientes textos legislativos:

Primero, la Ley Orgánica de Régimen Municipal de 1989, en la cual fueron incorporadas como técnicas de democracia directa las asociaciones de vecinos (art. 173), el referendo consultivo de ordenanzas (art. 175) y el referendo revocatorio del alcalde (art. 69[13]), las cuales ciertamente tuvieron una aplicación relativa, sobre todo la referida a las asociaciones de vecinos.

El referendo revocatorio de los alcaldes resultó poco efectivo en virtud de que su procedencia estaba sujeta al cumplimiento de requisitos muy difíciles, en virtud de que *(i)* se exigía previamente la improbación de la memoria y cuenta de la gestión anual del alcalde mediante decisión expresa y motivada del Concejo Municipal o del Cabildo Metropolitano, con el voto de las tres cuartas partes de sus integrantes; *(ii)* la convocatoria del referendo revocatorio debía hacerse en el mismo acto de la improbación de la memoria y cuenta del alcalde; y *(iii)* el plazo mínimo para la celebración era de treinta días, a los fines de que el electorado de la respectiva circunscripción electoral se pronunciara.

En caso de resultar improbada la memoria y cuenta del alcalde, el procedimiento del referendo revocatorio continuaba de conformidad con el artículo 54 *ejusdem*, que pautaba que en la hipótesis de vacancia absoluta del cargo del alcalde –que era la que se correspondía con su suspensión en el ejercicio del

---

13 “El Alcalde quedará suspendido en el ejercicio del cargo cuando el Concejo o Cabildo, por decisión expresa y motivada y con el voto de las tres cuartas (3/4) partes de sus integrantes impruebe la memoria y cuenta de su gestión anual. En este mismo acto, el Concejo o Cabildo convocará a un referéndum que se realizará en un plazo mínimo de treinta (30) días para que el cuerpo electoral local se pronuncie sobre la revocación o no del mandato del Alcalde. Durante la suspensión, las funciones atribuidas al alcalde serán ejercidas por el concejal que designe la Cámara. Si el electorado se pronuncia por la revocatoria del mandato, se aplicará lo previsto en el artículo 54 de esta Ley sobre la falta absoluta; caso contrario el Alcalde reasumirá sus funciones”.

mismo en los términos antes expuestos– se procedía a una nueva elección en la fecha que fijase el extinto Consejo Supremo Electoral, siempre que esa vacancia absoluta se produjere antes de que hubiere transcurrido más de la mitad del período, el cual a tenor de lo dispuesto en el artículo 58 de la citada ley era de tres años, pudiendo iniciarse el referido procedimiento del revocatorio cuando el Concejo o Cabildo al concluir el primer año improbase la memoria y cuenta de la gestión anual del alcalde, en razón de que posteriormente existía una interdicción legal tácita para convocarlo.

Como dijimos antes, las exigencias de los requisitos legales para la celebración del referendo revocatorio eran muy difíciles de cumplir, al punto que de treinta referendos propuestos en el lapso de diez años, Ayala señala que solo diez lograron su cometido[14].

Segundo, la Ley Orgánica de Tribunales y Procedimientos de Paz del 22-09-1993 introdujo una modalidad de referendo revocatorio de los jueces de paz, al establecer en su artículo 21 que "el juez de paz podrá ser controlado a través de los vecinos de la respectiva parroquia o circunscripción parroquial, utilizando el referendo revocatorio con iniciativa popular del veinte por ciento de su población".

Esta disposición se mantuvo en la reforma parcial de dicha ley del 30-06-1994. En ese orden sucesorio de leyes en esta materia siguió la Ley Orgánica de Justicia de Paz de 21-12-1994, la cual aumentó el porcentaje de la iniciativa para solicitar el referendo, exigiendo el 25% de la población electoral (art. 26) y por otro lado, fijó las causales por la cuales procedía la revocatoria del juez de paz. A saber: *(i)* observar una conducta censurable que comprometiese la dignidad de su cargo, *(ii)* irrespetar los derechos de los miembros de la comunidad o los derechos humanos y *(iii)* observar conductas contrarias a la ley. Lo cierto es que no existen registros acerca de que en el curso de esos años hubiese ocurrido la revocatoria del mandato de algún

---

14 AYALA CORAO, Carlos. Ob. cit., p. 34.

Juez de Paz, quizá porque fueron muy pocos los elegidos en las respectivas comunidades.

Tercero, la Ley Orgánica del Sufragio y Participación Política del 30-12-1997 introdujo una normativa bastante completa sobre el referendo consultivo, en los artículos que iban del 181 al 195, el primero de los cuales prescribía:

> Artículo 181. El Presidente de la República, en Consejo de Ministros, el Congreso de la República por acuerdo adoptado en sesión conjunta de las Cámaras, convocada con cuarenta y ocho (48) horas de anticipación a la fecha de su realización, por el voto favorable de las dos terceras (2/3) partes de los miembros presentes; o un número no menor del diez por ciento (10%) de aquellos electores inscritos en el Registro Electoral, tendrán la iniciativa para convocar la celebración de un referendo, con el objeto de consultar a los electores sobre decisiones de especial trascendencia nacional. La celebración de los referendos en materias de interés propio de los Estados y Municipios, se regirá por lo establecido en las normas que los rigen, respectivamente.

Así pues, dicha ley reguló el referendo consultivo sobre las decisiones de transcendencia nacional, y en ese sentido señala Antela que el único referendo consultivo celebrado con base al precepto antes transcrito fue el que dio origen al proceso constituyente, el cual se inició con la celebración del referendo mediante el cual fue electa la Asamblea Nacional Constituyente el 25-04-1999[15].

Finalmente, la Ley para el Control de los Casinos, Salas de Bingo y Máquinas Traganíqueles del 23-07-1997 estableció la celebración de un referendo consultivo en la parroquia respectiva, con el objeto de que sus habitantes se pronunciaran si estaban de acuerdo o no con la instalación de los casinos, salas de bingo y máquinas traganíqueles en su ámbito territorial[16].

---

15 ANTELA, Ricardo. Ob. cit., p. 42.

16 "Artículo 25. Las instalaciones donde funcionen Casinos, Salas de Bingo y Máquinas Traganíqueles deberán estar ubicadas en zonas geográficas previamente declaradas turísticas y aptas para el funcionamiento de estos establecimientos, aprobadas por el Presidente de la República

Desde el año 1997 al 2000, bajo la vigencia de esta ley, se realizaron cinco referendos consultivos, de los cuales tres se pronunciaron a favor y dos en contra[17].

II. PREMISA INTRODUCTORIA

Conviene señalar que el referendo revocatorio de cargos de elección popular es una técnica de democracia directa que surge en el marco de las democracias representativas, básicamente después de la mitad del siglo XX, pues cabe recordar que estas se originan con el advenimiento de la Revolución Francesa, con la particularidad de que estaban limitados a los ciudadanos que tenían derecho a la participación en los asuntos públicos.

En efecto, como es bien sabido, en las revoluciones liberales de finales del siglo XIX los burgueses van a acceder al poder esgrimiendo la tesis de la representación política sustentada sobre el concepto de soberanía nacional y del voto censitario, siguiendo así a Montesquieu en el Espíritu de las Leyes, soslayando la tesis de la democracia directa postulada por Rousseau en el Contrato Social.

La primera ha prevalecido en el mundo occidental sin muchos cuestionamientos, como ya se dijo, hasta mediados del siglo XX, cuando en las Constituciones comienzan a introducirse algunas técnicas de democracia directa, la más de la veces reguladas de tal manera que resultaban de muy difícil aplicación, como fue el caso de la Constitución de 1961, en la cual estaban previstas la iniciativa legislativa popular (art. 65 ordinal

---

en Consejo de Ministros, a solicitud del organismo rector del turismo. // Para la autorización correspondiente el Ejecutivo Nacional solicitará al Consejo Supremo Electoral la realización de un referéndum consultivo en la parroquia respectiva, mediante el cual sus habitantes se pronuncien acerca de si están o no de acuerdo con la ubicación de tales instalaciones en su ámbito territorial. El resultado de este referéndum será vinculante cuando sea negativo".

17 CAREZIS Michelle, TOUS, Alina y Daniella UNDREINER. "Participación ciudadana apostó y ganó". En: *Anales Volumen 2, n° 1.* Universidad Metropolitana. Caracas, 2002, pp. 19-40.

5) y el referendo aprobatorio en el caso de reforma de la Constitución (art. 246 ordinal 4), que no llegó a tener ninguna aplicación durante la vigencia de la Constitución de 1961, y en el caso de la iniciativa popular legislativa basta señalar que durante los treinta y ocho años de vigencia de ese texto constitucional, solo fue sancionada una Ley mediante esta técnica de democracia directa (reforma del Código Civil de 1982), pues este mecanismo consistía en la presentación ante el Congreso con el respaldo de la firma de por lo menos veinte mil electores de un proyecto de ley, siendo discrecional para este órgano legislativo iniciar o no su discusión, sin que la negativa generara ninguna sanción política, y sin que esa negativa fuese considerada como una aprobación que diera lugar a que el proyecto fuese sometido a referendo popular, como ocurre en la Constitución vigente (art. 205).

Así se hizo evidente el predominio de la democracia representativa, el cual implicaba que la única participación de los ciudadanos en los asuntos públicos se limitaba a ejercer el derecho al voto periódicamente, casi siempre cada cinco años.

Esta situación originó a mediados de la década de los ochenta del siglo pasado reiterados reclamos de la sociedad civil concernientes a la necesidad de participar directamente en los asuntos públicos. En la oportunidad de la sanción de la Ley Orgánica de Régimen Municipal en 1989, atendiendo a tales reclamos, son incorporadas algunas técnicas de democracia directa cuya aplicación a nivel municipal resultaba insuficiente.

En ese mismo orden de ideas cabe acotar que en virtud del denominado "Caracazo" de febrero de 1989, se produjo un consenso entre los partidos políticos del arco parlamentario acerca de la necesidad urgente de reformar la Constitución para introducir técnicas de democracia directa en el marco de la democracia representativa. Por esa razón el Parlamento designó la Comisión Bicameral Especial de Revisión de la Constitución, presidida por el Senador vitalicio Rafael Caldera, la cual elaboró un proyecto de reforma Constitucional concluido en 1992 en el cual fueron incorporadas como herramientas de democracia directa, principalmente, los referendos revocatorio, consultivo, aprobatorio y abrogatorio. En ese año el proyecto resultó aprobado en la Cámara de Diputados, pero su discusión fue suspendida *sine die* por el Senado.

En 1999, el candidato Hugo Chávez expuso la necesidad de sancionar una nueva Constitución en la cual predominara la democracia "participativa y protagónica", como quedó recogido en el documento "Ideas Fundamentales para la Constitución Bolivariana de la V República" presentado a la Asamblea Nacional Constituyente de 1999, que incorporó esas propuestas sobre los referendos como técnicas de democracia directa a las disposiciones normativas contenidas en el Proyecto redactado por la Comisión Bicameral Especial de Revisión de la Constitución, que años más tarde fue tomado por la Comisión Presidencial para la Reforma del Estado (COPRE) y entre las que destacaba el referendo revocatorio de todos los cargos de elección popular.

Todas esas ideas fueron incorporadas al Anteproyecto de Constitución y debatidas en la Asamblea Nacional Constituyente de 1999. Producto de esos debates constituyentes se introdujeron los referendos consultivo, revocatorio, aprobatorio y abrogatorio en los artículos 71, 72, 73, y 74 de la Constitución de 1999.

III. EL REFERENDO REVOCATORIO EN LA CONSTITUCIÓN DE 1999

El referendo revocatorio es incorporado en el Capítulo IV rubricado "De los derechos políticos y del referendo popular", en la sección segunda denominada "Del referendo popular", del Título III rubricado "De los derechos humanos y garantías y de los deberes". El artículo 72 lo regula en los siguientes términos:

> Todos los cargos y magistraturas de elección popular son revocables.
> Transcurrida la mitad del período para el cual fue elegido el funcionario o funcionaria, un número no menor del veinte por ciento de los electores o electoras inscritos en la correspondiente circunscripción podrá solicitar la convocatoria de un referendo para revocar su mandato.

> Cuando igual o mayor número de electores y electoras que eligieron al funcionario o funcionaria hubieren votado a favor de la revocación, siempre que haya concurrido al referendo un número de electores y electoras igual o superior al veinticinco por ciento de los electores y electoras inscritos, se considerará revocado su mandato y se procederá de inmediato a cubrir la falta absoluta conforme a lo dispuesto en esta Constitución y la ley.
> La revocación del mandato para los cuerpos colegiados se realizará de acuerdo con lo que establezca la ley.
> Durante el período para el cual fue elegido el funcionario o funcionaria no podrá hacerse más de una solicitud de revocación de su mandato.

Esta ubicación topográfica del referendo revocatorio en la Constitución permite inferir que se trata de un derecho humano, razón por la cual el Estado garantiza su progresividad, respeto y garantía a toda persona, siendo obligatorio para los órganos del Poder Público de conformidad con el texto constitucional, los tratados sobre los derechos humanos suscritos y ratificados por Venezuela y las leyes que los desarrollen, máxime si se pondera que el derecho al referendo es concebido como una modalidad del derecho a la participación ciudadana, y específicamente como un derecho político según lo dispuesto en los artículos 62 al 70 constitucionales.

Ahora bien, el carácter de derecho humano de los referendos –y por ende, el del revocatorio– garantizado a toda persona puede suscitar un problema interpretativo, como dijimos antes y reiteramos ahora, en virtud de que *prima facie* podría interpretarse que su titularidad corresponde a toda persona independientemente de que sea venezolana o extranjera.

No obstante, cuando se armoniza el precepto que lo consagra como derecho político, se impone desestimar esa tesis interpretativa en virtud de que todos estos derechos, a tenor del artículo 40 constitucional, son privativos de los ciudadanos. Es decir, de los venezolanos, sean por nacimiento o por naturalización, con las excepciones previstas en la Constitución.

Insistimos, pues que esta contradicción constitucional es aparente, porque cuando se concuerdan los artículos 19 y 40 *ejusdem*, la misma se difumina: el primero de ellos establece el deber de garantizar el respeto de los derechos humanos a toda persona, con la particularidad de que la garantía será posible siempre respetando lo dispuesto en todo el texto de la Constitución, la cual en el citado artículo 40 excluye claramente del goce y ejercicio de los derechos políticos a los extranjeros.

Por consiguiente, a diferencia de otros derechos humanos que son inherentes a toda persona sin distinción de su nacionalidad –como el derecho a la vida, a la libertad personal, a la libertad económica, etc.–, el derecho a los referendos populares al igual que el resto de los derechos políticos es privativo de los venezolanos.

Por supuesto que en virtud del carácter de este derecho (humano), debe ser tutelado a los ciudadanos por los órganos competentes de los Poderes Públicos, y particularmente debe ser amparado por la Sala Constitucional del Tribunal Supremo (art. 27 constitucional), y además por mandato constitucional constituye un deber del Estado facilitar la generación de las condiciones más favorables a su práctica, sobre todo por la Asamblea Nacional y el Consejo Nacional Electoral (art. 62 *ejusdem*).

No obstante, la experiencia en el caso del referendo revocatorio presidencial demuestra que –por el contrario– estos órganos no han hecho más que dificultar dicha práctica, pues la Asamblea Nacional tiene una mora de más de veinticuatro años sin haber cumplido con el deber ineludible de sancionar una ley orgánica de referendos –máxime si se trata de un caso de reserva legal de Parlamento– y el Consejo Nacional Electoral se ha dedicado a poner obstáculos, como quedó demostrado en el caso del referendo revocatorio presidencial de 2004 y en el intentado en 2016.

Cabe subrayar que el texto constitucional diseña en forma operativa el ejercicio del derecho de todos los referendos –y por ende, el del revocatorio– pero pese a ese diseño los pocos intentos de promoverlos han sido nugatorios, gracias a los obstáculos colocados por los aludidos órganos del Estado. Tal es así que solo se pudo, después de remover muchos obstáculos provenientes básicamente del "imparcial" Consejo Nacional Electoral durante el curso de casi un año, promover y realizar el referendo revocatorio presidencial fallido de 2004, y poquísimos alcaldes y un legislador regional en 2007. En el caso del referendo consultivo, como se dijo precedentemente, se intentó promover uno en 2002 que resultó fallido, y solo se ha celebrado el promovido por la Asamblea Nacional en noviembre de 2023 sobre el diferendo del Esequibo que confronta Venezuela con Guyana, cuyas votaciones se celebraron en diciembre del mismo año. En la hipótesis de los referendo aprobatorios y abrogatorios no se vislumbra atisbo de promoción y celebración de alguno de ellos.

Finalmente, observamos que todas las modalidades de referendo revocatorio están reguladas en un solo artículo, el cual contiene los elementos esenciales para la realización del mismo. Sin embargo, el propio constituyente reconoce su insuficiencia al remitir a la ley su necesaria complementación, y en virtud de que es un texto destinado a desarrollar un derecho constitucional tendrá el carácter de ley orgánica, tal como lo dispone en términos categóricos el artículo 203, encabezamiento, constitucional.

En virtud de que las leyes orgánicas únicamente pueden ser sancionadas por la Asamblea Nacional, ninguna de las materias reservadas a las mismas pueden ser delegadas al Poder Ejecutivo mediante leyes habilitantes, razón por la cual resulta concluyente que integran la categoría de materias de reserva legal de Parlamento, de tal manera que es incomprensible, inexplicable e injustificable la mora en que se encuentra la Asamblea Nacional en ese sentido.

IV. EL ANÁLISIS DE LA NORMA CONSTITUCIONAL

1. El ámbito objetivo

El artículo 72 de la norma constitucional define claramente el ámbito objetivo de su aplicación, a partir del establecimiento de un sintagma que operacionalmente permite discernir cuáles son todos y cada uno los cargos y magistraturas susceptibles de ser sometidos al referendo revocatorio, razón por la cual la Constitución contiene los cargos y magistraturas que pueden ser objeto del referendo revocatorio.

De allí que baste revisar la Constitución para identificar esos cargos, a saber: Presidente de la República, diputados a la Asamblea Nacional, Parlamento Nacional como órgano colegiado, gobernadores de estado, legisladores estadales, Consejos Legislativos como órganos colegiados, alcaldes municipales, concejales, Concejos Municipales como órganos colegiados.

Finalmente, de conformidad con el artículo 258 de la Constitución, los titulares de los de los Juzgados de Paz serían susceptibles de revocación de su mandato en virtud de que deben ser elegidos por votación universal, directa y secreta conforme a la ley.

Pero ocurre que el texto legislativo que desarrolla el referido precepto constitucional –esto es, la Ley Orgánica de la Jurisdicción Especial de Paz Comunal cuya última reforma data de fecha 11-11-2024[18]– le otorga a la Comisión Electoral de la Comuna en articulación con los Consejos Comunales la competencia para la tramitación del proceso de elección, por lo cual hace un reenvío al procedimiento previsto en la Ley Orgánica de los Consejos Comunales[19], conforme al cual pueden votar las personas a partir de los quince años y están obligados a estar inscritos en su respectivo Consejo Comunal al momento de la convocatoria del proceso. Por consiguiente, los electores no son los definidos en el artículo 64 constitucional como los venezolanos que hayan cumplido dieciocho años, no estén sujetos interdicción civil o inhabilitación política e inscritos en el Registro Civil y Electoral.

Así pues, no está previsto ningún otro cargo o magistratura en la Constitución. No obstante, como la dicción constitucional es muy amplia cuando alude a "todos los cargos y magis-

---

18 Gaceta Oficial n° 6.584 Extraordinario de 11-11-2024.

19 Gaceta Oficial n° 6.759 Extraordinario de 25-08-2023.

traturas de elección popular son revocables", permite pensar en la existencia de otros cargos de elección popular que pueden estar previstos en las leyes, como se verá más adelante.

Pero en principio como hipótesis de trabajo sostenemos que la enumeración anterior tiene un carácter taxativo, porque a pesar de estar previstos en el artículo 171 constitucional los distritos metropolitanos que son entidades locales con personalidad jurídica lógicamente de Derecho público, no está prefigurada en la Constitución su organización -es decir su autoridad ejecutiva ni tampoco su órgano legislativo- en virtud de que la configuración de esa estructura debe ser establecida por la ley de cada estado en el cual se cree un distrito metropolitano, y hasta la presente fecha no ha sido creada ninguna entidad local de esta naturaleza, por lo que se desconoce la orientación que seguirán en este sentido los estados, la cual podrá ser uniforme o distinta.

En todo caso, lo más importante es que se desconoce si los titulares de los órganos de dirección serán el producto de elecciones populares, que son los cargos o magistraturas revocables; pero todo indica en el marco constitucional venezolano que deberán ser cargos elegibles. En esa hipótesis, será posible formular una tesis interpretativa relativa a la revocatoria del mandato de su alcalde, los concejales y el cabildo metropolitano, en su carácter de órgano colegiado.

La norma constitucional incluye también a los órganos de gobierno del Distrito Capital -es decir, al alcalde, a los concejales y al Concejo Municipal o Cabildo, como órgano colegiado- y coincidimos con Antela[20] en que en la actualidad la Ley Especial sobre la Organización y Régimen del Distrito Capital[21] suprimió ese sistema de gobierno y lo sustituyó por un Jefe de Gobierno único, de libre nombramiento y remoción del Presidente de la República, encargado de ejercer las funciones ejecutivas (art. 7), confiriéndole la función legislativa a la Asamblea

20 ANTELA, Ricardo. Ob. cit., pp. 75-76.

21 Gaceta Oficial n° 19.156 de 13-04-2009.

Nacional, lo que resulta sin duda inconstitucional, razón por la cual el titular del referido cargo ejecutivo está excluido del ámbito de aplicación del artículo 72 constitucional, debido a que no accede al cargo mediante elección popular.

Ahora bien, en virtud de que el artículo 6 de la Constitución establece que el gobierno de la República de Venezuela y demás instituciones políticas que la componen, será electivo y de mandatos revocables, y sin duda a tenor de lo dispuesto en el artículo 16 *ejusdem* el Distrito Capital es una entidad política de la República, una vez superada la indicada inconstitucionalidad y el Distrito Capital sea dotado de un sistema de gobierno integrado por un Poder Ejecutivo y un Poder Legislativo en los términos antes indicados, los titulares de esos Poderes serán susceptibles de que sus mandatos sean revocados conforme a lo pautado en el artículo 72 de la Constitución.

Por otro lado, consideramos que no es de recibo la tesis de Rondón de Sansó[22], según la cual los mandatos de las autoridades universitarias de las Universidades Públicas son susceptibles de ser revocados, en razón de que dichos cargos a cuya titularidad se accede ciertamente mediante elecciones académicas corporativas, mas no de elecciones populares, están excluidos del ámbito objetivo del artículo 72 constitucional, y sobre todo porque las universidades no están comprendidas en la norma rectora en esta materia, que es el citado artículo 6 de la Constitución, al cual debe acudirse en caso de duda sobre la determinación de los cargos comprendidos en el artículo 72 de la Constitución, regulatorio del referendo revocatorio.

Efectivamente, en dicho precepto se delimitan en términos claros los órganos de gobierno de la República de Venezuela y las entidades políticas que las comprenden –es decir, entes públicos territoriales con personalidad jurídica de Derecho público, cuyos titulares acceden a sus cargos mediante elecciones populares– y es obvio que las universidades aunque

---

22 RONDÓN DE SANSÓ, Hildegard. *Cuatro temas álgidos de la Constitución venezolana de* 1999. Edición de la autora. Caracas, 2004, p. 60.

sean personas jurídicas de Derecho público carecen del sustrato territorial, y además, como ya se dijo, no son electas en comicios populares, sino por un número selecto de electores, constituidos por sus profesores, estudiantes, egresados, empleados administrativos y obreros[23] (tienen el carácter académicas, corporativas), a diferencia de las primeras que están integradas por todos los ciudadanos mayores de dieciocho años de la correspondiente circunscripción electoral, siendo esas las razones por las cuales no integran el ámbito objetivo del artículo 72 constitucional.

2. El procedimiento

A. La iniciativa

El artículo 72 constitucional bajo examen atribuye la iniciativa del procedimiento destinado a la celebración del referendo revocatorio a un número no menor del 20% de los electores inscritos en la correspondiente circunscripción electoral. Este porcentaje fue uno de los aspectos más discutidos en los debates de la Asamblea Nacional Constituyente (en lo adelante, ANC) cuando resultó aprobado el precepto regulatorio del referendo revocatorio, debido a que casi todas las discusiones relativas a ese asunto estuvieron centradas en el referendo revocatorio presidencial, pese a que la disposición objeto de esos debates estaba referida en el anteproyecto de Constitución a los diversos cargos y magistraturas de elección popular, incluyendo a los correspondientes órganos colegiados, razón por la cual aunque si bien estuvo pensado y discutido para esta

---

[23] Cabe advertir que el artículo 34 numeral 3, de la Ley Orgánica de Educación que fue dictada por la Asamblea Nacional el 15-08-2009 transgrede lo dispuesto en el artículo 109 de la Constitución, consagratorio de la autonomía universitaria, el cual dispone que la comunidad universitaria está integrada por los profesores, los estudiantes y los egresados, que encuentra desarrollo en el artículo 30 de la Ley de Universidades el cual establece que el claustro universitario está integrado por los profesores asistentes, agregados, asociados, titulares y jubilados, por los representantes de los alumnos de cada Escuela y por los representantes de los egresados.

modalidad de referendo revocatorio, sin duda comprende a las demás clases del mismo.

Así, en la sesión del 25-10-1999 la Comisión encargada de elaborar el proyecto de norma en la cual quedaría regulado el referendo revocatorio procedió a presentar el mismo a la plenaria de la ANC. Durante el debate participaron varios constituyentes y la ponencia de la Comisión fue sometida a varias enmiendas, siendo mantenida en relación con el punto bajo examen en un número no menor del 15% el porcentaje de electores de la respectiva circunscripción requerido para viabilizar la iniciativa destinada a solicitar el referendo. En esa oportunidad la disposición aprobada (entonces art. 76) estuvo concebida en los siguientes términos:

> Todos los cargos y magistraturas de elección popular son revocables.
> Transcurrida la mitad del período para el cual fue elegido el funcionario, un número no menor del quince por ciento de los electores inscritos en la correspondiente circunscripción podrá solicitar la convocatoria de un referendo para revocar su mandato.
> Cuando la mayoría absoluta de participantes en el referendo hubiera votado a favor de la revocatoria, siempre que haya concurrido al referendo un número de electores igual o superior al del acto de votación en el que fue elegido el funcionario, se considerará revocado de su mandato y se procederá de inmediato a cubrir la falta absoluta conforme a lo dispuesto en la Constitución y en las leyes.
> Durante el período para el cual fue electo el funcionario no podrá hacerse más de una solicitud de revocación de su mandato.

Pero debido a que el debate constituyente fue muy desordenado, siendo las intervenciones y las proposiciones tan disímiles, la autora Domingo Barberá sostiene al respecto:

> Fueron tantas las propuestas realizadas que habiéndose realizado la votación, no se supo con claridad que se había aprobado y la repercusión de dicha aprobación, aunque el texto fuera el propuesto por la misma Comisión. Igualmente

era confuso el número total de votos a favor, unos contabilizaron 63, y otros 46[24].

También se dudó sobre la existencia de suficiente quórum en la Asamblea para establecer la votación correctamente. Tanto fue así que el presidente la ANC propuso el levantamiento de la sanción a la disposición aprobada y la creación de una Comisión para que presentara un nuevo texto del artículo teniendo en cuenta las proposiciones que habían sido formuladas.

En la sesión del 31-10-1999 fue presentado el proyecto de artículo con el número 76 por la Comisión designada a tal efecto, el cual estaba concebido en los siguientes términos:

> Todos los cargos y magistraturas de elección popular son revocables en los términos que establezca esta Constitución y la Ley.
> Transcurrida la mitad del período para el cual fue elegido el funcionario, un número no menor del veinte por ciento de los electores que sufragaron en el proceso que dio origen a su mandato, podrán solicitar la revocatoria en un referendo para revocarlo.
> Cuando los participantes en el referendo hubieren votado a favor de la revocatoria en un número de electores superiores a la cantidad de votantes que sufragaron a favor del funcionario en el acto de su elección, se considera revocado su mandato y se procederá de inmediato a cubrir la falta absoluta. Durante el periodo para el cual fue electo el funcionario, no podrá hacerse más de un referendo de revocatoria del mandato.

Las diferencias entre la proposición aprobada a la cual se levantó la sanción y la propuesta por la Comisión para elaborar una nueva son las siguientes: (*i*) pasaba de 15 a 20% el número de electores necesarios para solicitar la convocatoria del referendo, con la particularidad de que en la primera proposición dicho porcentaje era calculado sobre la base del Registro Electoral de la circunscripción correspondiente, y en la segunda sobre la base del número de electores que habían votado en la

---

24 DOMINGO BARBERÁ, Elia. Ob. cit., p. 107.

elección del funcionario que se pretendía revocar, y (*ii*) la primera proposición decía que el referendo se consideraba exitoso cuando se obtuviese la mayoría absoluta de los votos, y además hubiere concurrido a votar un número superior de electores al que había concurrido en la elección del funcionario cuyo mandato se pretendía revocar; mientras la segunda establecía que el referendo resultaba exitoso cuando el número de electores que hubiere concurrido a votar fuese un número igual o superior al de la elección del funcionario.

Ahora bien, durante la referida sesión intervinieron varios constituyentes formulando distintas proposiciones, entre otras la de W. Lara quien propuso que la norma incluyera la revocatoria de los cuerpos colegiados.

Al final la segunda proposición no resultó aprobada, ni tampoco la primera porque recuérdese que a esta se le había levantado la sanción, produciéndose la insólita situación que no fue aprobada ninguna que pudiera ser presentada a segunda discusión. Sin embargo, fue sometida *de facto* a segunda discusión.

En la segunda discusión realizada en la sesión del 12-11-1999, producto del desorden en algunos debates que ocurrieron con relación a algunos artículos de la Constitución, el artículo 76 pasó a ser el 75 concerniente al referendo revocatorio, a pesar de que como vimos precedentemente en la primera discusión no se aprobó ninguna proposición.

Sin embargo, la Constituyente Portocarrero presentó una proposición elaborada por una Comisión cuyo origen se desconocía, y así fue puesto en evidencia por algunos constituyentes, entre otros Brewer-Carías, quienes recordaron que sobre esta materia no había sido aprobado nada en primera discusión. No obstante, se inició la segunda discusión sobre la propuesta de la Comisión coordinada por la referida constituyente. Al concluirse las discusiones fue aprobada una propuesta que pasó a ser el artículo 75 -hoy 72-, en los siguientes términos:

> Todos los cargos y magistraturas de elección popular son revocables.
> Transcurrida la mitad del período para el cual fue elegido el funcionario, un número no menor del 20% por ciento de los electores inscritos en la correspondiente circunscripción podrá solicitar la convocatoria de un referendo para revocar su mandato.
> Cuando igual o mayor número de electores de los que eligieron al funcionario hubieren votado a favor de la revocatoria, siempre que haya concurrido al referendo un número de electores igual o superior al 25% de los electores inscritos, se considerará revocado de su mandato y se procederá de inmediato a cubrir la falta absoluta conforme a lo dispuesto en la Constitución y en las leyes. Durante el período para el cual fue electo el funcionario no podrá hacerse más de una solicitud de revocación de su mandato.

Cabe destacar que esa aprobación también estuvo signada por la confusión, en virtud de que se omitió debatir sobre propuestas realizadas por algunos constituyentes que solicitaban la reducción del porcentaje exigido para el inicio del proceso revocatorio, del 20 al 15% y además no se especificó el número de votos con los cuales se aprobó el texto.

A pesar de esas irregularidades así quedó aprobada por "fuerza de la mayoría". Nótese que no figura en la misma la proposición formulada por el Constituyente W. Lara en primera discusión relativa a que también podían ser objeto de revocatorio los cuerpos colegiados, pero inexplicablemente forma parte del artículo 72 de la Constitución vigente, pese a que nunca llegó a ser aprobada por la ANC.

Conviene destacar con relación al porcentaje de electores exigidos para promover y solicitar el referendo que, como dijimos antes, resultó aumentado el propuesto originalmente, lo que al parecer respondió a la idea de establecer términos más rigurosos en la regulación a la convocatoria del referendo revocatorio, pues del número mínimo del 15% de los electores inscritos en la correspondiente circunscripción exigido para solicitar la convocatoria del referendo revocatorio, el cual había figurado en la proposición aprobada, a la que se le levantó la sanción, se pasó a un número no menor del 20%, para solicitar la convocatoria del referendo revocatorio.

En ese orden de ideas uno de los miembros designados para presentar el nuevo proyecto de norma, el Constituyente L. Camargo, expuso que la nueva redacción del proyecto de norma respondía a la necesidad de que el referendo revocatorio fuera un mecanismo destinado a *resolver una grave crisis política*, lo que sin dudas desnaturaliza la función contralora sobre la gestión pública de los titulares que ejercen cargos públicos, tal como lo dispone el artículo 62 constitucional, de tal manera que la finalidad del referendo revocatorio responde a la necesidad de evaluar la gestión de los funcionarios sometidos al referendo revocatorio, utilizando como elemento comparativo el programa electoral presentado durante la campaña electoral, según lo dispuesto en el artículo 66 de la Constitución. Planteado en esos términos puede ocurrir que la gestión del titular sea muy deficiente, sin que se llegue a configurar una grave crisis política, y por tanto, resultaría teóricamente inviable la celebración de un referendo revocatorio.

Sin embargo, en la práctica la celebración de un referendo revocatorio no depende de las disquisiciones sobre su finalidad, sino de que los electores interesados logren cumplir con los requisitos exigidos constitucionalmente, siendo el primero de ellos el porcentaje mínimo de los electores de la circunscripción respectiva.

Observamos –siempre en la perspectiva teórica– que esta desnaturalización de la finalidad del referendo revocatorio sustentada en la ideas de la superación de graves crisis políticas, y no en la evaluación de la gestión pública, aunque estuvo centrada exclusivamente sobre el referendo revocatorio presidencial, obviamente abarca a cualquier cargo de elección popular, sin tomar en cuenta, en primer lugar, que en la revocación de los titulares de los cargos regionales y locales está en juego básicamente el control y evaluación de la gestión pública, y que las crisis políticas que afecten a los mismos es casi imposible que sean iguales a las crisis políticas nacionales, y en segundo lugar que derivada de esa circunstancia lucía necesario que se estableciesen porcentajes menores para las hipótesis de los referendos revocatorios regionales y locales.

Este argumento cobra mayor fuerza para el caso de diputados, legisladores y concejales, cuya actuación individual es muy improbable que pueda dar lugar a una grave crisis política.

En fin, queda claro que la disposición consagratoria del referendo revocatorio resultó desnaturalizada por haber estado centrado el debate sobre la misma, únicamente, en el revocatorio presidencial, pero insistimos en que este obstáculo queda superado en la práctica si se cumplen los requisitos antes indicados.

B. La exigencia adicional del CNE que condiciona la iniciativa del procedimiento

En fecha 06-09-2007, el Consejo Nacional Electoral dictó la Resolución n° 070906-2770[25], contentiva de las "Normas para regular el procedimiento de promoción y solicitud de referendos revocatorios de mandatos de cargos de elección popular", cuyo artículo 8 preceptúa:

> Podrán constituirse en agrupaciones de ciudadanas o ciudadanos un número de ciudadanas o ciudadanos mayor o igual al uno por ciento (1%) de la población inscrita en el Registro Electoral del municipio, del estado o nacional, según el caso correspondiente a la funcionaria o funcionario cuyo mandato se solicita revocar. En el caso de los municipios con una población electoral menor a diez mil (10.000) electores, se requerirá la manifestación de voluntad de por lo menos cien (100) ciudadanos o ciudadanas.

---

[25] Estas normas derogan las que habían sido dictadas por el CNE en el mes de febrero de 2007, a saber: las normas para regular el procedimiento de promoción y solicitud de referendos revocatorios de mandatos de cargos de elección popular, contenidas en Resolución n° 070207-036, publicada en la Gaceta Electoral n° 356 del 12-02-2007, y las normas para la constitución y registro de las agrupaciones de ciudadanas o ciudadanos que participarán en los procesos de referendo revocatorios de mandatos de cargos de elección popular, contenidas en la Resolución n° 070207-047 del 07-02-2007, publicada en la Gaceta Electoral n° 358 del 14-02-2007.

Estas agrupaciones de ciudadanos solo se pueden constituir una vez transcurrida la mitad del período de mandato del funcionario que se pretende revocar. Solo de esa forma obtendrán la cualidad de legitimados activos en la promoción del respectivo referendo revocatorio.

En ese mismo orden de ideas, esas normas establecieron que tanto las agrupaciones de ciudadanos como los partidos políticos, para promover un referendo revocatorio, deberían contar antes de formalizar la solicitud con el respaldo de por lo menos el 1% de los electores de la respectiva circunscripción electoral, cuyo procedimiento se desagrega en dos fases: la presentación de las manifestaciones de voluntad que debían estar contenidas en los formatos entregados por el órgano electoral a los promotores del referendo y la autenticación por ante los órganos del CNE de esas manifestaciones voluntad, para lo cual los ciudadanos tienen que presentarse ante los funcionarios de esos órganos en las fechas fijadas reglamentariamente.

En fin, después que el CNE dictó la Resolución n° 070906-2770, la viabilidad de la solicitud de la iniciativa del referendo requiere el previo cumplimiento del aludido requisito, el cual se concreta en dos fases: (*i*) el respaldo de un porcentaje no menor del 1% de los electores de la circunscripción electoral respectiva, mediante la presentación de la firma de los integrantes del aludido porcentaje de electores, y (*ii*) la autenticación automatizada de esas firmas dentro del plazo máximo de cinco días previsto en el artículo 10 de la Resolución n°2770.

La autenticación se desarrolla así:

> Recibida la solicitud de constitución de la agrupación de ciudadanas y ciudadanos, en un lapso no mayor de cinco (5) días continuos, las Oficinas Nacionales Electorales o la Comisión de Participación Política y Financiamiento, según el caso, constatarán si el número de manifestaciones de voluntad presentado cumple con el mínimo exigido, participándole a los promotores que deben convocar a las ciudadanas o a los ciudadanos para que en un lapso no mayor de cinco (5) días hábiles siguientes a la participación se presenten en la Oficina de Registro Electoral correspondiente en la entidad

donde se encuentran inscritas o inscritos en el Registro Electoral a los fines de validar las manifestaciones de voluntad.

C. La inconstitucionalidad de la norma reglamentaria

En primer lugar, pese a la opinión en contrario de la Sala Constitucional del Tribunal Supremo de Justicia contenida en las sentencias n° 566 del 14-04-2004 (caso Ismael García) y 1528 de 10-08-2004 (Jesús Petit Da Costa y otros), en las cuales declaró que el Consejo Nacional Electoral estaba legitimado para dictar ese tipo de resoluciones ante la inexistencia de la correspondiente ley en virtud de que "son actos en ejecución directa e inmediata de la Constitución", razón por la cual tenían rango de ley, consideramos que esta tesis jurisprudencial no es de recibo.

Esto porque pretender conferirle rango legal a un reglamento que supliría la ausencia de una ley, con la particularidad de que está destinada a regular una materia que es de reserva legal, constituye un exabrupto hermenéutico; y desde luego que esta resolución normativa del CNE -aunque haya sido "bautizada" con ese pretendido manto de constitucionalidad por la Sala Constitucional- vulnera flagrantemente el principio de reserva legal en virtud de que los referendos son medios de participación ciudadana, tal como lo dispone el artículo 70 constitucional, y esa misma disposición en su aparte único preceptúa que una ley establecerá las condiciones para su efectivo funcionamiento, por lo que resulta indudable que no es posible en el marco de un Estado de Derecho predicar que el acto normativo del CNE tiene el mismo rango de una ley, además orgánica, cuya ausencia suple.

En ese orden de ideas, advertimos que el artículo 203, encabezamiento, constitucional, pauta dentro de los subtipos de leyes orgánicas a las orgánicas para desarrollar a los derechos constitucionales, e indudablemente el derecho a promover referendos es un derecho constitucional. De tal manera que es una materia de reserva legal, y más aún de reserva legal de Parlamento.

Como corolario del desarrollo de nuestro razonamiento sobre la violación de la reserva legal es necesario traer a colación el artículo 293, numeral 1, *ejusdem*, el cual configura en términos categóricos la potestad normativa del Consejo Nacional Electoral, reducida exclusivamente por la Carta constitucional a los reglamentos ejecutivos de leyes electorales.

Así, aunque el constituyente sustrae esta potestad de la general, exclusiva y excluyente de reglamentar las leyes que desde finales del siglo XIX le había sido conferida en forma exclusiva al Presidente de la República en Consejo de Ministros, de ninguna manera en virtud de esa excepción los actos normativos que dicte el máximo órgano electoral pueden llegar a alcanzar un rango superior al reglamentario, y por tanto, siempre ostentarán rango sublegal. En este mismo sentido se ha pronunciado parte de la doctrina nacional[26].

Ahora bien –reiteramos– no cabe duda que este nuevo requisito es francamente inconstitucional, pues como hemos visto el artículo 72 del texto constitucional establece en términos categóricos que la solicitud de la iniciativa del referendo revocatorio se perfecciona cuando la misma es formulada por lo menos por el 20% de los electores inscritos en la correspondiente circunscripción electoral, sin que medie el cumplimiento de ningún requisito previo como el descrito precedentemente, el cual condiciona la viabilidad de la promoción y solicitud del referendo revocatorio.

Por otro lado, es necesario añadir que el máximo órgano electoral en la citada resolución normativa n° 2770: (*i*) anuló el derecho de los electores de iniciar el procedimiento de la revocación del mandato de los titulares de cargos de elección popular, y se lo confirió a las agrupaciones de ciudadanos y a

26 BREWER-CARÍAS, Allan. *El secuestro del poder electoral*... Ob. cit., p. 317. ANTELA, Ricardo. Ob. cit., pp. 61-72 y HERNÁNDEZ, José Ignacio. Ob. cit., p. 48.

las asociaciones con fines políticos (en lo adelante, partidos políticos), pues a partir de la fecha de la referida resolución normativa no resulta posible que los electores en el porcentaje indicado puedan ejercer el derecho a promover referendos revocatorios, y *(ii)* añadió una exigencia que condiciona la iniciativa para promover el procedimiento del referendo, al establecer una fase que consiste en que tanto las agrupaciones de ciudadanos como los partidos políticos deben presentar para poder iniciar válidamente el procedimiento del revocatorio, el respaldo de por los menos el 1% de los electores de la respectiva circunscripción, convirtiendo tanto a las agrupaciones de ciudadanos como a los partidos políticos en agentes mediadores de los electores que pretendan iniciar el procedimiento, quienes, como hemos visto, están legitimados por el artículo 72 constitucional para hacerlo.

Por otro lado, la resolución del CNE fue dictada violando la interpretación del artículo 72 de la Constitución en la Sentencia n° 1139 del 05-06-2002 (caso Sergio Calderón), emanada de la Sala Constitucional, en la cual declaró que los únicos requisitos que condicionan el inicio del referendo revocatorio son los previstos en el citado precepto, es decir, que el mismo corresponde a un porcentaje igual o superior del 20% de electores de la circunscripción electoral. En ese sentido, sostuvo:

> Por ello, estima la Sala que una interpretación coherente de la normativa aludida conduce a afirmar que, hasta tanto sea dictada la Ley correspondiente, el Consejo Nacional Electoral tiene facultades para convocar y organizar cualquier tipo de referéndum, lo cual incluye, entre otras, la fijación de la fecha para su celebración. Sin embargo, el ejercicio de las referidas facultadas por parte del máximo ente comicial, que se desencadena al ser presentada la solicitud de convocatoria a referéndum revocatorio, se encuentra sometido a las reglas previstas en el artículo 72 de la Constitución, sin que deje ningún margen de discrecionalidad que autorice al Consejo Nacional Electoral a emitir pronunciamiento alguno sobre el mérito o conveniencia de la solicitud formulada, ni a establecer -en las normativas de carácter sub legal que dicte-, nuevas condiciones para la procedencia de la revocación

del mandato, no contempladas en el marco constitucional vigente.

Queda claro pues que el CNE ignoró la doctrina de la Sala Constitucional, en el marco de la praxis constitucional que se ha impuesto en el país según la cual la interpretación por la Sala Constitucional de las normas y principios constitucionales tiene un efecto vinculante expansivo más allá de los tribunales del país, esto es a los demás poderes del Estado, de tal manera que el quebrantamiento de esa praxis constituye un vicio de nulidad del acto en que encuentre concreción. De allí que en el caso bajo examen la resolución del CNE está afectada por el referido vicio.

Por otra parte, la resolución bajo examen adolece de un falso supuesto, pues el argumento esgrimido por el CNE relativo a que la mencionada resolución tiene como finalidad desarrollar el derecho constitucional al referendo revocatorio carece absolutamente de sustentación, porque en realidad logra todo lo contrario en virtud de que constituye un serio obstáculo al ejercicio de dicho derecho, dado que establece requisitos no previstos en la norma constitucional, y que tampoco pueden inferirse de la misma a los fines de su desarrollo, razón por la cual la resolución transgrede el artículo 62 de la Constitución conforme al cual los Poderes del Estado –entre ellos obviamente el Consejo Nacional Electoral– deben facilitar la generación de las condiciones más favorables para la práctica de los derechos de participación ciudadana, dentro de los cuales sin duda destaca el derecho al referendo, y por ende, cualquier obstáculo a dicha práctica está viciada de nulidad.

Ahora bien, en el supuesto negado de que se admitiese la constitucionalidad de la exigencia del referido porcentaje no menor del 1% de electores para la promoción y solicitud del procedimiento del referendo por parte de las asociaciones de ciudadanos, sobre la base de que el Consejo Nacional Electoral es el órgano encargado de viabilizar el ejercicio de la participación ciudadana mediante los mecanismos de referendo revocatorio correspondientes, en el caso de los partidos políticos, el CNE seguiría incurriendo en un vicio de inconstitucionalidad porque estas organizaciones básicamente tienen como finalidad, de conformidad con el artículo 67 de la Constitución, participar en la vida política del país mediante el ejercicio del poder (gobierno), o en el rol de opositores al gobierno, lo que a la postre es una de las expresiones más importante del derecho de participación en los asuntos públicos, o lo que es lo mismo de participación ciudadana consagrado en el artículo 62 constitucional, razón por la cual si sustantivamente son asociaciones de ciudadanos, y por ende están legitimados para iniciar la promoción del procedimiento del referendo, es evidente que no requieren una especie de "relegitimación" para hacerlo mediante la presentación de un porcentaje no menor del 1% precisamente de ciudadanos o electores, máxime si los partidos políticos sean nacionales o regionales requieren para constituirse como tales un número de militantes superior.

Además, cabe añadir que los partidos políticos ya quedan obligados a relegitimarse si no obtienen el 1% de los votos emitidos en la elección correspondiente, según lo dispuesto -por interpretación a contrario- del artículo 25 de la Ley de Partidos Políticos, Reuniones Públicas y Manifestaciones[27]. De allí que constituye una clara violación al derecho de los partidos políticos de solicitar el referendo revocatorio imponerles la obligación de la recolección del referido 1% de electores del Registro Civil y Electoral de la circunscripción respectiva (artículo 13 de la Resolución n° 070906-2770 del CNE).

3. El límite temporal para promoverlo

La Constitución prescribe en el artículo 72 como límite para que los electores puedan promover el inicio del referendo revocatorio que haya transcurrido la mitad del período constitucional para el cual fue elegido el funcionario.

Esta disposición concuerda con el artículo 233 de la misma Constitución, aplicable al caso del Presidente de la República. Dicha norma establece que, en caso de falta absoluta del Presi-

---

27 Gaceta Oficial n° 6.013 Extraordinario de 23-12-2010.

dente –cualquiera sea su causa, incluida la derivada de un referendo revocatorio favorable a los promotores–, si esta falta se produce en cualquiera de los dos últimos años del período presidencial, no se celebrará una nueva elección para elegir un nuevo Presidente. En su lugar, *ope constitutionem*, la vacante será cubierta por el Vicepresidente Ejecutivo hasta la finalización del período constitucional correspondiente. Por consiguiente, carece de sentido iniciar la promoción del referendo revocatorio en el curso de esos dos últimos años debido a que la realización del referendo aunque resultase exitoso no cumpliría su finalidad habida cuenta de que resultaría inútil, razón por la cual en esa hipótesis si el referendo es promovido en cualquiera de esos dos años, el CNE estará legitimado para declararlo inadmisible.

Por otro lado, conviene acotar que la previsión del artículo 72 constitucional, que fija el límite para promover el referendo a partir de la mitad del período del funcionario, encuentra su fundamento en la necesidad de permitirle a este ejercer sus funciones durante un tiempo prudencial, en virtud de que si el referendo tiene como finalidad evaluar la gestión política del funcionario, razones lógicas elementales conducen a sostener que solo después que este ejerce el cargo por un lapso de mandato prudencial puede iniciarse la promoción del referendo, pero en realidad ese lapso se reduce teóricamente a un año.

Pensamos que la Sala Constitucional no hizo más que repetir la citada disposición constitucional en la sentencia n° 137 del 13-02-2003 (caso Freddy Lepage Scribani y otros), ratificada en la sentencia n° 2663 del 06-10-2003 (caso Súmate), en las cuales declaró en términos categóricos que solo resultaba legítimo el inicio de la promoción del referendo revocatorio a partir de la segunda mitad del lapso de mandato del funcionario, aunque fue omitido en ambos fallos que el límite para la promoción del referendo a su vez está constituido por los dos últimos años del lapso del período presidencial, aunque en realidad debe admitirse que tal declaración resulta tácita.

Así las cosas, la jurisprudencia de la Sala Constitucional fue recogida en las "Normas para regular los procesos de referendos revocatorios de mandatos de cargos de elección popular", contenidas en la Resolución n° 030925-465 del 25-09-2003, dictadas por el Consejo Nacional Electoral (art. 14), y en el mismo sentido, se recogió en las vigentes "Normas para regular el procedimiento de promoción y solicitud de referendos revocatorios de mandatos de cargos de elección popular", contenidas en la citada Resolución n° 070906-2770 dictada por el Consejo Nacional Electoral el 06-09-2007, cuyo artículo 16 dispone:

> A partir del momento en que se cumpla la mitad del período para el cual fue elegido el funcionario, las organizaciones con fines políticos o las agrupaciones de ciudadanos o ciudadanas debidamente inscritas en el Consejo Nacional Electoral podrán promover mediante una participación escrita el inicio del procedimiento para la solicitud del referendo revocatorio del mandato, de acuerdo a las disposiciones establecidas en la presente Resolución.

4. Las mayorías requeridas para la revocación del mandato

El artículo 72 constitucional establece que cuando igual o mayor número de electores voten a favor de la revocatoria del mandato del funcionario, este se considerará revocado, y en consecuencia, cesará en el ejercicio del cargo, siempre y cuando haya participado en la elección un porcentaje no menor al 25% de electores inscritos en el Registro Electoral para la fecha del inicio del procedimiento del revocatorio.

La segunda exigencia constitucional no genera ningún tipo de duda, en virtud de que su determinación es producto de una sencilla operación matemática mediante la cual se determina si votó o no el referido 25% de los electores.

En cambio, la que en principio sí suscitó discusiones fue la mayoría de votos necesarios para la revocación del mandato, pues si bien establece la Constitución que debe ser igual o mayor al número de votos con que fue elegido el funcionario, surgió la duda relativa a que si bastaba solamente esa variable, o era necesario que entrara en juego la relativa al número de votos de los electores que se pronunciasen a favor del "no". Es decir, que el funcionario se mantuviera en el ejercicio del cargo. Desde luego que esta variable cobraba importancia, cuando ese número de votos "no" era mayor que el número de "sí".

Esta discusión fue zanjada tempranamente por el Consejo Nacional Electoral mediante el ejercicio de su "potestad normativa legal", al dictar las citadas normas de septiembre de 2003, cuyo artículo 60 disponía:

> Se considerará revocado el mandato si el número de votos a favor de la revocatoria es igual o superior al número de votos de los electores que eligieron al funcionario y no resulte inferior al número de votos de los electores que votaron en contra de la revocatoria.

Esta norma es la vigente actualmente en virtud de que fue recogida en el artículo 200 de las "Normas para regular los referendos revocatorios", contenidas en la Resolución n° 070327-341 dictadas por el CNE el 27-03-2007, que dispone:

> Se considerará revocado el mandato si se cumplen las siguientes condiciones concurrentes: 1. Si el número de electores participantes en la jornada electoral representa, por lo menos, el veinticinco (25%) por ciento del total del cuerpo electoral. 2. Si el número de votos a favor de la revocatoria es igual o superior al número de votos de los electores que eligieron al funcionario revocable; 3. Si el número de votos a favor de la revocatoria resulta superior al número de electores que votaron en contra de la revocatoria.

En ese mismo sentido se pronunció, aunque parezca extraño, la Sala Constitucional en las sentencias n° 2750 del 21-10-2003 (caso Carlos E. Herrera Mendoza) y 3430 del 05-12-2003 (caso Maxin Ross Núñez y otros)[28] en las que invocó el

[28] De ese modo, cambió la Sala Constitucional su interpretación al respecto contenida en la sentencia n° 1139 del 05-06-2002 (caso Sergio Calderón), en los siguientes términos "Según los planteamientos anteriores, interpreta la Sala que el quórum mínimo de participación efectiva en el referéndum revocatorio, debe estar representado necesariamente -por lo menos- por el 25% de los electores inscritos en el

carácter democrático del Estado y, en consecuencia, el principio de las mayorías, esencial para la supervivencia de la democracia. Por tal razón, consideró que la interpretación del artículo 72 de la Constitución debía armonizarse con lo dispuesto en el artículo 2 *ejusdem* y de esa concordancia se derivaba que, incluso si un número de electores igual o superior al que votó originalmente por el funcionario objeto del referendo se pronunciaba por su revocatoria, pero una mayoría votaba en contra –es decir, a favor de que dicho funcionario permaneciera en el cargo–, debía prevalecer esta última manifestación de voluntad, por representar la mayoría efectiva.

Tal solución nos parece acertada porque si en el proceso referendario se admite que los ciudadanos que participan tienen la libertad de pronunciarse por la opción de su preferencia –es decir, bien por la revocación del mandato del funcionario, o bien por el rechazo de esa opción– resulta contrario a toda lógica que en un sistema democrático se desconozca el valor de los votos de los segundos, aunque el tenor literal de la Constitución pudiera dar lugar a pensar que una vez configurada la exigencia constitucional (igual o mayor número de votos que los obtenidos en la elección del funcionario), *ipso iure* debería producirse la revocación del mandato, pero tal tesis implicaría sacrificar cánones hermenéuticos elementales, entre estos el que responde a la necesidad de poner en valor la concepción del texto constitucional como un todo interrelacionado, así como el principio de que la mayoría de las normas constitucionales requieren de un desarrollo mediante las leyes. Pues bien, en la declaración contenida en las sentencias de la Sala Constitucional están presentes esos cánones hermenéuticos, razón por la cual somos partidarios de la tesis formulada en las mismas.

Registro Electoral de la circunscripción correspondiente para el momento de la celebración de los comicios refrendarios, y además, que la votación favorable a la revocación debe ser igual o mayor que la que el funcionario obtuvo cuando fue electo, sin que pueda someterse tales condiciones numéricas a procesos de ajustes o de proporción alguno".

Cabría preguntarse poniendo en valor el voto de los ciudadanos si hipotéticamente en el caso de que la opción del "sí" no superase el número de votos que obtuvo el candidato que se pretende revocar, pero dicha opción fuese mayor que la opción del "no", si en dicha hipótesis habría que admitir que se produjo la revocatoria del funcionario.

5. Las tesis sobre la inhabilitación del funcionario revocado para postularse en las elecciones convocadas para elegir el funcionario que debe completar el período constitucional

Consideramos que el funcionario cuyo mandato resulta revocado queda inhabilitado *ope constitutionem* para postularse con la finalidad de participar en la elección que debe convocarse en el plazo de un mes a partir de la revocación para elegir al funcionario -en este caso al Presidente de la República- que deberá completar el resto del período constitucional. Sin embargo, la Sala Constitucional tácitamente sostiene que el funcionario revocado tiene derecho a postularse para completar ese período constitucional.

La involución de la Sala Constitucional en esta materia puede resumirse así: mediante sentencia n° 2404 de 28-08-2003 (caso Exssel Ali Betancourt Orozco)[29] se pronunció sobre un recurso de interpretación del artículo 72 constitucional, en la parte relativa a sí el Presidente de la República revocado podía participar en la referida elección, procediendo a declarar inadmisible el recurso, pero como hacía en casos semejantes añadió que efectivamente el Presidente de la República quedaba inhabilitado para participar en el proceso electoral. Sin em-

[29] En página web del TSJ, no es posible tener acceso al contenido de esta sentencia. Sobre este asunto, Brewer Carías denunció "La sentencia fue publicada en los medios de comunicación, pero no en la página web del Tribunal Supremo. La Sala Constitucional en una inusual 'Aclaratoria' emitida de oficio en fecha 01-09-2003, desconoció lo expresado en el fallo, considerado el tema como no decidido. La Aclaratoria sin embargo, también fue eliminada de la página web (...)". Cfr. BREWER-CARÍAS, Allan. El secuestro del poder electoral..., Ob. cit., p. 313.

bargo, esa misma Sala en una "aclaratoria" del fallo y pese a que el recurso había sido declarado inadmisible, desconoció lo sostenido en el mismo, declarando el caso como "no decidido".

Posteriormente se tiene la sentencia n° 1173 del 15-06-2004 (caso Esteban Gerbasi)[30], dictada con ocasión de pronunciarse sobre si en el caso bajo examen resultaba aplicable el artículo 198 de la Constitución, según el cual en la hipótesis de que a un diputado le sea revocado el mandato queda inhabilitado para postularse para participar como candidato a diputado en las elecciones del próximo período constitucional, independientemente de cualquiera que sea la circunscripción por la cual se postule.

En ese fallo la Sala argumentó que el Presidente de la República cuyo mandato sea revocado mantiene incólume su derecho a postularse en la elección convocada para elegir a la persona que debe completar el período constitucional, y en ese sentido, añadió: (*i*) que el texto constitucional no preveía ninguna restricción al ejercicio del derecho al sufragio pasivo (art. 67); (*ii*) que además en caso de duda acerca de la interpretación de un derecho constitucional, el principio *pro libertate* imponía que la interpretación fuese la más favorable al ciudadano; y (*iii*) que resultaba aplicable lo dispuesto en el artículo 30 de la Convención Americana sobre Derechos Humanos, en el sentido de que "las restricciones al derecho de participación política, derecho consagrado en el artículo 62 de la Constitución, deben ser expresas y figurar en la Carta Magna o en las leyes en sentido formal".

Concluye el fallo declarando que en virtud de que las únicas restricciones para que los ciudadanos puedan postularse al cargo de Presidente de la República son las previstas en los artículos 65, 227 y 229 de la Constitución, y habida cuenta que en ninguno de ellos se establece la revocatoria popular del mandato como causal de inhabilitación para ejercer ese dere-

---

[30] Criterio ratificado en sentencia n° 2609 de 12-08-2005 (caso Luis Manuel Esculpi y Pablo Emilio Castro).

cho, debe entenderse por argumento a contrario que la restricción contenida en el artículo 198 de la Constitución no es aplicable con respecto del Presidente de la República.

Es así que la sentencia niega tácitamente que en el caso de que el mandato le sea revocado al presidente de la República, este no queda inhabilitado para postularse en el proceso electoral convocado para elegir al funcionario que deberá terminar el período constitucional. Sin duda que pese a la ambigüedad del fallo, es evidente a tenor del mismo que en la hipótesis negada de que el mandato del presidente Chávez le hubiera sido revocado en 2004, habría podido participar en la elección presidencial prevista en el artículo 233, segundo aparte constitucional, y sin ninguna duda el Consejo Nacional Electoral hubiese admitido su candidatura sustentado su decisión en la referida sentencia.

Cabe destacar que la sentencia contó con un voto salvado del Magistrado A. García, al que se adhirió el magistrado Rondón, en cual sostuvo que resultaba un contrasentido que un Presidente de la República, cuyo mandato hubiese sido revocado antes de los dos últimos años del período constitucional, lo que implicaba una sanción por su gestión, pudiera participar en el proceso electoral convocado para sustituirlo y completar el período constitucional, máxime si el artículo 233 se refiere al "nuevo presidente" y, concluye el disidente afirmando que aun cuando no existe expresamente ninguna restricción que impida al presidente revocado postularse para completar el período constitucional en los términos del artículo 233 de la Constitución, sostener sobre la base de ese argumento que está legitimado para optar al cargo que le fue revocado, dejaría totalmente sin efecto el resultado del referendo revocatorio, el cual consiste precisamente en imponerle la sanción política de la separación del cargo, y que en definitiva de esa manera se irrespetaría la voluntad popular manifestada en el referendo revocatorio.

Por otro lado, más allá de los argumentos de carácter teleológicos, coincidimos con Antela[31] y Brewer[32], quienes sostienen que la Sala Constitucional no podía basarse en una colisión de derechos entre derechos colectivos de los cuales constituye una expresión emblemática el derecho de los ciudadanos a revocar mandato -que es inherente al pueblo soberano- frente al derecho individual de postulación para cargos de elección popular, que correspondería al Presidente de la República como ciudadano, lo que implicaría soslayar la finalidad esencial de todo el proceso revocatorio. Por tanto, en virtud de la primacía del derecho colectivo de la ciudadanía sobre el derecho fundamental pero individual, debe concluirse que el funcionario revocado queda impedido para presentarse en la siguiente elección, que en el caso del Presidente de la República es la prevista en el artículo 233 constitucional.

En este mismo orden ideas, Domingo Barberá añade en términos categóricos:

> La colisión entre estos derechos, y la reserva de ley de sus limitaciones, pretende asegurar que no se dé el abuso de poder con el que se lesionen los derechos humanos. Pero si en este supuesto se invierte la consideración y prevalece el derecho del presidente a presentarse en estas elecciones, lo que quedaría conculcado sería el principio de soberanía popular[33].

Por nuestra parte, consideramos que la carencia de argumentos precisos y pertinentes de la Sala Constitucional para

---

31 ANTELA, Ricardo. Ob. cit., pp. 150-152.

32 BREWER-CARÍAS, Allan. "La Sala Constitucional vs. El derecho ciudadano a la revocatoria de mandatos populares (o de cómo un referendo revocatorio fue inconstitucionalmente convertido en un 'referendo ratificatorio')". En: *Ponencia para el Seminario sobre experiencias de referéndum. Tribunal Supremo de Elecciones de Costa Rica, International IDEA, San José 20-21 de agosto,* 2007, p. 23. http://allanbrewercarias.com/wp-content/uploads/2007/09/1017.-958.-LA-SALA-CONSTITUCIONAL-vs.-EL-DERECHO-CIIUDADANO-A-REVOCAR-MANDATOS-22-09-2004.pdf

33 DOMINGO BARBERÁ, Elia. Ob. cit., p 261.

tratar de "explicar" -no de fundamentar- su pretendida tesis acerca de que el presidente revocado estaba legitimado para participar en el proceso electoral destinado a cubrir la vacante que se había producido precisamente por la voluntad de los electores, la cual sin duda es una manifestación directa de la soberanía popular en los términos previstos en el artículo 4 constitucional, no es sino una expresión del sesgo político impropio de todo Tribunal o Sala Constitucional, porque para cualquier juez resulta un deber elemental interpretar las normas jurídicas a partir del fin perseguido con su aplicación, y en el caso bajo examen se trata del desconocimiento de ese fin, que como bien se señala en el voto salvado, no es otro que el ejercicio de un derecho político, signo de democracia directa, cuya finalidad es complementar a la democracia representativa, el cual una vez desencadenado el complejo procedimiento que concluye con la revocación del mandato de un funcionario de elección popular, resulta indudable que la sociedad, los electores, y en fin el pueblo quieren que su voluntad sea respetada, razón por la cual deben ser totalmente rechazados, los "esguinces" hermenéuticos que tengan como finalidad desconocer la voluntad popular.

6. La convocatoria del referendo

Una vez realizada la cuantificación del número de manifestaciones de voluntad, si se determinare que este es igual o mayor al 20% de los electores inscritos en el Registro Electoral de la circunscripción electoral correspondiente, para el momento de la solicitud, es obligatorio para el máximo órgano electoral convocar el referendo, so pena de incurrir en una clara ilegalidad que puede dar lugar a la imposición de una sanción política.

Ahora bien, con respecto a este número de firmas es necesario precisar que el artículo 27 de la Resolución n° 2770 dictada por el CNE el 06-09-2007 dispone que a los efectos de determinar quiénes pueden ejercer el derecho a solicitar el referendo revocatorio se toma como base el Registro Electoral existente en el mes siguiente a la fecha en que se cumple la mitad del período de mandato del funcionario revocable.

El artículo 29 *ejusdem* establece que una vez realizada la cuantificación y determinado que el número de manifestaciones de voluntad es igual o mayor al 20% de los electores, el Consejo Nacional Electoral declarará procedente la solicitud de referendo, y dentro de los tres días siguientes procederá a su convocatoria.

Si no se reuniera el referido porcentaje de manifestaciones de voluntad, procederá a declararlo sin lugar. Consideramos que en este caso, aunque no lo diga la norma, si por ejemplo hubiese faltado muy poco para lograr el número legal de firmas verificadas, los solicitantes del referendo tendrán el derecho de solicitar en un plazo perentorio la revisión (especie de recurso de reconsideración) de las actas de verificación de firmas que la Junta Electoral hubiere consideradas afectadas por algún vicio de nulidad, o en todo caso siempre se podrá interponer recurso contencioso electoral de nulidad, de conformidad con el artículo 27, numeral 1 de la Ley Orgánica del Tribunal Supremo de Justicia[34], contra el acto del Consejo Nacional Electoral que declaró sin lugar la convocatoria del referendo por ante la Sala Electoral del Tribunal Supremo de Justicia, en virtud de no existir en el ordenamiento jurídico ningún acto de cualquier Poder Público que sea inmune al control judicial.

Si se declara procedente la solicitud del referendo revocatorio, dentro de los tres días posteriores a esa declaratoria el Consejo Nacional Electoral a tenor de lo pautado en el citado artículo 29 de la Resolución n° 2770 deberá convocar la celebración del referendo para dentro de los noventa días continuos siguientes, según lo dispuesto en el artículo 30 *ejusdem*.

---

[34] Gaceta Oficial n° 6.684 Extraordinario del 19-01-2022.

7. La formulación de la pregunta que servirá de base a la votación

Es necesario advertir que pese a la importancia de esta cuestión, la misma no se encuentra regulada en ninguno de los artículos que integran las citadas "Normas para Regular el Procedimiento de Promoción y Solicitud de Referendos Revocatorios de Mandatos de Elección Popular", que es el instrumento normativo apropiado para preverla en virtud de que como su denominación indica, regula pormenorizadamente las fases de promoción y solicitud de los referendos revocatorios, siendo así que su artículo 18 enumera el contenido del escrito de participación de inicio del procedimiento para la solicitud del referendo revocatorio, y como ya dijimos no contempla esta importante cuestión.

Sin embargo, esta omisión no debe ser interpretada como que la atribución de redactar la pregunta está reservada al CNE, ya que por el contrario la misma debe corresponder al partido político o agrupación de ciudadanos que son los únicos legitimados para promover y solicitar la iniciativa del referendo revocatorio, debido a que como bien lo declaró la Sala Constitucional en sentencia n° 1139 del 05-06-2002 (caso Sergio Calderón), los Poderes Públicos carecen absolutamente de competencia para promover el inicio de esta clase de referendos, y con mayor razón el CNE, que es el máximo órgano del Poder Electoral, cuya actuación debe estar caracterizada por la imparcialidad política, pues así se desprende del artículo 296 constitucional conforme al cual el mismo debe estar integrado por cinco personas no vinculadas a organizaciones políticas, y desde luego que el derecho a formular la pregunta constituye un atributo esencial de la promoción y solicitud del referendo.

Por consiguiente, resulta indudable que constituye una facultad exclusiva de los solicitantes del referendo formular la pregunta que servirá de base a la celebración del referendo, teniendo el cuidado de hacerlo en términos unívocos, de tal manera que dé lugar a una sola respuesta positiva o negativa, es decir, un "sí" o un "no", en la cual conforme a este orden de razonamientos debe figurar en primer lugar la opción del "sí".

Sin embargo, debido a esta omisión normativa, el Consejo Nacional Electoral, haciendo gala de un evidente sesgo político, en el referendo revocatorio presidencial de 2004 impuso el orden inverso, esto es el "no" y seguidamente el "sí". Desde luego que, si la pregunta propuesta por los solicitantes del referendo está formulada en términos que no respondan a las indicaciones antes señaladas, siempre podrá el máximo órgano electoral ordenar a los promoventes que procedan a reformularla.

8. La publicidad y propaganda del referendo

Una vez convocado el referendo, de conformidad con el artículo 56 de la Resolución n° 070327-341, se abre un lapso veinte días continuos a partir de la fecha fijada por el órgano electoral, el cual fenece cuarenta y ocho horas antes del día fijado para la realización del referendo, para que los promotores del mismo, sean agrupaciones de ciudadanos o partidos políticos, así como los funcionarios a quienes se les solicite la revocación del mandato, puedan realizar toda clase de actividad de propaganda lícita en favor y en contra respectivamente de que el referendo resulte exitoso o no.

En ese orden de ideas el artículo 55 *ejusdem* define la publicidad y propaganda del referendo como las actividades de carácter público que llevan a cabo los promotores del referendo revocatorio, orientadas a captar, estimular o persuadir a los electores para que voten a favor de una opción en el referido lapso.

Por otra parte, el artículo 57 *ejusdem* establece que los partidos políticos y agrupaciones de ciudadanos deben informar oportunamente a la Comisión de Participación Política y Financiamiento del CNE los datos de identificación de las personas naturales o jurídicas encargadas de contratar las diversas clases de piezas de publicidad y propaganda. La identificación de los responsables de la publicidad implica el deber de aportar sus nombres y apellidos, la cédula de identidad, el carácter con el que actúan y la opción a la que están adheridos. Por supuesto, cuando el responsable sea una persona jurídica, igualmente deben suministrarse sus datos de identificación (nombre o denominación, fecha del registro civil o mercantil con la debida identificación, número de protocolo, etc.).

La citada Resolución n° 070327-341regula de manera exhaustiva toda la materia relativa a la propaganda en los artículos que van del artículo 58 al 78, pero el estudio de estos pormenores excede los objetivos del presente trabajo.

9. El financiamiento de la campaña electoral

Todo lo relativo al financiamiento de la campaña electoral está regulado exhaustivamente en el Título IV de la Resolución n° 070327-341, el cual se desagrega en siete capítulos cuyo estudio excede los objetivos del presente trabajo, razón por la cual nos referiremos a sus principios generales contenidos en el Capítulo I, en el cual se define el financiamiento de la campaña electoral como la actividad financiera que comprende todos los ingresos, en dinero o en especie, así como los gastos realizados por los promotores del referendo y los funcionarios cuyos cargos son objeto de este, que tengan por objeto estimular a los electores para que voten por una de las opciones del referendo (art. 79).

Con la finalidad de controlar el financiamiento de la campaña electoral que realicen los promotores del referendo y los funcionarios cuyos cargos se someten al referendo revocatorio, cada uno de estos deben abrir y utilizar una sola cuenta bancaria en una institución de esa naturaleza, de carácter nacional, dedicada exclusivamente al manejo de los ingresos y los egresos efectuados en la campaña, debiendo quedar reflejadas las transacciones en los respectivos libros de contabilidad (art. 80).

La Comisión de Participación Política y Financiamiento, previa aprobación del CNE, podrá solicitar la intervención de la Superintendencia de las Instituciones del Sector Bancario (SUDEBAN) así como otros órganos y entes públicos, con la finalidad de prevenir y comprobar casos de financiamiento con recursos económicos provenientes de actividades u orígenes prohibidos legalmente que estén destinados a ser usados en la campaña (art. 81). Los promotores del referendo revocatorio y los funcionarios deberán designar un encargado de las finanzas, quien será responsable de la administración de todos los recursos destinados al financiamiento de la campaña. Cuando se trate de las agrupaciones de ciudadanos, el responsable de las finanzas debe ser designado dentro de sus promotores. Por otro lado, los referidos encargados de las finanzas no deben ser funcionarios públicos activos (art. 82). Cuando se participe a la Comisión de Financiamiento del CNE la designación del encargado de las finanzas, en ese mismo acto se procederá a la apertura de los libros de contabilidad ante la Oficina Nacional de Financiamiento o ante la Oficina Regional Electoral. En la hipótesis de sustitución del encargado de las finanzas debe notificarse ante el mismo órgano administrativo dentro de los cinco días siguientes (art. 83).

La Resolución n° 070327-341 prohíbe para el financiamiento de la campaña electoral los aportes anónimos, las donaciones o los subsidios provenientes de entes públicos, aunque estos tengan o no autonomía, así como cualquier tipo de aportes de compañías extranjeras o con casas matriz en el extranjero. También están prohibidos los ingresos provenientes de empresas concesionarias de obras públicas o de cualquier servicio o de bienes propiedad del Estado, los de Estados extranjeros, organizaciones extranjeras u organizaciones nacionales que reciban aportes de entes o Estados extranjeros (art. 84).

Por consiguiente, los aportes, donaciones, subsidios o liberalidades solo pueden provenir de cualquier tipo de persona natural o jurídica venezolana, sin ningún tipo de límite cuantitativo, siempre y cuando no sean concesionarios o contratistas públicos vinculados con la República, los estados, el Distrito Capital y los municipios, ni con cualquiera de sus entes descentralizados.

10. La votación, escrutinio y totalización

La dos primeras fases del referendo revocatorio, están reguladas exhaustivamente en los capítulos VI y VII del título V de la Resolución n° 070327-341 dictada por el CNE, y la fase de totalización y proclamación de los resultados del referendo revocatorio en los capítulos que van del I al V del título VII *ejusdem*, cuyo estudio excede los límites del presente trabajo.

V. LAS CONSECUENCIAS DEL RESULTADO DEL REFERENDO REVOCATORIO PRESIDENCIAL

1. Los actos previos a la determinación de las consecuencias del referendo revocatorio

Naturalmente que las consecuencias o efectos del resultado del referendo revocatorio estarán en función de la declaración del Consejo Nacional Electoral sobre los resultados del mismo, una vez que totalice todos los votos válidos de los electores en el entendido de que se hayan cumplido todos los requisitos legales precedentemente enunciados.

Pero aunque la Resolución n° 070327-341 no lo prevé, es lógico que antes de proceder al escrutinio y totalización de los votos el mencionado órgano electoral nacional debe determinar si ha acudido a las urnas un número igual o superior al 25% de las personas con derecho a voto, ya que en la hipótesis de que no hubiere concurrido ese número de votantes, el CNE declarará la falta de validez del referendo revocatorio, procediendo sin llegar a abrir las urnas a destruir el material electoral, incluyendo básicamente los votos que hayan sido depositados en estas.

Si por el contrario ha votado un número igual o superior al porcentaje indicado, se iniciará el proceso de totalización de las actas de escrutinio mediante el sistema automatizado. Una vez concluido este proceso el CNE determinará el resultado del referendo previa verificación del cumplimiento de los extremos previstos en el artículo 72 constitucional, correspondiendo a la Junta Nacional Electoral proclamar los resultados del referendo y publicarlos en la Gaceta Electoral.

2. Los efectos en la hipótesis de que la opción del "sí" sea la opción perdedora

En la hipótesis que el número de votos obtenidos por la opción del "sí" sea menor que el obtenido por el funcionario en su elección, o bien que siendo mayor el número de votos, este sea inferior al número de votos depositados por la opción del "no", la situación jurídica relativa al mandato del Presidente de la República, si este fuere el caso se mantendrá inalterada. En consecuencia, dicho funcionario continuará ejerciendo el cargo hasta el término del mandato constitucional, salvo que posteriormente lo pierda por cualquiera de las causas de abandono previstas en el artículo 233 constitucional, con la excepción del referendo revocatorio, porque ya no se podrá de conformidad con el artículo 72 constitucional solicitar.

3. Los efectos en la hipótesis de que la opción del "sí" sea la opción vencedora

Si la Junta Electoral Nacional proclama vencedora a la opción del "sí" porque el número de votos por esta opción es igual o mayor que el obtenido por el funcionario en su elección, y también es superior al número de votos obtenidos por la opción del "no", se desencadenarán los efectos que se desprenden del artículo 233 constitucional, que son los siguientes:

En primer lugar, si el referendo –aun cuando haya sido promovido después de transcurrida la mitad del período constitucional del Presidente de la República–, se realiza dentro de los dos últimos años del referido período como consecuencia de retrasos en las distintas fases del proceso referendario atribuibles al Consejo Nacional Electoral, ya sea por la aplicación de sus resoluciones normativas con "rango de ley" (según expresión de la propia Sala Constitucional) o por efecto de algunas sentencias de esa misma Sala, entonces se plantea el problema de la selección de la persona que deberá ejercer el cargo presidencial durante el tiempo restante del período constitucional.

Este escenario no resulta improbable en un país en el cual el Estado de Derecho se encuentra en estado de postración y, en tales circunstancias, como se señaló anteriormente, si el referendo tiene lugar dentro de los dos últimos años del período presidencial y produce la revocación del mandato, la vacante será cubierta de inmediato conforme a lo establecido en la Constitución y en la ley.

En efecto, el artículo 72 *in fine* de la Constitución prevé que, en caso de revocación del mandato, la falta será suplida de inmediato según lo dispuesto en la Constitución. Ello remite al artículo 233 *ejusdem*, el cual establece que si la falta absoluta del Presidente ocurre durante los dos últimos años del período, el cargo será asumido por el Vicepresidente Ejecutivo hasta completar el período constitucional.

Sin embargo, observamos que la remisión está referida a todos los casos de vacancia absoluta del Presidente de la República que se produzcan dentro de los dos últimos años del período constitucional (muerte, renuncia, destitución decretada por el TSJ, incapacidad física o mental, el abandono del cargo declarado por la Asamblea Nacional y la revocación popular del mandato), razón por la cual en nuestro criterio se impone una reinterpretación de esos preceptos normativos, sobre la base de que es necesario diferenciar de las otras causas de vacancia absoluta, la originada en el referendo revocatorio, cuya naturaleza es sustancialmente distinta a las otras enunciadas en el citado artículo 233 constitucional, en virtud de que el referendo revocatorio es el producto del ejercicio directo de la soberanía popular sobre la evaluación del ejercicio de la gestión pública del Presidente de la República, produciéndose una reprobación de la misma, máxime si la solicitud de inicio del procedimiento revocatorio se realizó temporáneamente, de tal manera que el cumplimiento de los lapsos permitía sobradamente que la votación correspondiente se realizase antes de que se iniciase ese último bienio, pero como la manipulación maliciosa por el CNE fue la causa de que esa votación se realizara precisamente dentro de ese último bienio, corresponde convocar a la elección del nuevo Presidente de la República en los términos en el artículo 233 constitucional.

De allí pues que la diferencia de esta causal de vacancia absoluta debe tener una consecuencia distinta a las anteriores, no pudiendo ser otra que la misma debe ser cubierta atendiendo a la regla general relativa a la convocatoria de una nueva votación en el período de un mes, tal como lo dispone el artículo 233 constitucional.

A mayor abundamiento, destacamos que la gestión reprobada del Presidente de la República resulta extensiva al Vicepresidente Ejecutivo como coordinador de su equipo, por lo que carece de sentido que sea este quien deba suplir la vacancia absoluta del presidente, máxime si se pondera que el acceso al cargo del vicepresidente no tiene un origen electoral como ocurre en otros países de nuestro entorno, sino que es de libre nombramiento y remoción del Presidente de la República, quien previendo un resultado adverso del referendo puede -en días previos a la celebración del mismo, o inclusive en el subsiguiente a dicha celebración- designar como Vicepresidente Ejecutivo a un militante de su partido, que bien puede ser el secretario general del partido o un familiar, en virtud de no existir ninguna norma que lo prohíba.

Por todas esas razones reiteramos que debe realizarse una reinterpretación de los artículos 72 y 233 de la Constitución, en el sentido de derivar la tesis de que en todo caso de referendo favorable a la opción del "sí" que haya sido promovido temporáneamente, debe realizarse una elección dentro de los treinta días de la proclamación de la revocatoria del mandato por el Presidente de la República para elegir a la persona que deba completar el resto del período constitucional. En esta hipótesis, mientras se realiza la elección, el Vicepresidente Ejecutivo de la República ejercerá el cargo de Presidente de la República de conformidad con lo dispuesto en el citado artículo 233 constitucional.

En tanto, en la hipótesis de que la revocatoria del cargo del Presidente de la República ocurra dentro de los primeros cuatro años del período constitucional, que en realidad será en el cuarto año de dicho período, pues es bien sabido que solo puede solicitarse la convocatoria del referendo revocatorio una vez vencidos los tres primeros años del referido período, el Vicepresidente Ejecutivo se encargará de ejercer el mes que debe durar el proceso electoral previsto para la elección del sustituto del presidente revocado, siendo la duración del periodo del electo la que se corresponda con los dos años fijados constitucionalmente, o bien la que reste del mismo si el mes en que deben celebrarse las elecciones ocurre dentro del lapso de dos años a que se contrae el citado artículo 233 constitucional.

VI. BREVE REFERENCIA A LA EXPERIENCIA RELATIVA AL FALLIDO REFERENDO REVOCATORIO PRESIDENCIAL DE 2016

1. Narración sucinta de los hechos

El 10-01-2016 marcaba la fecha de fenecimiento de la mitad del período presidencial del mandato de Nicolás Maduro como Presidente de la República, iniciándose a partir del 11 de enero la segunda mitad, y en virtud la grave crisis política que afectaba al país, sin que el Gobierno dictara y ejecutara políticas públicas destinadas a solucionarla, la mayoría de las asociaciones con fines políticos (en lo adelante, los partidos políticos de oposición, agrupados en la denominada Mesa de Unidad Democrática (MUD), la cual había sido acreditada con anterioridad ante el Consejo Nacional Electoral como asociación con fines políticos, iniciaron las gestiones ante ese órgano con el objeto de promover y solicitar la convocatoria de un referendo revocatorio contra el Presidente de la República.

A tal efecto, una vez que la MUD recibió los formatos para recoger las manifestaciones de voluntad en un porcentaje igual o superior al 1% de los electores, se iniciaron las actividades tendientes a cumplir con dicha exigencia, que como ya se dijo es manifiestamente inconstitucional. Cabe destacar que el Consejo Nacional Electoral incumplió los lapsos fijados para la entrega de los referidos formatos; no obstante, los partidos políticos dieron al órgano electoral dichos formatos contentivos de las manifestaciones de voluntad en un porcentaje superior al 1%, solicitándose que de acuerdo con la Resolución n° 2770 se fijara la fecha y lugares para la validación de las mismas. Además de incumplir el lapso reglamentario, la Administración electoral fijó los lugares de validación en sitios y ciudades distintos a aquellos en que siempre les había correspondido votar a los electores que expresaron la manifestación de voluntad de promover y solicitar el referendo.

Tanto fueron los obstáculos que se presentaron[35] que pese a la diligencia de la MUD, apenas en el mes de julio de 2016 el órgano electoral declaró que se había cumplido con la exigencia relativa a la recolección del mencionado 1% de electores que promovieron y solicitaron el referendo, procediendo a practicar la correspondiente notificación a la citada organización política. Inmediatamente esta presentó la participación escrita solicitando a la Administración Electoral el inicio de la siguiente fase del referendo revocatorio y, en consecuencia, que se activara el mecanismo reglamentario previsto para la recolección de las firmas en un número igual o mayor al 20% de los electores.

Ahora bien, superado todos esos lapsos pese al retardo injustificado en la entrega de las respectivas planillas con los añadidos casos de abuso de poder del CNE, lo que concluyó en el mes de agosto, fecha a partir de la cual debía el Consejo Nacional Electoral dentro del lapso de quince días hábiles dar inicio a la fase de recolección de las firmas necesarias para la convocatorias del referendo, la Administración Electoral que debió fijar el inicio de esa fase para el mes de septiembre procedió a fijarla para los días 26, 27 y 28-10-2016. A todas estas una Rectora del CNE declaró ante los medios de comunicación social que bastaba el cumplimiento de la recolección del 20% de manifestaciones de voluntad a nivel nacional, independientemente que en uno o varios estados no se cumpliese con ese porcentaje, para que fuese válida la recolección de las manifes-

---

[35] Para un estudio más detallado de las violaciones en la fase de la recolección de las firmas, así como la suspensión del procedimiento del referendo revocatorio, *cfr.* HERNÁNDEZ, José Ignacio. Ob. cit., pp. 122-152.

taciones de voluntad, a diferencia de lo que opinaba el resto de los Rectores.

No obstante, en virtud de que la Junta Directiva del CNE consideró que existían dudas sobre la interpretación de los artículos 15 y 29 de la Resolución n° 2770, procedió a interponer ante la Sala Electoral del Tribunal Supremo de Justicia una solicitud de interpretación sobre el contenido y alcance de los referidos artículos. Esa Sala resolvió mediante la sentencia n° 147 del 17-10-2016 (caso Erick Ramírez Trujillo), que efectivamente se requería para que el referendo revocatorio fuese convocado válidamente, que en todos y cada uno de los veintitrés Estados de la República y el Distrito Capital fuese recolectado por lo menos un 20% de manifestaciones de voluntad, de tal manera que no bastaba que se lograse recolectar el porcentaje a nivel nacional, y por supuesto que sí en una o más de esas entidades federales no se cumplía con la recolección de ese 20% resultaba inviable la convocatoria del referendo.

Siguiendo con el orden de narración de los hechos, antes del 26-10-2016, el primero de los tres días fijados para la recolección de voluntades, ocurrió el hecho insólito de que siete tribunales penales de igual número de estados de la República, "coincidieron" en dictar sendas sentencias cautelares mediante las cuales suspendieron la continuidad del referendo del revocatorio en sus jurisdicciones territoriales, y el día 26 de octubre el Consejo Nacional Electoral dictó una decisión mediante la cual suspendió *sine die* el procedimiento del referendo, basándose en las decisiones de los referidos jueces penales.

2. Las más graves violaciones constitucionales y legales que desnaturalizaron el fallido referendo revocatorio del año 2016, y que tornan nugatoria esta figura de democracia directa

A. La disposición normativa contenida en la Resolución n° 2770 del CNE

Antes de comenzar a examinar los motivos de hecho y de derecho que impidieron la celebración del referendo, es necesario analizar el encabezamiento del artículo 26 de la Resolución n° 2770 que prescribe: "Las recepciones de manifestaciones de voluntad se realizarán por un máximo de tres días (...)". A simple vista la norma luce contraria a la finalidad perseguida con la celebración de un referendo revocatorio nacional, en virtud de que el mismo se activa con el cumplimiento del requisito de la recolección de la manifestaciones de voluntad de un porcentaje no menor al 20% de electores, de tal manera que si por ejemplo el Registro Electoral de la circunscripción electoral nacional es de veinte millones de electores, los solicitantes del referendo deben convocar a los centros establecidos por el órgano electoral un número no menor de cuatro millones de electores en solo tres días en el horario comprendido entre las 8 AM y 12 M y entre 1 y 4 PM, con el agravante que ese porcentaje debe ser recogido en cada de unas de las entidades de la República, y también a nivel nacional.

Ahora bien, soslayando el hecho de que se incumplió en forma evidente el requisito previsto en la Resolución n° 2770, conforme al cual dichos centros de recepción deben establecerse tomando en cuenta las variantes geográficas y de población electoral (art. 24), los acostumbrados retardos en el cumplimiento del horario de los funcionarios del CNE que deben recibir las manifestaciones de voluntad, así como los de los operadores de las máquinas captahuellas, tal como ocurrió en la oportunidad en que se recolectó el 1% de las voluntades requerido para cumplir con ese requisito, luce lógico pensar en la enorme dificultad -por no decir la imposibilidad- que se presenta para cumplir en tres días con la exigencia reglamentaria bajo examen. Es decir, para recolectar en ese exiguo número de días en cada uno de los 335 municipios del país el mínimo de manifestaciones de voluntades exigido constitucionalmente (recordamos que en la ocasión del referendo de 2004 no estaba vigente esa disposición).

Al respecto, para reforzar nuestra tesis conviene traer a colación el estudio que realizó el Ingeniero Roberto Picón[36], quien expuso con ocasión del "suspendido" referendo de 2016 que de acuerdo con la distribución nacional de los centros y captahuellas, se exigía para completar el requisito un promedio municipal de 3600 electores por cada máquina durante los tres días de recolección, exigencia que se agravaba si se tenía en cuenta que:

> ...en los mil trescientos cincuenta y cinco (1355) centros habilitados por el CNE, la mayoría de ellos estaban ubicados en zonas de difícil acceso. Y aquellos que se encuentran en centros urbanos poseen un número dramáticamente alto de electores asignados a cada dispositivo de identificación biométrica (captahuellas).

Asimismo, sostuvo que "en las parroquias urbanas los centros seleccionados son en general aquellos con resultados menos favorables a la Unidad, abundan los centros en zonas periféricas, marginales y en zonas de alta criminalidad".

Huelga cualquier otra argumentación para demostrar que el artículo 26, encabezamiento, de la Resolución n° 2770, además de absurda y arbitraria es violatoria del principio general del Derecho, según el cual ninguna regla de derecho puede exigir el cumplimiento de lo imposible, máxime si se pondera que es una norma viciada sustancialmente de inconstitucionalidad por provenir de un reglamentista incompetente.

B. La sentencia de la Sala Electoral que "legitimó" la exigencia creada por el CNE concerniente a la necesidad de que en todas las entidades políticas debía cumplirse con la recolección de un mínimo de 20% de manifestaciones de voluntades

El CNE impuso el cronograma de recolección de declaraciones de voluntad a que se contrae el artículo 72 constitucional sobre la base de la interpretación de los artículos 15 y 29 de

---

36 Citado por HERNÁNDEZ, José Ignacio. Ob. cit., p. 132.

la Resolución n° 2770[37], que habían servido de base para el mencionado cronograma, en el cual se estableció que solo era posible el cumplimiento del referido requisito si los proponentes y solicitantes del referendo lograban recolectar el 20% de las manifestaciones de voluntades en todas cada y una de las entidades federales de la República, de tal manera que bastaba que en una de esas entidades no se lograse recolectar ese porcentaje para que no fuese posible activar la convocatoria del referendo.

Ahora bien, la Sala Electoral del CNE dictó la sentencia n° 147 el 17-10-2016, mediante la cual interpretó los mencionados preceptos reglamentarios, invocando una serie de argumentos en nuestro criterio absurdos, que pasamos a examinar:

Primero, la sentencia contiene argumentos o motivos totalmente desvinculados de la tesis que sostiene, tal como cuando expresa que la decisión del CNE tiene asidero en principios y valores constitucionales de gran trascendencia jurídica, que se corresponden con el particular modelo del Estado Federal Descentralizado, el cual se rige por la integridad territorial y toma en cuenta que los estados son entidades federales autónomas e iguales en lo político conforme al artículo 159 de la Constitución.

---

[37] El primero indica: "Transcurrida la mitad del período para el cual fue elegido popularmente el funcionario, podrá solicitar la convocatoria de referendo revocatorio de su mandato, un número no menor del veinte por ciento (20%), de los electores y electoras inscritos en el Registro Electoral para el momento de la solicitud, de la circunscripción correspondiente de conformidad con lo dispuesto en el artículo 72 de la Constitución de la República Bolivariana de Venezuela". El segundo prevé: "Si efectuada la cuantificación, el número de manifestaciones de voluntad es igual o mayor al veinte por ciento (20%) de los electores inscritos en el Registro Electoral de la circunscripción de que se trate, exigido para la procedencia del referendo revocatorio, el Consejo Nacional Electoral declarará procedente la solicitud de referendo revocatorio y procederá dentro de los tres (3) días siguientes a su convocatoria. Si por el contrario, no cumpliera con el referido porcentaje, el Consejo Nacional Electoral declarará sin lugar la solicitud de referendo revocatorio".

Sin embargo, después de enunciar una serie de principios constitucionales, no explica cómo o de qué manera los mismos sirven de fundamentación a la referida tesis acerca de que para dar cumplimiento al artículo 72 constitucional se requería que ese porcentaje mínimo de manifestaciones de voluntad de los electores debía recolectarse en todas y cada una de las entidades federales, pudiendo inclusive darse el caso que matemáticamente la suma de todos esos porcentajes podía arrojar un número de electores igual o superior al 20% nacional exigido constitucionalmente, pero sí en una o dos entidades políticas no se hubiere logrado recolectar igual o más del indicado porcentaje de manifestaciones de voluntad, no resultaría válido convocar el referendo, configurándose de esa manera la paradoja de que pese al cumplimiento del requisito constitucional previsto en el artículo 72, el CNE se negaría a convocar el referendo.

A mayor abundamiento, conforme a la tesis de la igualdad de los estados en lo político, podría igualmente sostenerse que en la elección del Presidente de la República como se trata de un proceso basado en el registro de la circunscripción electoral nacional, que el candidato para resultar ganador requeriría que obtuviese mayoría relativa o absoluta en cada una de las veintitrés circunscripciones electorales de los estados más la del Distrito Capital. Por supuesto que tamaño despropósito no se diferenciaría en nada del que se evidencia en el fallo dictado por la Sala Electoral, objeto de nuestro análisis. En fin, no existe ninguna vinculación lógica ni jurídica entre la mera enumeración de principios constitucionales (los "argumentos" que sirven de base a la sentencia), y la tesis del CNE que la Sala no hace más que confirmar.

Segundo, la Sala sostiene que la tesis del CNE contiene un esquema que contribuye a garantizar que el mecanismo de recolección de voluntades para activar el referendo revocatorio no sea utilizado por una parcialidad política con fines distintos a los que establece el texto constitucional, el cual apunta hacia la estabilidad de las instituciones democráticas.

Consideramos que este argumento de la Sala también tiene como finalidad intentar justificar que la recolección del 20% o más de manifestaciones de voluntad debe hacerse atendiendo a la premisa que el requisito previsto constitucionalmente (art. 72) se considera cumplido sí y solo sí en cada una de los estados y el Distrito Capital los promotores del referendo logran una mayoría del 20% o más de los electores, pues si ello no ocurre, aunque se haya recolectado el 20% o más a nivel nacional, la Sala considera que es inviable la convocatoria del referendo.

Además, agrega que admitir que el 20% o más exigido por el artículo 72 constitucional sobre la base del Registro de la circunscripción electoral nacional puede ser utilizado por una parcialidad política para crear inestabilidad política sobre la base de la utilización de un indicador constituido por el número de electores a nivel nacional, pero la Sala no establece la razón del porqué la convocatoria del referendo, siendo una técnica de democracia directa prevista expresamente en el texto constitucional, puede crear inestabilidad política.

Consideramos que este argumento de la Sala pretende justificar la interpretación del CNE de un instrumento de rango sublegal como lo es la Resolución n°2770, pero olvida la interpretación del artículo 72 constitucional que exige para activar un referendo revocatorio un número no menor del 20% de electores inscritos en la correspondiente circunscripción, de tal manera que razones de lógica elemental conducen a sostener que si se trata de un revocatorio presidencial, la circunscripción que debe servir de base para la recolección de manifestaciones de voluntad debe ser necesariamente la nacional, como nacional es la circunscripción electoral para la elección presidencial.

Por tal razón, reiteramos, que la circunscripción electoral que sirve para la recolección de manifestación de voluntad es la nacional, y no la estadal, tal como sostiene la Sala Electoral desnaturalizando las reglas elementales de la hermenéutica jurídica, para concluir que la recolección de manifestaciones de voluntad debe hacerse por circunscripciones electorales estadales más la del Distrito Capital.

Desde luego que sobre la base de la fórmula organizativa del federalismo se recogen las manifestaciones de voluntad por circunscripciones, pero ese es un mecanismo instrumental para imprimirle eficiencia a la recolección de manifestaciones voluntad. De allí que la tesis de la Sala resulte absurda desde el punto de vista jurídico, siendo la única que se puede esgrimir en el marco de la Constitución la relativa a la circunscripción electoral nacional, razón por la cual nunca puede constituir un mecanismo utilizado por una parcialidad política para crear inestabilidad o crisis políticas, en virtud de que ninguna norma constitucional interpretada correctamente puede ser utilizada con tal finalidad.

En fin, a la luz de los argumentos anteriores, consideramos que la sentencia n° 147 de la Sala Electoral al pretender convalidar la "tesis" del CNE, es la expresión de un intento de justificar dicha postura que se aleja de la función que le confiere la Constitución a las Salas del Tribunal Supremo de Justicia, a saber: la potestad de administrar justicia la cual emana de los ciudadanos y se imparte en nombre de la República y por autoridad de la ley (artículo 253 constitucional).

Tercero, siguiendo con el orden de nuestra argumentación observamos que la Sala Electoral sostiene que la tesis del Consejo Nacional Electoral es válida porque no debe confundirse el requisito del 20% de los electores exigido constitucionalmente para la convocatoria del referendo, ni con la consulta ni con el plebiscito, y al respecto consideramos que de ninguna manera puede producirse dicha confusión, porque la exigencia del 20% es solo un elemento causal del referendo, constitutivo de una de las fases esenciales del proceso, el cual se cumple cuando se celebra el referendo revocatorio.

De allí que constituye un error grotesco confundir el referendo con el plebiscito, porque en primer lugar, tanto el referendo como el plebiscito son especies de la consulta, con la cual naturalmente no se pueden confundir, porque sencillamente ambos son expresiones de la ejecución de la primera (consulta).

Por otro lado, el intento de establecer una igualdad por la Sala entre el referendo con la consulta y el plebiscito revela una confusión conceptual de la Sala Electoral, pues de esa manera confunde la parte (el plebiscito) con el todo (la consulta), para intentar establecer artificialmente una diferencia entre los dos, y en el caso objeto de nuestro análisis no resulta posible ningún intento de confundir el plebiscito con el requisito relativo a la recolección de la voluntad del 20% de los electores a nivel nacional, pues reiteramos que sería una parte del procedimiento del referendo, y no obviamente el referendo mismo, y desde luego, debe rechazarse en el marco doctrinal y constitucional cualquier posibilidad de confundir el plebiscito con una parte del procedimiento constitutivo del referendo, menos aún sostener que esa "confusión" puede ser utilizada por partidos políticos para crear inestabilidad política.

Queda claro entonces que este argumento de la Sala también debe recibir el calificativo de absurdo, porque pretende a costa de sacrificar los principios fundamentales de la hermenéutica jurídica confirmar "la tesis" del CNE que pretendía convertir la recolección de las manifestaciones de voluntad en todas y cada una de las entidades federales, para que se configurara el 20% mínimo de manifestaciones de voluntad, en la nota esencial de la referida causal de activación del referendo.

Pero lo más grave aún es que una Sala Electoral del Tribunal Supremo de Justicia convalide una gravísima violación del artículo 72 constitucional, al rediseñar este requisito alterando su *ratio*, desnaturalizándolo, cambiando las reglas que habían regido hasta ese momento, al punto que en un referendo tan controversial como el revocatorio presidencial de 2004 se admitió, como por lo demás era lógico, que el 20% de manifestaciones de voluntad tenía el carácter nacional, derivado precisamente de que su base era el registro electoral nacional, y no el de la suma mayoritaria de votos en cada una de las entidades federales.

No nos queda más que lamentar que una Sala del Tribunal Supremo de Justicia haga caso omiso conscientemente del sentido y alcance de un precepto constitucional, y opte por escoger el camino que conduce a la deconstrucción del Estado de Derecho.

C. La absurda, grotesca y arbitraria suspensión del referendo revocatorio

Para el mes de octubre de 2016 prevalecía la opinión en el partido de gobierno y en el propio gobierno que resultaba muy probable que los partidarios de la opción del "sí" superarían, al igual que los anteriores, los obstáculos creados sobre la base de la arbitraria interpretación de los artículos 15 y 29 de la Resolución n° 2770, antes analizada, y diseñaron una "estratagema" destinada a colorear de "legalidad" una suspensión del referendo revocatorio en el estado en que se encontraba su procedimiento, que como hemos dicho era de la recolección del mínimo del 20% de las manifestaciones de voluntad de los electores, para que posteriormente el CNE procediera obligatoriamente a convocar la celebración del referendo.

Pues bien, fue así como de manera coordinada en la misma fecha siete Tribunales Penales de igual números de estados dictaron sendas medidas cautelares mediante las cuales suspendieron en sus respectivas jurisdicciones territoriales la recolección del referido 20% de manifestaciones de voluntad. El fundamento para la adopción de esa serie de medidas radicó en que se había cometido un supuesto fraude al momento de recolectar el 1% mínimo de las firmas necesarias para continuar con la promoción del referendo revocatorio.

Ahora bien, conviene recordar que en Venezuela el sistema judicial está regido por la formula organizativa de la desconcentración, de tal manera que en la práctica depende jerárquicamente del Tribunal Supremo de Justicia. A continuación nos limitamos solamente a enumerar los vicios, más groseros que afectan la decisión de suspensión *sine die* del referendo revocatorio.

Primero, la notoria incompetencia de los tribunales penales de los siete estados para suspender por vía oblicua el procedimiento revocatorio, recurriendo al ardid de las referidas medidas cautelares, pues es bien sabido que de conformidad con los artículos 194 y 195 de la Ley Orgánica de Procesos Electorales, aplicable por mandato de la disposición transitoria primera *ejusdem*, la suspensión o anulación de actos de los procedimientos de cualquier tipo de referendo, en sede administrativa, entran en la esfera de competencia exclusiva de los órganos electorales, particularmente del CNE que conoce los recursos jerárquicos administrativos.

Esta tesis es confirmada, en el caso bajo análisis, por el artículo 35 del Código Orgánico Procesal Penal[38], el cual establece en términos categóricos que los tribunales penales solo pueden conocer los procedimientos electorales para apreciar si en el curso de los mismos se han cometido delitos, sin proceder a afectar dichos procedimientos, y mucho menos suspenderlos por vía cautelar o definitiva, pues como hemos demostrado esa es una competencia de los órganos electorales en sede administrativa, y de los tribunales electorales en sede jurisdiccional. Queda pues así demostrada la incompetencia absoluta de los tribunales penales para suspender cualquier procedimiento electoral mediante el cual se viabilice cualquier modalidad de referendo. En el caso bajo examen el revocatorio presidencial.

Segundo, la violación del principio fundamental de derecho electoral según el cual, cuando el vicio que afecte los actos electorales no incida sobre la manifestación de voluntad de los ciudadanos, esta debe preservarse, y por ende los actos mantendrán su validez.

Tal vicio queda demostrado de manera incuestionable, en virtud de que el mínimo del 1% de las manifestaciones de voluntad exigido reglamentariamente para poder continuar con las fases subsiguientes del procedimiento del referendo revo-

---

[38] Gaceta Oficial n° 6.644 Extraordinario de 17-09-2021.

catorio se correspondía según lo dispuesto por el CNE, con 399.412 firmantes, y los promoventes del referendo consignaron y fueron validadas 1.352.052 manifestaciones de voluntad, siendo 10.995 las manifestaciones de voluntad en la cuales fue detectado el vicio de usurpación de personas, de tal manera que ese número inferior al 0.5% de los ciudadanos que manifestaron su voluntad ante los funcionarios del CNE, ni remotamente afectaba la manifestación de voluntad exigida para darle continuidad al procedimiento, configurándose así otro vicio en el supuesto negado de que los referidos tribunales hubieran sido competentes, en que incurrieron los tribunales penales al suspender el procedimiento del referendo revocatorio en sus respectivas jurisdicciones territoriales, lo que constituyó "el fundamento" para que el CNE, también de manera ilegal, suspendiera *sine die* el referendo.

A mayor abundamiento cabe subrayar que la recolección del mencionado 1% ocurrió en el mes de abril de 2016 y el máximo órgano electoral oportunamente consideró que las 10.995 firmas que presuntamente resultaban fraudulentas no afectaban el acto de recolección del 1%, en virtud de que el aludido vicio constituía una irregularidad no invalidante, dado que el número de manifestaciones de voluntad era 1.352.052.

Por otro lado, resulta muy sospechosa la "coincidencia" que en el mes octubre de 2016, seis meses después de haber ocurrido el hecho, siete tribunales penales de distintos estados se hubieran percatado del aludido "fraude", además hubieran "coincidido" en dictar las mismas sentencias (suspensión del referendo revocatorio en los respectivos estados). Desde luego que no se necesita ser muy perspicaz para comprender que se trató de unas actuaciones muy alejadas de los titulares de esos tribunales del deber que les impone el artículo 256 de la Constitución, de actuar garantizando la imparcialidad y la independencia en el ejercicio de sus funciones, en virtud de que sus actuaciones reflejan todo lo contrario: parcialidad y dependencia por decir lo menos.

Tercero, el acto final del CNE mediante el cual suspendió *sine die* el procedimiento del referendo revocatorio de 2016 resulta absolutamente inmotivado, en virtud de que en el mismo no se establecieron las razones que le servían de fundamento, ni tampoco se motiva cómo las decisiones de los siete tribunales penales habrían afectado el procedimiento *in totum* en todo el territorio nacional.

En fin, así culminó toda la cadena de arbitrariedades cometidas por el CNE con la finalidad de violar el derecho político al referendo, expresión máxima del derecho de participación ciudadana en los asuntos públicos, suprimiéndolo *de facto* del texto constitucional.

VII. BREVE REFERENCIA AL FRACASADO INTENTO DE REFERENDO REVOCATORIO DE 2022

Una vez que se cumplió la mitad del período presidencial (2019-2025), el 10-01-2022, las organizaciones Movimiento Venezolano por el Revocatorio (Mover), Todos Unidos por el Referendo Revocatorio y Derecha Democrática, iniciaron las gestiones ante el CNE para promover y solicitar la convocatoria de un referendo revocatorio contra el Presidente de la República.

El Consejo Nacional Electoral no dio cumplimiento a la Resolución n° 2770 que regula la legitimación de las agrupaciones de ciudadanos y los partidos políticos para poder solicitar el referendo revocatorio, proceso que comportaba la previa constitución de las agrupaciones de ciudadanos, la autorización de las mismas así como a los partidos políticos interesados, para la recolección de mayor o igual al 1% de las manifestaciones de voluntad de los electores inscritos en el Registro Civil y Electoral, y finalmente, la autenticación de las referidas manifestaciones de voluntad. Una vez declarada la procedencia de la participación, era cuando el CNE procedía a convocar el referendo, entregándole a las organizaciones los formatos para la recolección de al menos el 20% de los electores inscritos en el Registro Civil y Electoral.

De modo pues, que, en este caso la omisión deliberada del CNE implicó que no fue exigido que previamente se dieran cumplimiento a la constitución de las agrupaciones de ciudadanos en los términos previstos en la Resolución n° 2770; y tampoco se exigió la legitimación de la recolección de manifestaciones de voluntad (mayor o igual al 1%); por otro lado, se desconoce con cuál cualidad actuaban las organizaciones solicitantes del referendo.

Pues bien, el máximo órgano electoral por decisión publicada en una nota de prensa en su portal web del 17-01-2022, autorizó la participación de las organizaciones interesadas en la activación del referendo así como la recolección de por lo menos el 20% de los electores inscritos en el Registro Civil y Electoral, es decir, siete días después de recibir la referida solicitud.

Ahora bien, esta omisión deliberada del órgano electoral de la citada Resolución n° 2770 queda reflejada en términos comparativos con el frustrado referendo de 2016, en virtud de que mientras la autenticación de las manifestaciones de voluntad de por lo menos el 1% de los ciudadanos duró seis meses debido a los múltiples obstáculos ilegales provenientes del CNE (enero a julio de 2016) que se elevó a siete, pues fue en agosto de 2016 cuando finalmente se autorizó la recolección de por lo menos el 20% de las firmas, en el de 2022 como se indicó, se otorgó la autorización en siete días.

Otra evidencia de la violación de los plazos de la Resolución n° 2770 es que el 21-01-2022 se publicaron los términos y condiciones para llevar a cabo la recolección de las firmas, esto es, once días después que las referidas organizaciones formularon la solicitud de activación del referendo. Además, el cronograma de actividades aprobado estableció que la "Jornada de recepción" de las llamadas manifestaciones de voluntades (firmas) que condicionan la realización del referendo revocatorio, se llevaría a cabo el 26-01-2022, es decir, a solo cinco días siguientes a la fijación de las condiciones.

Asimismo, el CNE fijó un solo día, cuando pudo aprobar el máximo de tres días previstos en el artículo 26 de la Resolución n° 2770, para la recolección de firmas y además estableció un horario comprendido entre las 6:00 am y las 6:00 pm, habilitándose para ello 1.200 centros en el territorio nacional, de "acuerdo al peso electoral de cada entidad federal del país". Es decir, que los "promotores" del referendo revocatorio solo contaban con 12 horas para recoger no menos del 20% exigido en el artículo 72 constitucional, que según la organización SÚMATE[39] equivalía para esa época a 4,2 millones de firmas de un total de 20.929.987 electores inscritos en el Registro Electoral aprobado y auditado para las elecciones regionales y municipales del 21-11-2021.

Situación esta que en palabras del entonces Rector Roberto Picón citado por Súmate[40], implicaba que "Se tendrían que procesar cinco electores por minuto, por 12 horas, en todas las máquinas del país, sin margen de error". Y ello, considerando que al igual que en el de 2016, se exigió el cumplimiento del requisito –a todas luces inconstitucional– relativo a que el 20% de las firmas de los inscritos en el Registro Electoral debía realizarse en cada estado del país, y no en función del número total de electores a nivel nacional.

Ante todos estos obstáculos, como era de esperarse, una de las tres organizaciones promotoras llamó a la ciudadanía para abstenerse a participar el 26-01-2022, y finalmente, hubo muy poca afluencia de electores, lo que llevó a que el 27 de enero, la Junta Nacional Electoral presentó a la consideración del CNE su informe en el que contabilizó 42.421 votos (1,01% del Registro Electoral). Seguidamente, el CNE declaró improcedente la solicitud de referendo revocatorio y la improcedencia de una nueva solicitud de referendo revocatorio contra el mandatario por el resto del período constitucional, a tenor de lo dispuesto en el artículo 72 de la Constitución.

No queda más que asombrarse ante esta insólita cadena de violaciones en que incurrió el Consejo Nacional Electoral, en

---

39 https://www.sumate.org/noticias/2022/NPS_721_SUMATE_CNE_HACE_IMPOSIBLE_CUMPLIR_CON_SOLICITUD_DE_CONVOCATORIA_DEL_REVOCATORIO_PRESIDENCIAL.html

40 *Ibidem.*

virtud de que "organizó", un referendo revocatorio en el cual estaban autorizados para votar un poco más de veinte millones en tan solo veinte días continuos, que es el tiempo que transcurrió entre la activación del referendo el 10-01-2022 y el 27-01-2022.

Para concluir estas líneas conviene resaltar que ese "máximo órgano" electoral se ufanó de su celeridad en la tramitación del referendo, pues ese mismo día proclamó que habían votado por el "sí", un número de 42.421 electores, equivalente a 1,01% del Registro Civil y Electoral, y desde luego ni siquiera hubo necesidad de que acudiera votar ningún elector favorable al "no".

VIII. EL REFERENDO REVOCATORIO DE LOS GOBERNADORES Y ALCALDES

1. Los gobernadores

Debemos iniciar este punto reiterando que casi toda la regulación constitucional sobre el referendo revocatorio contenida en la Constitución está referida al referendo revocatorio presidencial, limitándose a realizar una referencia tangencial a los gobernadores de estados y a los alcaldes municipales, constituidas por meros reenvíos normativos a los principios constitucionales y a las leyes que resulten aplicables. Así el artículo 72, primer aparte, de la Constitución, establece que en casos de que el referendo revocatorio dé lugar a la revocación del mandato de los funcionarios, la vacante que se produzca será cubierta de inmediato conforme a lo dispuesto en la misma Constitución y en la ley. No obstante, el texto constitucional no establece como se llenará la vacante en el caso del máximo jerarca estadal, por lo cual es necesario acudir a la parcialmente vigente Ley sobre Elección y Remoción de los Gobernadores de Estados, del 14-04-1989.

Dicha ley prevé que si la falta absoluta del gobernador se produce antes de cumplir la mitad del período, debe realizarse una nueva elección (art. 18), y la persona que resulte electa culminará el período constitucional correspondiente (art. 19).

No obstante, estas normas no resultarían aplicables en criterio de la Sala Constitucional del Tribunal Supremo de Justicia, que en sentencia n° 1139 del 05-06-2002 (caso Sergio Calderón), dictada con ocasión de un recurso de interpretación del artículo 72 constitucional, declaró que "en atención a los requisitos exigidos por la Constitución (...) la revocación del mandato del funcionario electo, solo procede cuando ha transcurrido, al menos la mitad del período para el cual fue elegido". En tal sentido, concluyó la Sala que el régimen aplicable para cubrir la falta absoluta producto de un referendo revocatorio de los gobernadores, cuando la falta se haya producido en la segunda mitad del período, se aplicará conforme a los artículos 16 y 21 de la referida Ley sobre Elección y Remoción de los Gobernadores de Estado.

Al respecto se observa que el artículo 16 de la citada Ley, a los efectos de la determinación del régimen aplicable de las faltas absolutas de los gobernadores, hace un reenvío a las Constituciones estadales, al prescribir: "Las faltas absolutas y temporales de los Gobernadores serán suplidas por el funcionario que corresponda, de acuerdo con el procedimiento y con las formalidades previstas en la correspondiente Constitución del Estado", y el artículo 21 prescribe "Mientras las Constituciones de los Estados no regulen la forma de suplir la falta absoluta de los Gobernadores electos, conforme a lo previsto en esta Ley, se procederá de la siguiente manera (...)". De ese modo, la ley prescribe que si la falta absoluta se produce en la segunda mitad del período, le corresponde al Consejo Legislativo "dentro de los treinta (30) días siguientes, designar por votación secreta, un nuevo Gobernador para el resto del período".

Ahora bien, excede el objeto de nuestro estudio realizar una investigación sobre el régimen de las faltas absolutas de los gobernadores previstas en cada una de las veintitrés constituciones estadales, pero de un muestreo que realizamos en la materia, pudimos constatar que de la revisión de algunos de los textos constitucionales de los estados se evidencia la existencia de una diversidad de regímenes. Así por ejemplo, observamos que el artículo 149 de la Constitución del Estado Bolívar[41] distingue las consecuencias jurídicas de la falta absoluta en los últimos dos años del período del gobernador al establecer:

> Si la falta absoluta se produce antes de cumplir el tercer año del mandato del Gobernador, se procederá a una nueva elección mediante votación popular, dentro de los treinta días consecutivos siguientes a que se determine la falta absoluta; mientras se elige al Gobernador, el Secretario General de Gobierno queda encargado de la Gobernación del Estado. Si la falta absoluta se produce en el último año del mandato del Gobernador, el secretario general de Gobierno asumirá la Gobernación del Estado hasta culminar el período.

En esa misma línea, la Constitución del Estado Táchira[42]distingue la consecuencia jurídica de que se produzca la vacancia del cargo entre los tres primeros años y el último año, y al respecto los artículos 149 y 150 disponen:

> Artículo 149. Cuando se produzca ausencia absoluta del elegido o de la elegida antes de juramentarse el Gobernador o la Gobernadora o antes de cumplir los tres primeros años del período, debe realizarse una nueva elección. En ambos casos se encarga de la Gobernación el Presidente o la Presidenta del Consejo Legislativo; a falta de éste o ésta, el Vicepresidente o la Vicepresidenta del mismo hasta tanto se proceda, dentro de los noventa (90) días siguientes a la nueva elección y tome posesión el Gobernador electo o la Gobernadora electa.
> Artículo 150. Cuando se produzca la ausencia absoluta del Gobernador o de la Gobernadora en el último año del período el Secretario o la Secretaria General de Gobierno asumirá las funciones del Gobernador o Gobernadora hasta finalizar el mandato.

De otro lado, la Constitución del Estado Zulia prevé que cuando la falta absoluta del gobernador se produzca después de haber transcurrido más de la mitad del período constitucio-

---

41 Gaceta Oficial del Estado Bolívar, Extraordinaria n° 90, de 05-07-2001.

42 Gaceta Oficial del Estado Táchira, Extraordinaria n° 778, de 09-02-2001.

nal, se encargará de la Gobernación el Secretario General de Gobierno por lo que resta del periodo constitucional (art. 75)[43]. Esa misma consecuencia está prevista en la Constitución estadal de Barinas (art. 59)[44], pero difieren de estas las regulaciones contempladas en las Constituciones de los estados Amazonas (art. 147)[45], Aragua (art. 119)[46] y Sucre (art. 113)[47], que en el referido supuesto ordenan que sea el Consejo Legislativo el órgano encargado de designar, con el voto mayoritario de sus miembros, a un nuevo gobernador por el resto del período constitucional.

Ahora bien, en el supuesto en que la constitución estadal no regule la forma de suplir la falta absoluta de los gobernadores electos, en la hipótesis indicada de la vacancia del cargo de gobernador en la segunda mitad del período, como sucede en los casos de las Constituciones de los estados Anzoátegui (art. 129)[48] y Apure (art. 109)[49], será aplicable el procedimiento previsto en el artículo 21 de la Ley sobre Elección y Remoción de los Gobernadores de Estado, el cual como hemos dicho dispone:

> Si la falta absoluta se produjere en la segunda mitad del período, la Asamblea Legislativa, dentro de los treinta (30) días siguientes, procederá a designar por votación secreta, un nuevo Gobernador para el resto del período. Mientras se elige al nuevo Gobernador, se encargará de la gobernación el Secretario General de Gobierno o el funcionario ejecutivo cargo de los asuntos políticos. Esta interinaria deberá ser ratificada por la Asamblea Legislativa o la Comisión Delegada en su caso, dentro de las cuarenta y ocho (48) horas siguientes.

---

43 Gaceta Oficial del Estado Zulia, n° 1753 Extraordinario, de 21-12-2011.

44 Gaceta Oficial del Estado Barinas, n° 71 Extraordinario, de 16-06-2016.

45 Gaceta Oficial del Estado Amazonas, n° 5 Extraordinario, de 12-09-2002.

46 Gaceta Oficial del Estado Aragua, n° Extraordinario, de 29-11-2002.

47 Gaceta Oficial del Estado Sucre, n° 742 Extraordinario, de 13-11-2002.

48 Gaceta Oficial del Estado Anzoátegui n° 551, Extraordinario, de 01-07-2002.

49 Gaceta Oficial del Estado Apure n° 594, de 30-10-2002.

Por otro lado, en las materias relativas de solicitud y promoción del referendo revocatorio de los gobernadores de estado, así como los requisitos de validez y de procedencia del referendo revocatorio, resulta aplicable el encabezamiento y el primer aparte del artículo 72 constitucional, el cual naturalmente es inmodificable e inderogable por las normas sobre referendos contenidas en las Constituciones de los estados.

En fin, queda evidenciado que existen múltiples regímenes jurídicos regulatorios de un aspecto sustancial del referendo, como son los efectos del mismo, de resultar exitoso, cuyo resultado implica la revocación del mandato de los gobernadores de estado, porque en principio pareciera que la solución uniforme se encuentra en la Ley sobre la Elección y Remoción de Gobernadores de Estados, pero este texto legal contiene un reenvío a cada una de las veintitrés Constituciones de los estados.

Ahora bien, pudiera plantearse una duda acerca del término ley al cual reenvía el citado artículo 72 constitucional, y no a las Constituciones de los estados, pero al respecto conviene precisar que Venezuela es un Estado federal en los términos previstos en el artículo 4 de la Constitución, razón por la cual cada uno de los estados que forman la federación deben poseer un texto constitucional, pues así lo establece el artículo 164, numeral 1, *ejusdem*, con la particularidad de que las Constituciones estadales son las máximas leyes de cada estado, como también lo es la Constitución, la máxima ley nacional.

Sobre la base de estos argumentos debe admitirse que el reenvío del artículo 72 constitucional a la ley está referido a la ley que resulte pertinente, siendo así que el reenvío particular de la Ley sobre la Elección y Remoción de Gobernadores de Estado a las Constituciones de los estados en materia de referendos revocatorios, se ajusta a lo dispuesto en el artículo 72 *ejusdem*. De allí pues que resulte concluyente que las consecuencias del resultado del referendo revocatorio de gobernador deben regirse por lo que disponga al respecto cada Constitución estadal.

Desde luego que esta conclusión no resuelve el problema derivado de la pluralidad de regímenes en materia de los efectos de los referendos de revocatorios de los gobernadores de estado, antes por el contrario, la reafirma, sin que pareciera posible pensar en un régimen único, porque transitar esa vía mediante una ley nacional daría lugar a la violación de la autonomía normativa de los estados en ejercicio de la cual los órganos competentes de cada estado solo están sujetos a los principios constitucionales, pero tal como está redactada la Constitución esos principios apuntan precisamente en la atribución a los estados de la competencia para que en ejercicio de su potestad de configuración normativa regulen esos aspectos de los referendos revocatorios.

En fin, tener un panorama normativo general de la regulación de los efectos de los referendos revocatorios implica la realización de un examen de las normas pertinentes de las Constituciones de los estados, pero como ya dijimos tal examen excede los objetivos del presente trabajo.

Sin embargo, del muestreo que hicimos sobre los efectos del referendo revocatorio, pudimos constar que únicamente las Constituciones de los estados Bolívar y Táchira establecen que cuando la vacancia absoluta se produce en el tercer año deben convocarse elecciones para elegir al nuevo gobernador. En cambio, las Constituciones de los estados Zulia, Barinas, Amazonas, Aragua y Sucre disponen que si la falta se produce en el segundo bienio, no se celebrarán elecciones para elegir un nuevo gobernador, llenando la vacante con un funcionario del gobierno estadal que puede ser el Secretario de Gobierno o uno elegido por el Consejo Legislativo de entre sus miembros.

Planteado así el asunto, cabría preguntarse, en primer lugar, si las disposiciones de las Constituciones de los estados Bolívar y Táchira son inconstitucionales, y al respecto consideramos que la respuesta no puede ser otra que afirmativa, sencillamente porque coliden con el artículos 72 y 233 de la Constitución, que interpretados en conjunto establecen una prohibición para cubrir la vacante absoluta derivada de la revocación del mandato de cualquier funcionario electivo dentro del segundo período o último bienio del período fijado constitucionalmente, mediante elecciones populares. Es decir, que cuando la vacante de un funcionario derivada de un referendo revocatorio se produce en el segundo bienio, como consecuencia del resultado de un referendo revocatorio, resulta improcedente convocar elecciones para cubrir esa vacante, pues en esa hipótesis el resto del período debería ser terminado por el vicegobernador, si existiera constitucionalmente.

No obstante, pensamos que podría esgrimirse una tesis contraria, en virtud de que el artículo 72 constitucional prescribe que en el caso que se considere revocado el mandato, se procederá a cubrir la vacante absoluta conforme a lo dispuesto en la propia Constitución y en la ley. Esta solución no procede conforme a lo dispuesto en Constitución, en razón de que correspondería cubrir la falta por el resto del período constitucional al "vicegobernador" o al "vicealcalde", si fuere el caso, lo que no resulta posible por la razón expuesta anteriormente.

Luego de conformidad con la remisión a la ley, y sin duda la Constitución estadal es una ley (la máxima de cada estado), entonces podría realizarse la elección para elegir el funcionario que cubrirá la vacante por el resto del período constitucional, pero esta tesis interpretativa se encuentra con un obstáculo casi insuperable, que consiste en que cuando la Constitución hace la remisión a una ley para que este desarrolle el respectivo precepto constitucional, este no puede contrariar el referido precepto, que es lo que ocurriría en el caso que nos ocupa, ya que ese desarrollo colidiría con los artículos 72 y 233 de la Constitución que prohíben hacer elecciones para cubrir los cargos que resulten vacantes como consecuencia del referendo revocatorio durante el último bienio. De allí que se imponga rechazar esta tesis interpretativa.

En cambio, las disposiciones de las Constituciones de las estados Zulia, Barinas, Amazonas, Aragua y Sucre son compatibles con el artículo 72 de la Constitución, y la respuesta en la misma tesitura hermenéutica es en principio afirmativa, porque como quedó demostrado esos textos constitucionales prohíben que se celebren elecciones para elegir al gobernador que habrá de llenar la vacante durante el resto del período constitucional en la hipótesis que se configure en el segundo bienio del mandato, lo cual siempre ocurrirá. Pero en todo caso, se tornaría incompatible porque está llamado a cubrir la falta absoluta el Secretario de Gobierno o un funcionario electo por el Consejo Legislativo, que sería contrario al texto constitucional, el cual como hemos dicho prevé en un caso similar que cubra la vacante absoluta el Vicepresidente Ejecutivo de la República, que por razones obvias es una figura que no está prevista en las Constituciones estadales ni tampoco una similar como sería la de vicegobernador del estado.

Los reenvíos normativos que hace la Constitución a la Ley sobre Elección y Remoción de Gobernadores de Estado, y de esta a las Constituciones de los estados, en lo relativo a los efectos de los referendos revocatorios, deben ser interpretados en concordancia con la disposición constitucional que establece que la solicitud y promoción de referendos revocatorios contra los gobernadores solo puede realizarse una vez transcurrida la mitad del período constitucional del mandato. Considerando que dicho período es de cuatro años, resulta evidente que la solicitud, convocatoria y celebración del referendo revocatorio únicamente pueden tener lugar a partir del tercer año del mandato. Por tanto, queda excluida cualquier posibilidad de que dicho referendo tenga lugar durante los dos primeros años, ya que ello constituiría una violación del artículo 72 de la Constitución.

En esta línea argumental ponemos en valor que la celebración de los referendos revocatorios tiene como finalidad lograr la remoción del funcionario, y cubrir la vacante absoluta mediante una elección; y de ninguna manera a luz de la Constitución, de las Constituciones estadales y de la Ley sobre Elección y Remoción de los Gobernadores de Estado, resulta posible convocar el referendo dentro de los dos primeros años del período, en virtud de existe una interdicción para que se celebre el referendo dentro de ese lapso, y desde luego para que surta su efecto fundamental, como lo es la convocatoria de nuevas elecciones para elegir el gobernador que completará el resto del período constitucional.

No dudamos en considerar que esta incongruencia jurídica derivada de las regulaciones contenidas en el artículo 72 de la Constitución se debe a la irresponsabilidad de los miembros de la Asamblea Nacional Constituyente de 1999, que al regular este tipo de referendo se enfrascaron en un conjunto de discusiones, algunas de ellas absurdas, según se desprende de la Gaceta Constituyente, con la finalidad de regular el referendo revocatorio presidencial, y se olvidaron del referendo revocatorio de los gobernadores de estados, de los alcaldes, de los legisladores estadales y de los concejales, y de los Consejos Legislativos y los Concejos Municipales como cuerpos colegiados, dedicando a estos solo unas normas de reenvío de la propia Constitución y en forma genérica a "la ley", sin percatarse que tal regulación impedía a los Consejos Legislativos al regular la materia en sus respectivas Constituciones, la posibilidad de establecer que se hiciesen elecciones para elegir a la persona que debía sustituir al gobernador revocado, como ha quedado demostrado, así como el método de elección del candidato que debe sustituir al revocado.

En fin, confiscaron a los ciudadanos el derecho de regular los efectos del referendo revocatorio exitoso, es decir, a elegir mediante elecciones populares no solo a los gobernadores, sino también a los alcaldes, porque los mandatos de todas estas autoridades tienen una duración de cuatro años, y de esa manera puede afirmarse que el referendo revocatorio de esos funcionarios pasó a tener un carácter nugatorio.

2. Los alcaldes

Con relación al referendo revocatorio de los alcaldes se presenta el mismo problema que con el de los gobernadores de estado, en virtud de que la ley a la que remite el artículo 72 constitucional es la Ley Orgánica del Poder Público Municipal de 28-12-2010, y debido a que el citado artículo constitucional establece una regla general válida para todos los que ocupen cargos electivos, la cual consiste en que en la oportunidad de que los titulares de esos cargos sean sometidos al referendo revocatorio, este solo podrá solicitarse promoverse y celebrarse después de transcurrida la mitad del correspondiente período constitucional o legal para el cual fue elegida la persona a quien se pretende revocar el mandato, de tal manera que en ejercicio de la potestad de su configuración normativa, el legislador estará impedido visto que el período constitucional de los alcaldes y concejales es de cuatro años, de establecer un lapso menor para que se inicie el procedimiento del referendo revocatorio, y en consecuencia, en ningún caso podrán convocarse unas nuevas elecciones para sustituir al funcionario revocado, siendo así que no le queda otra salida en el contexto constitucional (art. 233), en vista de la inexistencia de vicealcaldes, los cuales aplicando analógicamente el antes citado artículo pasarían a cubrir la vacante absoluta del alcalde revocado. Pero en virtud de la inexistencia de la figura, tal aplicación analógica constituiría una ficción.

Fue así que la citada Ley Orgánica del Poder Público Municipal estableció en su artículo 87, tercer aparte, que: "Cuando la ausencia absoluta se deba a la revocatoria del mandato por el ejercicio del derecho político de los electores, se procederá de la manera que establezca la ley nacional que desarrolle esos derechos constitucionales".

Nos encontramos ante un extraño caso de un reenvío a una ley inexistente, dado que el texto legislativo, es decir, la Ley de Referendos a la que remite el precepto bajo examen, aún después de veinticinco años no ha sido sancionada, con el agravante que tampoco la Constitución prevé una solución a este vacío, pues si bien es cierto que su artículo 72 está referido a la forma en que debe sustituirse al revocado en la hipótesis del referendo revocatorio presidencial, no resulta aplicable analógicamente en el caso bajo examen, debido a que la duración del mandato dura cuatro años y el referendo revocatorio debe promoverse a partir del tercer año.

Ahora bien, las reglas sobre la revocatoria de los alcaldes aparte de los principios previstos en la Constitución se encuentran desarrolladas en la citada Ley Orgánica del Poder

Público Municipal, de las cuales se desprende que en la hipótesis de que un alcalde sea revocado del cargo cuando haya transcurrido más de la mitad del período legal (lo que ocurrirá siempre así por la razón antes expuesta), es decir, en el segundo bienio (tercer o cuarto año del mandato), el artículo 87, tercer aparte de la mencionada ley reenvía la solución "a la ley nacional", lo que constituye una incongruencia porque la ley nacional que rige la organización y funcionamiento del Poder Municipal, debería ser la que estableciese la forma cómo se llenaría la vacante absoluta producto del revocatorio, pero supongamos que en este caso el legislador resultó previsivo y reenvió la solución a una futura ley de referendos, que a la presente fecha no ha sido publicada, por lo cual habría que volver a la ley que regula el Poder Municipal, y es así que esta prescribe que las faltas absolutas de los alcaldes ocurridas después de la mitad del período constitucional deberán ser cubiertas por el propio Concejo Municipal eligiendo de su seno a uno de sus miembros como alcalde, quien ejercerá el cargo por el resto del período (artículo 87, segundo aparte, *ejusdem*).

Pareciera que ante el referido vacío producto del "reenvío del reenvío", la metodología que debería seguirse para determinar cómo se cubriría la vacancia absoluta del alcalde producto de un referendo revocatorio, es la de incluir también la vacante dentro de las previstas en el artículo 87, *in fine*, de la Ley Orgánica del Poder Público Municipal, y darle el mismo tratamiento que a las demás causales de vacancia absoluta; por consiguiente, en esa hipótesis se cubriría la vacante producto del referendo revocatorio mediante la designación por el Concejo Municipal de uno de sus integrantes como alcalde sustituto.

Esta cadena de reenvíos configura un vacío casi absoluto, pero como es bien sabido que debido al principio de "completud" del ordenamiento jurídico no es de recibo la existencia de lagunas en este, consideramos que este vacío debe ser llenado mediante la aplicación del mismo artículo 87, segundo aparte, de la Ley Orgánica del Poder Público Municipal, que pauta "Cuando la falta absoluta se produjere transcurrida más de la mitad del período legal, el Concejo Municipal designará a uno de sus integrantes que ejerza el cargo vacante de alcalde o alcaldesa por lo que resta del período municipal (...)".

Esta solución cobra mayor fuerza en virtud de que la parte *in fine* del mismo precepto equipara a la causal de vacante absoluta derivada del referendo revocatorio a las otras causales de este tipo de vacancia (muerte, renuncia incapacidad física o mental permanente, certificada por una junta médica, sentencia firme decretada por cualquier tribunal de la República).

Pero debemos hacer notar que todas estas soluciones constituyen una infracción constitucional, pues de la interpretación concordada de los artículos 72 y 233 de la Constitución se infiere sin ninguna duda que la vacante que se produzca como consecuencia de un referendo revocatorio debe ser cubierta mediante elecciones.

En fin, reiteramos que la imprevisión e irresponsabilidad del Constituyente 1999 al establecer la regla general válida para todos los funcionarios, conforme a la cual el referendo revocatorio solo se puede solicitar y promover después de transcurrida la mitad del período legal, sin percatarse que en el caso que nos ocupa ese período legal es de un número par de años, desnaturalizó el referendo revocatorio de estos funcionarios al crear una interdicción para convocar elecciones cuya finalidad es cubrir las vacantes absolutas de los alcaldes revocados, razón por la cual los efectos de los referendos revocatorios exitosos resultan nugatorios en el sentido indicado.

IX. EL REFERENDO REVOCATORIO DE LOS DIPUTADOS, LEGISLADORES ESTADALES Y CONCEJALES

Con respecto a la procedencia del referendo revocatorio de los diputados[50] es necesario partir de la premisa de que es-

---

[50] De conformidad con lo previsto en el artículo 198 constitucional, en la hipótesis de que a un diputado (elegido uninominalmente o por lista), le sea revocado el mandato queda inhabilitado para postularse para participar como candidato a diputado en las elecciones del próximo

tos funcionarios son electos conjuntamente con sus suplentes respectivos (art. 186 constitucional), a quienes les corresponde llenar las faltas temporales y absolutas de aquellos. Así lo declaró la Sala Constitucional, la cual en la sentencia n° 139 de 05-06-2002 (caso Sergio Calderón), estableció:

> En caso de revocatoria del mandato de los diputados y diputadas de la Asamblea Nacional, la vacante sería llenada por el suplente respectivo por el resto del período constitucional y, en caso de revocatoria del mandato de los funcionarios estadales, metropolitanos y municipales se procedería a llenar las vacantes de conformidad con lo dispuesto en las leyes sobre la materia.

Ahora bien, es cierto que la aludida sentencia de la Sala Constitucional resolvió el problema que podía presentarse en los casos de que el referendo revocatorio resultase exitoso; y por consiguiente originara las correspondientes vacantes absolutas de los diputados revocados en los correspondientes circuitos, lo que resulta una solución lógica porque dichas vacantes serán cubiertas por los suplentes, pero no se pronunció expresamente sobre el método para cubrir las vacantes en la hipótesis de que el diputado haya sido electo por el sistema de representación proporcional o lista, el cual encuentra aplicación sobre la base de una circunscripción única de todo el estado, visto que no está claro si el suplente lo es de un determinado diputado o de la lista de diputados de los partidos, porque en la hipótesis de la primera opción si el diputado principal fuese revocado, y el suplente hubiere renunciado, o hubiere fallecido o simplemente no tuviere interés en incorporarse a la Asamblea Nacional, entonces se produciría una vacante absoluta que solo podría ser cubierta mediante la elección de un nuevo diputado.

Por esa razón pensamos que hasta tanto se dicte la normativa pertinente, la vacante debería ser cubierta por el correspondiente suplente que se derive de la lista o plancha que se

---

período constitucional, independientemente de cualquiera que sea la circunscripción por la cual se postule.

presente para la elección de los diputados en el respectivo estado, siendo esa lista integrada por los que resulten electos y proclamados por cada partido político en el respectivo estado. Así por ejemplo, si el partido político "A" obtiene mediante la aplicación del sistema D'Hondt dos diputados con dos suplentes, y es revocado el mandato del diputado Pedro Gutiérrez, siendo su suplente según el orden de proclamación el diputado Luis Pérez, corresponderá a este último llenar la vacante absoluta originada con el referendo revocatorio, pero si faltara este por las razones antes expuestas, la lista se correrá a Antonio Miquilena que es el segundo suplente de esa la lista.

Dejamos constancia que esta tesis se fundamenta en el sistema de adjudicación de cargos prevista en el artículo 151 de la Ley Orgánica de Procedimientos Electorales, y mediante la inferencia lógica derivada de la tesis de la antes citada sentencia de la Sala Constitucional, según la cual las vacantes de los diputados en caso de revocatorio deben ser cubiertas por sus respectivos suplentes en el caso de los diputados uninominales, razón por la cual se trataría una especificación de la misma, que como hemos visto tiene un carácter general.

La solución propuesta no variaría si se modificara la Ley Orgánica de Procesos Electorales de 2010, con la finalidad de dar aplicación al sistema de representación proporcional previsto en el artículo 63 de la Constitución, lo que se omitió deliberadamente en la citada Ley de 2010 para imponer legislativamente el denominado "sistema electoral paralelo" previsto en el artículo 8 *ejusdem*.

Sin embargo, debemos acotar que el citado fallo de la Sala Constitucional tampoco se pronunció sobre el método que permitiría determinar cómo se establecería el número de electores que estarían legitimados para votar en el referendo propuesto con la finalidad de revocar a uno o varios diputados de los electos por el sistema de representación proporcional. Pensamos que no sería posible establecer ese número a partir de la división de los circuitos o especies de "mini circunscripciones electorales" de los estados organizados precisamente para las elecciones uninominales o por circuitos, porque como es bien sabido los electores votan por todos los candidatos que integran las respectivas listas o planchas.

Ante esa imposibilidad todo apunta hacia una tesis según la cual deberán votar todos los electores de la respectiva circunscripción electoral del estado, la cual servirá de base para determinar las mayorías previstas en la Constitución y precisar el número necesario de votantes para que el referendo sea válido, así como el necesario para declarar el éxito del referendo con la consiguiente consecuencia, que como hemos visto, en ningún caso dará lugar a unas elecciones para sustituir a los revocados, sino cuando estos sean electos uninominalmente, hipótesis en que sus vacancias serán cubiertas por los suplentes en los términos explicitados. Sin embargo, consideramos que nuestra tesis sobre los electores legitimados para el caso de la revocación de los diputados electos por el sistema de representación proporcional constituye una solución práctica, mientras se logre diseñar un método que por ejemplo sectorice a los votantes atendiendo al orden de proclamación de los diputados electos.

Conviene señalar que pese a que no está previsto en la Constitución convocar elecciones para elegir los suplentes de los diputados elegidos uninominalmente, estimamos que sí deberán ser convocadas si el "respectivo suplente" falta por cualquier causa, pues de lo contrario se dejaría el circuito por el cual fue electo sin representación, y por ende, parcialmente el estado, lo que no es de recibo.

En virtud de que los legisladores y los concejales son electos atendiendo al sistema uninominal (por circuitos) y al sistema de representación proporcional o listas, con la particularidad de que la aplicación del primer método impone el número de circuitos derivados de lo que disponga la ley, y el segundo una circunscripción estadal y municipal respectivamente, se presenta el mismo problema con la determinación del número de electores que votarán en revocatorio de legisladores estadales y concejales; y en consecuencia para solucionar ese problema se seguirá la misma metodología que para el caso de los diputados que hemos expuesto anteriormente.

X. EL REFERENDO REVOCATORIO DE LOS ÓRGANOS COLEGIADOS

Cabe advertir que la introducción del referendo revocatorio de los órganos colegiados en el artículo 72 de la Constitución, según se desprende del Diario de Debates de la Asamblea Nacional Constituyente de 1999, tuvo un carácter incidental. En efecto, en la sesión del 31-10-1999, en la primera discusión convocada para analizar el artículo del anteproyecto de Constitución relativo al referendo revocatorio presentado por la Comisión designada a tal efecto, intervinieron varios constituyentes formulando distintas proposiciones. Entre otras casi al final de dicha sesión, el constituyente W. Lara propuso que la norma incluyera la revocatoria de los cuerpos colegiados, la cual no llegó a ser discutida ni en esa sesión ni en la convocada para la segunda discusión realizada el 12-11-1999, en la cual fue aprobada una propuesta que pasó a ser el artículo 75 -hoy 72-, en los siguientes términos:

> Artículo. 75. Todos los cargos y magistraturas de elección popular son revocables.
> Transcurrida la mitad del período para el cual fue elegido el funcionario, un número no menor del 20% por ciento de los electores inscritos en la correspondiente circunscripción podrá solicitar la convocatoria de un referendo para revocar su mandato.
> Cuando igual o mayor número de electores de los que eligieron al funcionario hubieren votado a favor de la revocatoria, siempre que haya concurrido al referendo un número de electores igual o superior al 25% de los electores inscritos, se considerará revocado de su mandato y se procederá de inmediato a cubrir la falta absoluta conforme a lo dispuesto en la Constitución y en las leyes. Durante el período para el cual fue electo el funcionario no podrá hacerse más de una solicitud de revocación de su mandato.

Tal como señalamos en un acápite precedente, esa aprobación estuvo signada por la confusión, en virtud de que se omitió debatir sobre propuestas realizadas por algunos constituyentes y además no se especificó el número de votos con los cuales se aprobó el texto, pero a pesar de esas irregularidades así quedó aprobada.

Ahora bien, lo que nos interesa destacar es que en el precepto aprobado, no figuró la proposición formulada por el Constituyente W. Lara relativa a que también deberían ser objeto de revocatorio los cuerpos colegiados, pero inexplicablemente pasó a formar parte del artículo 72 de la Constitución vigente. Es decir, no llegó a ser discutida ni aprobada por la Asamblea Nacional Constituyente, ni siquiera en la sesión del 15-11-1999, durante la cual se discutieron, modificaron y aprobaron todas proposiciones presentadas por la Comisión Especial de Consenso. Queda claro que esta proposición nunca llegó a ser aprobada por la Asamblea Nacional Constituyente, y por otro lado, afirmar que la aprobación fue incidental es decir lo menos, visto que a pesar de que esta disposición nunca llegó a ser aprobada por la Asamblea Nacional Constituyente, en la realidad es parte del artículo 72 constitucional.

Ahora bien, haciendo abstracción de este "error", lo cierto es que se impone el examen del asunto y en tal sentido antes de entrar a examinar la factibilidad del referendo revocatorio de los órganos colegiados, conviene señalar que estos configuran la figura organizativa de la colegialidad, la cual se caracteriza porque todos los miembros del órgano concurren a la formación de la voluntad del órgano, tanto los que integran la mayoría, como los que votan, en contra como los que salvan el voto[51].

En ese orden de ideas, cabe señalar que los órganos colegiados a los que la Constitución les atribuye la potestad para ejercer la función legislativa de los entes territoriales que constituyen el Estado venezolano (Asamblea Nacional, Consejos Legislativos y Concejos Municipales), normalmente se integran por los representantes de partidos políticos, y eventualmente con independientes, todos los cuales tienen y defienden diferentes intereses mediante el respectivo procedimiento (convocatoria, deliberaciones, votación y decisión), siendo la

---

51 PEÑA SOLÍS, José. *Manual de Derecho Administrativo. Edición actualizada por Nélida Peña Colmenares*. *Volumen II*. CIDEP. Caracas, 2022, pp. 391-398.

última fase (decisión) mencionada, en la que teóricamente se componen los diversos intereses representados por cada partido político, de tal manera que como ya dijimos la voluntad del órgano colegiado es la de todos sus integrantes, no pudiendo atribuirse la misma solo a la mayoría que votó a favor de ella, porque insistimos se trata de la voluntad común del órgano colegiado.

Pues bien, la naturaleza de la colegialidad dificulta mucho, por no decir imposibilita, la revocación del mandato de los órganos colegiados, máxime si legalmente se pueden intentar los referendos revocatorios contra uno o varios, o inclusive contra todos los miembros del órgano, pero en forma individual.

En esta línea argumental cabe recordar que el referendo se intentaría contra el órgano colegiado cuya gestión resulte deficiente o atente contra el interés general, tal como se desprende del artículo 66 de la Constitución, pudiendo ocurrir que sean revocados todos los integrantes de un órgano colegiado, en el cual una mayoría circunstancial sea la que tome o haya tomado casi todo el tiempo las decisiones, y por ende, las haya ejecutado, configurándose de esta manera una clara situación de injusticia con relación a los integrantes de la minorías, en virtud de que se produciría la revocación del órgano colegiado (de todos sus miembros), debido a que la pregunta del referendo estaría formulada en términos asertivos, es decir antitéticos, ya que al concluir la votación el pronunciamiento de los electores solo puede ser de aprobación o rechazo del referendo revocatorio, lo que implica o la revocatoria del mandato de todos los integrantes de los órganos colegiados, o la conservación del mismo.

Planteado el problema en los términos antes expuestos, en nuestro criterio resulta un error haber incluido en forma, por demás incidental, el referendo revocatorio de los órganos colegiados, porque además si se pensase en arbitrar la fórmula –rebuscada– de que se solicitase el referendo revocatorio individual, y se decidiese que si la mayoría absoluta o la calificada de los integrantes del órgano es revocada, se consideraría que el órgano colegiado queda revocado, y por ende, se configuraría una infracción del artículo 72 de la Constitución, en virtud de que se ignoraría totalmente el supuesto de hecho de la norma (revocatorio del órgano); y en la fórmula planteada el revocatorio sería de algunos integrantes de este supuesto de hecho. Si el referendo se promueve contra el órgano *in totum*, se correría el riesgo de que en el caso que resulte favorable a los promoventes de la injusticia antes indicada.

Por otro lado, en el caso de que el referendo sea promovido contra un órgano colegiado como la Asamblea Nacional, de resultar exitoso podría originar un grave problema político, en virtud de que si el referendo se celebra antes del último bienio del mandato, conduciría a la disolución del cuerpo colegiado y a la convocatoria de una nueva elección, con todas las vicisitudes políticas que ello acarrearía, pero además esta solución colide con el artículo 240 de la Constitución que únicamente prevé la disolución de la Asamblea Nacional en la hipótesis de que se dé un voto de censura al Vicepresidente Ejecutivo de la República, cuando ello ocurra con una mayoría de las tres quintas partes de los integrantes de la Asamblea Nacional, siempre que se acumulen tres votos de censura, desde luego en el mismo período constitucional (art. 240).

En fin, consideramos que el haber introducido el referendo revocatorio de los órganos colegiados sin ningún tipo de discusión en la Asamblea Nacional Constituyente, y en forma incidental, pese a estar previsto en el artículo 72 parte *in fine* de la Constitución, su viabilidad resulta sumamente dudosa, por decir lo menos, máxime en un país con un ordenamiento transitorio sublegal en materia de referendo revocatorio de dudosa constitucionalidad, lo cual no favorece precisamente el ejercicio de este derecho, como ha quedado demostrado a lo largo de este trabajo, que además no contiene ninguna disposición en materia de referendo revocatorio de órganos colegiados.

CAPÍTULO II:
EL REFERENDO ABROGATORIO

I. DEFINICIÓN CONSTITUCIONAL

En realidad, la Constitución no contiene una definición en los términos clásicos de referendo abrogatorio, pero sí lo hace a partir del establecimiento de los indicadores que permiten configurar el derecho al ejercicio del mismo, en los siguientes términos:

> Serán sometidas a referendo, para ser abrogadas total o parcialmente, las leyes cuya abrogación fuere solicitada por iniciativa de un número no menor del diez por ciento de los electores y electoras inscritos e inscritas en el Registro Civil y Electoral o por el Presidente o Presidenta de la República en Consejo de Ministros. También podrán ser sometidos a referendo abrogatorio los decretos con fuerza de ley que dicte el Presidente de la República en uso de la atribución prescrita en el numeral 8 del artículo 236 de esta Constitución, cuando fuere solicitado por un número no menor del cinco por ciento de los electores y electoras inscritos e inscritas en el Registro Civil y Electoral.
> Para la validez del referendo abrogatorio será indispensable la concurrencia de por lo menos el cuarenta por ciento de los electores y electoras inscritos e inscritas en el Registro Civil y Electoral (artículo 74 constitucional).

El examen de esa definición nos permite señalar que el referendo abrogatorio al igual que las demás clases de referendos previstos en la Constitución (consultivo y aprobatorio), es introducido por primera vez en el ordenamiento constitucional venezolano en la Constitución de 1999, y sin duda constituye un avance significativo en la participación del pueblo en los asuntos públicos, el cual ejerce la soberanía sin intermediación de representantes en virtud de que le confiere al cuerpo electoral el derecho de solicitar y participar mediante la expresión de su voluntad mayoritaria en la abrogación que sustantivamente se corresponde con la derogación de una ley o de un decreto con fuerza de ley, lo que implica la cesación de la vigencia de una ley anterior, mediante la expresión de la voluntad del cuerpo electoral.

De tal manera que el referendo abrogatorio tiene el carácter de un acto puramente negativo porque su objeto único es la abrogación de una ley o de un acto normativo con fuerza de ley, con la particularidad de que mediante su ejercicio no se puede proponer un proyecto de ley que sustituya la ley abrogada o del decreto con fuerza de ley abrogado. De allí que sea un acto con contenido necesariamente negativo, nunca positivo, que configura un escenario de derogación o conflicto con las reglas de la democracia representativa.

No obstante, a pesar de presentarse como un antagonista del sistema de democracia representativa, es regulado por la ley –que se debe dictar en desarrollo del precepto constitucional– la cual es una expresión emblemática de dicho sistema. De allí que a la postre en cierto sentido en el ejercicio del referendo abrogatorio terminan entrando en juego las reglas de la democracia representativa en el proceso de regulación de su procedimiento y en el logro de su finalidad.

Conviene precisar que el sintagma "abrogación" encuentra su origen en el Derecho Romano en el cual la *abrogatio* implicaba la supresión total de la ley, y se diferenciaba de la *derogatio*, que implicaba la supresión de una parte de la esta, así como de la *subrogatio* que implicaba añadir nuevas normas a la ley. De esta terminología solo está presente en los ordenamientos jurídicos actuales la derogación, pero con el significado que tenía la abrogación en el Derecho Romano. Es decir, de derogación total o parcial de leyes o actos normativos con fuerza de ley, manteniéndose con la denominación original de abrogación en el ordenamiento jurídico italiano.

Ahora bien, en el contexto de nuestro ordenamiento jurídico la derogación equivale a la pérdida de vigencia de una ley o de un decreto con fuerza de ley, la cual puede ser total o parcial, pudiendo en el caso que sea parcial adoptar cualquiera de las modalidades expresa o tácita; siendo expresa cuando la ley posterior mediante una de sus disposiciones señala de un modo concreto y delimitado el objeto de la derogación -o sea, la norma o normas que pierden vigencia- en virtud de que puede tratarse solo de una parte de la ley anterior. Cuando se trate de derogación total siempre será expresa.

En este orden de ideas precisa Peña Solís[52] que la derogación tácita es la cesación de la vigencia de una ley que resulta de la incompatibilidad de su contenido normativo con el contenido normativo de una ley posterior, es decir, cuando los preceptos de la anterior son rechazados por la posterior, o en términos más sencillos cuando se configura una incompatibilidad entre la ley posterior y la anterior y no existe en la primera una norma derogatoria expresa que identifique los preceptos constitutivos de la aludida incompatibilidad, y los constituya en objeto de derogación.

Por supuesto que si el referendo abrogatorio resulta aprobado opera como una especie de derogatoria expresa pudiendo ser total o parcial, en el entendido de que en el caso de la parcial la abrogación solo puede implicar la supresión de normas, mas no una adición de estas. Y desde luego que la abrogación por su naturaleza no admite la modalidad de derogación tácita de una ley o un acto normativo con fuerza de ley.

Retomando el hilo de la exposición es necesario señalar que el referendo abrogatorio se plantea generalmente cuando el pueblo considera que un texto legal es contrario al interés público, o cuando leyes caracterizadas por su obsolescencia resultan contrarias al interés de la comunidad, y el partido gobernante por intereses derivados de los compromisos que adquiere con grupos económicos, sindicales, religiosos, etc., con su mayoría parlamentaria, las mantiene en vigencia, debido a que rechaza todo intento de derogación total o parcial trami-

---

52 PEÑA SOLÍS, José. *Las fuentes del Derecho en el marco de la Constitución de* 199. FUNEDA. Caracas, 2009, p. 44.

tado siguiendo el procedimiento previsto en la Constitución. Pero lo más importantes es que este tipo referendo constituye una vía constitucional de participación del pueblo en asuntos públicos de su interés, que se concreta en la pérdida de vigencia total o parcial de leyes o actos normativos con fuerza de Ley.

II. LOS ANTECEDENTES EN VENEZUELA

Conviene destacar que la Constitución italiana de 1947 fue la primera de las europeas sancionadas con posterioridad a la segunda guerra mundial que introdujo el referendo abrogatorio de leyes y actos normativos con fuerza ley. En América del Sur únicamente las Constituciones de Uruguay (2004) y de Colombia (1991)[53] consagran la modalidad del referendo abrogatorio, razón por la cual no existe una doctrina y una jurisprudencia constitucional latinoamericana consolidadas que pudieran ser útil en Venezuela al momento del legislador desarrollar el artículo 74 del texto constitucional y en la orientación de la doctrina nacional, pues en Venezuela carecemos prácticamente de doctrina o jurisprudencia en esta materia, pese a que el texto constitucional tiene veinticinco años de promulgado sin que hasta ahora haya sido promovido y solicitado algún referendo abrogatorio. Por lo que respecta a la doctrina solo existen unas pocas páginas referidas a esta materia en el libro de H. Rondón de Sansó, denominado *Cuatro temas álgidos de la Constitución venezolana de* 1999.

Ahora bien, particularmente con relación a los antecedentes del referendo abrogatorio en Venezuela debemos observar que en ninguna de las veinticinco Constituciones que precedieron a la de 1999 estuvo previsto. No obstante, sí estaba contemplado en el Proyecto de Reforma General de la Constitución de 1961 que fue discutido en el Congreso en 1992, sin llegar a ser sancionado, el cual establecía que su objeto era la

[53] En Colombia esta modalidad de referendo recibe la denominación de referendo derogatorio de leyes (art. 170).

abrogación de las leyes y los denominados "decretos leyes"[54] que dictaba el Presidente de la República debidamente autorizado por Congreso, de conformidad con lo previsto en el artículo 190, ordinal 8, de la Constitución derogada, excluyéndose de dicho objeto las leyes de presupuesto, las que estableciesen o modificaren impuestos, las de crédito público, las leyes aprobatorias de tratados internacionales y las leyes de amnistía. Asimismo, estatuía que la iniciativa estaba reservada en el caso de las leyes al Presidente de la República, en Consejo de Ministros, pero no se extendía a los denominados decretos leyes. El pueblo sí tenía atribuida la iniciativa para promover tanto la abrogación de las leyes como de los "decretos leyes"[55].

Con relación a los antecedentes constituyentes, cabe advertir que la introducción del referendo abrogatorio en el texto constitucional, según se desprende del Diario de Debates de la

---

[54] La denominación "decreto ley" no estaba prevista en la Constitución, pero comenzó a ser utilizada por la doctrina en la década de los noventa para referirse a las medidas extraordinarias en materia económica o financiera que dictaba el Presidente de la República cuando era autorizado por mayoría absoluta de ambas Cámaras (Diputados y Senado) del Congreso por una ley autorizatoria.

[55] La redacción de la norma en el proyecto de Reforma, propuesta por la Comisión, era el siguiente: "Dentro de los seis meses siguientes a su promulgación podrán ser sometidas a referendo para ser derogadas total o parcialmente, las leyes cuya derogación fuese solicitada por un número no menor del cinco por ciento (5%) de los electores de cada entidad federal, en por lo menos la mitad más una de ellas, o por el Presidente de la República, en Consejo de Ministros. // No podrán ser sometidas al referendo establecido en este artículo, las leyes de presupuesto, las que establezcan o modifiquen impuestos, las de crédito público, las que aprueben tratados y las de amnistía. También podrán ser sometidas a referendos, para ser derogados total o parcialmente dentro de los seis meses siguientes a su publicación, los decretos que dicte el Presidente de la República en uso de la atribución a que se refiere el ordinal 8, del artículo 190 de esta Constitución, y las decisiones de especial transcendencia adoptadas por el Presidente de la República en Consejo de Ministros, cuya derogación fuese solicitada por iniciativa de un número no menor del cinco por ciento (5%), de los electores de cada entidad federal, en por lo menos la mitad más una de ellas". Véase GIRAUD, Armando Ob. cit., pp. 95 y 96.

Asamblea Nacional Constituyente de 1999, se produce mediante la proposición presentada en la sesión del 25-10-1999, en primera discusión, que estaba recogida en los siguientes términos:

> Serán sometidas a referendo, para ser abrogadas total o parcialmente, las leyes cuya abrogación fuere solicitada por iniciativa de un número no menor del diez por ciento de los electores inscritos en el registro civil, de identificación y electoral o por el Presidente o Presidenta de la República en Consejo de Ministros.
> También podrán ser sometidos a referendo abrogatorio los decretos con fuerza de ley que dicte el Presidente de la República en uso de la atribución prescrita en el numeral ___ del artículo ___ de esta Constitución, cuando fuere solicitado por un número no menor del cinco por ciento de los electores inscritos en el registro civil, de identificación y electoral.
> Para la validez del referendo abrogatorio será indispensable la concurrencia del cuarenta por ciento de los electores inscritos en el registro civil, de identificación y electoral.
> No podrán ser sometidas a referendo abrogatorio las leyes de presupuesto, las que establezcan o modifiquen impuestos, las de crédito público y las de amnistía, así como aquellas que protejan, garanticen o desarrollen los derechos humanos y las que aprueben tratados internacionales.
> No podrá hacerse más de un referendo abrogatorio en un período constitucional para la misma materia.

Es necesario destacar que la única intervención que se produjo en la primera discusión en el momento de la aprobación unánime del anteproyecto de norma fue la del Constituyente William Lara, y tuvo como finalidad informar que el artículo al que hacía referencia el precepto del anteproyecto sobre el decreto con fuerza de ley era el 269 numeral 9 (hoy 236 numeral 8), razón por la cual, el Secretario de la Asamblea Nacional Constituyente informó que no habiendo más observaciones ni oradores inscritos para intervenir, se consideraba aprobado, lo que fue ratificado por el presidente de dicho órgano, y evidencia que tal aprobación fue por unanimidad.

Cabe concluir en este punto que observamos que resulta inexplicable que una institución tan novedosa como es el referendo abrogatorio, que por lo demás solo encuentra recepción en poquísimas Constituciones de occidente, no haya tenido ningún recorrido en la oportunidad de la aprobación del precepto que la introdujo en la nueva Constitución, a diferencia de lo que ocurrió con el referendo revocatorio, especialmente con el referido a la modalidad presidencial.

Efectivamente, dicho recorrido se limitó a la presentación del anteproyecto de norma por la Comisión respectiva en la primera discusión, a su lectura por el secretario de la Asamblea Nacional Constituyente, y a su aprobación sin que se produjera ninguna intervención, explicación o motivación por ningún miembro de la Comisión redactora ni de la Plenaria de la Asamblea, salvo la de carácter informativo del Constituyente William Lara. Y allí terminó el recorrido del artículo, en virtud de no fue presentado en la segunda discusión, ya que de conformidad con el Acuerdo de la Asamblea Nacional Constituyente al momento de iniciar la discusión del proyecto de Constitución, os artículos que fueran aprobados en la primera discusión sin debates no requerían ser sometidos a la segunda discusión. Es decir, quedaban aprobados con una sola discusión, de tal manera que las correcciones de forma que presenta la actual redacción del artículo 74 son de autor o autores desconocidos, realizadas fuera del procedimiento establecido en el Estatuto de funcionamiento de la Asamblea Nacional Constituyente, y lo que es peor no fueron aprobadas por la ANC.

III. LA INICIATIVA

Cabe destacar que la doctrina extranjera considera que la iniciativa tiene una importancia capital en los referendos. Así piensan los constitucionalistas alemanes Werner Weber y Ernst Bockenförde, en virtud de que el referendo consiste en la respuesta a una pregunta, el problema estratégico radica en determinar quién puede formular la pregunta que se somete a votación del cuerpo electoral[56]. En la ANC ese problema ni siquiera se planteó y desde luego no fue objeto de ningún análisis, siendo así que con una orientación puramente "presidencialista", el artículo 74 de la Constitución estableció que tienen la iniciativa para solicitar la abrogación de una ley un número de electores no menor del 10% de los electores inscritos en el Registro Civil y Electoral, y el Presidente de la República en Consejo de Ministros, el cual por razones obvias carece de iniciativa cuando se trate de decretos con fuerza de ley, reservándose al pueblo la iniciativa para solicitar la abrogación de estos decretos con fuerza de ley o decretos legislativos.

En todo caso, lo que se observa en ambas modalidades de iniciativa es que son colocadas por la Constitución en un plano de igualdad formal, por supuesto que nos referimos al caso de la abrogación de leyes formales, porque cuando se trata de abrogación de decretos con fuerza de ley la iniciativa está reservada exclusivamente a los electores inscritos en el Registro Civil y Electoral.

Consideramos que resulta insólito que se haya puesto este instrumento a disposición del gobierno al otorgarle la iniciativa, y es más, se trata de un grave un error de la Asamblea Nacional Constituyente haberle otorgado la iniciativa al Presidente de la República para solicitar referendos abrogatorios de leyes, por las siguientes razones:

Primero, ignoró que básicamente los referendos, y particularmente el abrogatorio, son expresiones del derecho de participación de los ciudadanos en los asuntos públicos, consagrado en el artículo 62 constitucional; por tanto, constituye un exabrupto constitucional sustraer parte de una competencia exclusiva del pueblo de participar por este medio excepcional en los asuntos públicos, en virtud que de suyo casi todos los asuntos públicos entran ordinariamente en las competen-

---

[56] Citados por OLIVETTI, Marco. "Los referendos en serio: la experiencia italiana". En: *Revista jurídica Universidad Autónoma de Madrid*. Madrid, 2016, p. 151.

cias del Presidente de la República, al formar parte de las competencias que le atribuyen la Constitución y las leyes, en Consejo de Ministros.

Por consiguiente, resulta absurdo que en este caso de ejercicio excepcional de una competencia atribuida al pueblo en el rol de legislador negativo, se le sustraiga parte de la misma a este. No obstante, planteado así el asunto estimamos que desde la perspectiva teleológica se configura una colisión entre normas del texto constitucional que tendría que ser resuelta acudiendo al método hermenéutico constitucional de la ponderación, otorgándole primacía al artículo 62 de la Constitución, es decir, excluyendo la iniciativa del Presidente de la República para promover y solicitar referendos abrogatorios de leyes. Sin embargo, una sentencia en ese sentido de la Sala Constitucional del Tribunal Supremo de Justicia en el estado actual de postración del Estado de Derecho luce inimaginable, de tal manera que esta facultad conferida en el artículo 74 constitucional al Presidente de la República adquiere la condición de casi "intangibilidad", pese a que el ejercicio de la misma resulta equivalente a la que hipotéticamente se le hubiere otorgado para solicitar referendos revocatorios presidenciales, pues se trataría igualmente de un exabrupto constitucional.

Segundo, los constituyentes no evaluaron el sistema de gobierno hiperpresidencialista que diseñaron en la Constitución, especialmente en materia de pérdida de vigencia expresa de las leyes sancionadas por la Asamblea Nacional, o tal vez pudiera considerarse que sí lo hicieron, pero quisieron aumentar los poderes implicados en ese hiperpresidencialismo, en virtud del poder derivado de la integración de gran mayoría de la fracción del gobierno en la Asamblea Nacional Constituyente de 1999, en la cual de los 133 miembros que la integraban, solo seis eran de oposición, de manera pues que a conciencia quisieron ampliar esos poderes del titular de la Presidencia de la República y los extendieron al otorgamiento de la referida iniciativa.

Tercero, ignoraron que cuando el Gobierno quiere "derogar" -que equivale a la abrogación- total o parcialmente una ley, tiene a su disposición los mecanismos que le otorga la Constitución al Presidente de la República en Consejo de Ministros, que son antes de la promulgación de la ley, la solicitud de levantamiento de sanción de la ley que puede formular ante la Asamblea Nacional (art. 214, encabezamiento, constitucional), así como la solicitud de inconstitucionalidad total o parcial de la ley que puede elevar ante la Sala Constitucional del Tribunal Supremo de Justicia (art. 214, tercer aparte, constitucional). Después de promulgada la ley, puede en cualquier tiempo recurriendo al ejercicio de su potestad de iniciativa legislativa proponer al Parlamento la derogación parcial o total del texto legislativo (art. 204 numeral 1, constitucional), iniciativa que con una gran probabilidad resultará exitosa.

Cuarto, el ventajismo, en caso de que se convoque el referendo por solicitud del Presidente de la República, derivado del excesivo poder institucionalizado que este ostenta, el cual se extiende a todos los miembros del Poder Ejecutivo, pudiendo contar además con la mayoría de los rectores en el Consejo Nacional Electoral, como ha ocurrido hasta ahora, quienes ejercerán esos poderes para que ciertos sectores de la población voten a favor del referendo abrogatorio convocado por iniciativa del Presidente de la República, máxime si en el país nunca ha sido promulgada una ley de garantías electorales que regule la actividad del Gobierno en materia electoral durante la respectiva campaña.

En fin, haberle conferido la iniciativa al Presidente de la República para que pueda solicitar la convocatoria del referendo abrogatorio de leyes constituye un grave error jurídico, siendo el producto de la integración mayoritaria de los partidarios del Gobierno en la Asamblea Nacional Constituyente de 1999.

Por supuesto que hubiera sido absurdo conferirle también esa iniciativa en la hipótesis de los referendos abrogatorios de los decretos legislativos o decretos con fuerza de ley al Presidente de la República, en virtud de la praxis constitucional vigente en Venezuela relativa a que la delegación legislativa carece de efecto consuntivo[57], razón por la cual el presidente puede modificar o derogar los decretos legislativos que dicte, en cualquier tiempo dentro del plazo de la delegación fijado por la ley de delegación o habilitante, y después que se venza dicho plazo, en ejercicio de su potestad de iniciativa legislativa, tiene la competencia para solicitar ante la Asamblea Nacional su derogación parcial o total.

Ante todos los argumentos anteriores no queda más que pensar que en una futura reforma constitucional, primará el sentido común, es decir, la lógica frente a la "fuerza de la razón de la mayoría" y se suprimirá la facultad para promover y solicitar referendos abrogatorios de las leyes al Presidente de la República.

Por otro lado, conviene destacar que cuando la iniciativa es conferida al pueblo, la Constitución estableció una diferencia que carece de sustentación jurídica, con relación a los porcentajes de electores exigidos para solicitar los referendos abrogatorios contra leyes formales y decretos con fuerza de ley, debido a que cuando se trata de la abrogación de decretos con fuerza de ley, el porcentaje exigido es de un mínimo del 5% de los electores inscritos en el Registro Civil y Electoral, y en el caso de las leyes formales del 10%, siendo ambos instrumentos normativos sustancialmente idénticos tanto en sus efectos como en su jerarquía normativa, pues téngase en cuenta que una vez dictado el decreto legislativo, al igual que la ley formal, tiene una vocación de vigencia indefinida, y al igual que esta es derogado parcial o totalmente siguiendo el mismo procedimiento que se sigue en el caso de la ley formal, con excepción de cuando la derogación proviene del Presidente de la República dentro de la vigencia de la respectiva ley habilitante.

---

57 PEÑA COLMENARES, Nélida. *La delegación legislativa en el ordenamiento jurídico venezolano*. CIDEP y FUNEDA. Caracas, 2020, pp. 192-194.

Quizás esa diferencia tenga su origen en el hecho de los constituyentes de 1999 haber transcrito irreflexivamente la disposición contenida en el Proyecto de Reforma Parcial de la Constitución de 1992, en la cual se establecían tales porcentajes que obviamente también carecían de sustentación jurídica. Es cierto que la diferencia es de carácter formal, porque la ley proviene de la Asamblea Nacional y el decreto con fuerza de ley del Presidente de la República en Consejos de Ministros, pero también es cierto que el referendo abrogatorio tiene como único fin abrogar un instrumento normativo con rango de ley, independientemente de su forma, lo que se logra cuando el referendo es exitoso. De allí que la diferencia en la exigencia de los porcentajes de electores que tienen la iniciativa resulta totalmente infundada.

Por último, a luz del artículo 74 constitucional no existe un paralelismo entre los titulares de la iniciativa legislativa prevista en el artículo 204 de la Constitución, y los titulares de la iniciativa de solicitud del referendo abrogatorio previstos en el artículo 74 *ejusdem*, en virtud de que el segundo precepto es de aplicación restrictiva. De allí que existe una interdicción para el legislador cuando sancione una ley de referendo de ampliar el número de titulares que ostentan la potestad, no pudiendo los legisladores nacionales cuando regulen los referendos extender esa titularidad a todos o algunos de los que tienen esa potestad en el citado artículo 204 *ejusdem*.

Así por ejemplo no es posible extender esa iniciativa a los Consejos Legislativos en el caso de que se solicite un referendo abrogatorio contra una ley que regule materias vinculada con la organización y funcionamiento de esos órganos deliberantes o con la organización de los gobiernos regionales, pese a la organización federal del Estado venezolano, ni tampoco si fuere el caso a los Poderes Judicial, Electoral y Ciudadano, cuando se trate de las materias indicadas en la Constitución en la hipótesis de otorgamiento de la iniciativa legislativa a dichos Poderes.

IV. LA OBLIGACIÓN DEL CNE DE CONVOCARLO

Si los ciudadanos, o mejor dicho los electores en un número no menor del 10%, solicitan al Consejo Nacional Electoral la convocatoria de un referendo abrogatorio, o en el caso de que el objeto de dicho referendo sea un decreto con fuerza de ley, y los solicitantes alcancen el porcentaje mínimo del 5% de los electores inscritos en el Registro Civil y Electoral, o si el solicitante fuere el Presidente de la República, en decisión aprobada en Consejo de Ministros, el máximo órgano electoral en virtud de que tiene atribuida la competencia prevista en el artículo 293, numeral 5, constitucional, de organizar, administrar y dirigir los actos relativos a la celebración de referendos, así como la de garantizar la igualdad, imparcialidad, transparencia y eficiencia de los procesos relativos a los referendos, debe en ejercicio de esa competencia proceder a convocarlos. Desde luego, previamente el Consejo Nacional Electoral debe comprobar el cumplimiento de los requisitos formales que deben cumplir el o los solicitantes, arbitrando todos los recursos necesarios, incluyendo a los financieros, para convocar la celebración del referendo, en virtud de que se trata de una competencia reglada y no discrecional.

Por supuesto que a los fines de concretar el principio de igualdad deberá abrir un lapso para que se realice la campaña electoral, de manera que los interesados (partidos políticos, grupos de electores, el gobierno si fuere el caso), así como los que se opongan al referendo (partidos políticos, grupos de electores, etc.) puedan en igualdad de condiciones realizar las actividades lícitas destinadas a concretar dicha oposición, razón por el cual el instrumento electoral debe reflejar las dos opciones, es decir, el "sí" y el "no". Conviene añadir que el Consejo Nacional Electoral está obligado a cumplir con la disposición contenida en el artículo 62 constitucional, el cual establece que es obligación del Estado, o sea, de todos los Poderes Públicos que lo integran, y deber de la sociedad facilitar la generación de las condiciones más favorables para su práctica (la participación de los ciudadanos en asuntos públicos).

Sin embargo, en nuestro criterio no resulta admisible que la Asamblea Nacional como órgano que sanciona la Ley cuya abrogación se solicita, pueda formar parte de los oponentes a la celebración de este, pues al tratarse del órgano legislador por antonomasia no puede erigirse en defensora de la vigencia de la ley, debido a que la misma es el producto de la actuación de todos sus integrantes, es decir tanto la mayoría como la minorías, la cuales constituyen la expresión del pluralismo político que caracteriza a los órganos parlamentarios, pero en cambio los integrantes de la Asamblea Nacional actuando a título personal sí podrán adoptar el rol de oponentes.

V. LOS INSTRUMENTOS NORMATIVOS CONSTITUTIVOS DE SU OBJETO

En principio todas las leyes formales nacionales en cualquiera de sus tipos -ordinarias, orgánicas, salvo aquella modalidad destinada a desarrollar los derechos constitucionales, habilitantes y de bases- así como los decretos con fuerza de ley o decretos legislativos, pueden ser objeto del referendo abrogatorio.

No obstante, respecto a las leyes habilitantes o de delegación se suscitan dudas doctrinarias sobre la factibilidad de que sean objeto de este tipo de referendos, en virtud de su carácter temporal. En esta línea argumental observamos que no existe una regla sobre su temporalidad, pues en la mayoría de ellas su duración es fijada discrecionalmente por el Parlamento en el correspondiente texto legislativo, pero la doctrina mayoritaria venezolana[58] y la extranjera[59] concuerda en que la vigencia de

---

[58] *Ibidem*, pp. 125-128. GALLOTI, Alejandro. "La reiterada inobservancia a los límites de la delegación legislativa". En: *Revista de Derecho Público n° 140*. Editorial Jurídica Venezolana. Caracas, 2014, p. 92.

[59] ALMEIDA CERRERA, Marcos. "Los decretos legislativos, su regulación en la Constitución Española y en los ordenamientos de las comunidades autónomas". En *Iuris Tantum n° 20*. Universidad Anahúac. México, 2009, pp. 334-336. BADENI, Gregorio. *Manual de Derecho Constitucional*. La Ley. Buenos Aires, 2001, pp. 23-24. QUADRA SALCEDO, Tomás. "La delegación legislativa en la Constitución". En *Estudios sobre la*

las mismas debe ser muy reducida, porque no debe olvidarse que la potestad de sancionar leyes es la función esencial y la razón existencial de los Parlamentos, y en este caso los Parlamentos renuncian a su ejercicio, aunque sea parcial y temporalmente.

En este orden de ideas debe tenerse presente que las leyes de delegación o habilitantes en los países en que existen constituyen una excepción, mediante la cual los órganos parlamentarios transfieren parcial y temporalmente una cuota delimitada de su potestad legislativa, pudiendo existir limitaciones materiales a dicha delegación, como es el caso de la interdicción para delegar materias reservada constitucionalmente a las leyes orgánicas, aunque ese no sea el criterio de la Sala Constitucional en virtud de que "creó" por vía interpretativa los denominados "decretos con fuerza de ley orgánica"[60].

Ahora bien, con relación al ejercicio temporal de la potestad delegada al Presidente de la República en Consejo de Ministros o el Gobierno, las Constituciones siempre establecen que en el texto de las mismas se fije su lapso de vigencia, siendo así que por ejemplo en Venezuela las leyes habilitantes que han sido sancionadas hasta ahora han tenido una vigencia entre seis meses y año y medio.

Habida cuenta de esa temporalidad, puede ocurrir en algunos casos que el tiempo requerido para la organización del referendo abrogatorio desde su solicitud hasta su celebración sea mayor que el tiempo de vigencia de la ley, lo que en una interpretación tanto lógica como sistemática de la Constitución, configura una causa de inadmisibilidad de dicho referendo, pues carecería de sentido admitirlo y tramitarlo si la ley que se pretende abrogar resulta inexistente, en virtud de su decaimiento.

Constitución Española. Homenaje al Profesor Eduardo García de Enterría. Civitas. Madrid, 1991, pp. 369-373.

60 Sentencias n° 1716 de 18-09-2001 (caso Hugo Chávez Frías) y 1719 de 19-09-2001 (caso Hugo Chávez Frías).

En ese mismo orden de ideas traemos a colación la carencia de sustantividad de las leyes habilitantes o de delegación como factor que también torna inadmisible los referendos abrogatorios, en virtud de que sus normas carecen de eficacia material, pues las mismas únicamente están destinadas a delegar en el Presidente de la República temporal y parcialmente la potestad de dictar normas con fuerza de ley, por lo que sus disposiciones no resultan aplicables si no se dictan los respectivos decretos legislativos, que son los instrumentos normativos que concretan su aplicación.

Al respecto Lavagna[61] sostiene sobre la base de esa característica de la ley, que cuando el Poder Ejecutivo no ejerce o no ha ejercido la potestad delegada tampoco podría solicitarse un referendo abrogatorio contra ella, en virtud de ser un instrumento normativo sin eficacia, ya que la adquiere (eficacia) solamente cuando se anuda a los respectivos decretos legislativos, una vez que estos entran en vigencia, y en esa hipótesis lo que procedería sería intentar el referendo abrogatorio contra el respectivo decreto legislativo o decreto con fuerza de ley.

Más aún, en el caso de que el lapso de duración de la vigencia de la ley, sea por ejemplo de dos años, y el referendo se promueva y solicite inmediatamente después de su publicación, el Presidente de la República podrá dictar los decretos legislativos derivados de la ley habilitante durante el tiempo de promoción y organización del referendo, la solicitud y admisibilidad del mismo, por lo que tampoco podría intentarse un referendo abrogatorio contra la misma, porque su vigencia se habría agotado, debido a que con la publicación de los decretos legislativos, decaería su vigencia, y por ende, resultaría improcedente intentar un referendo abrogatorio contra dicha ley, en la práctica inexistente. A la luz de todas hipótesis antes examinadas, resulta concluyente que las leyes habilitantes no pueden ser objeto de los referendos abrogatorios.

---

61 LAVAGNA, CARLO. *Istituzioni di Diritto Pubblico*. UTET. Roma 1976, p. 341.

Por otro lado estimamos que tampoco pueden ser objeto de referendos revocatorios las leyes de bases previstas en el artículo 165 de la Constitución, pues al parecer fueron introducidas en el texto constitucional para darle viabilidad a la descentralización administrativa. En efecto, las mismas son el resultado del desorden que reinó en las últimas sesiones de la Asamblea Nacional Constituyente de 1999, pues en las dos discusiones reglamentarias se había aprobado la norma según la cual el producto de la transferencia de servicios, derivada de la existencia de competencias concurrentes entre el Poder Nacional y el Poder de los Estados, tenía como base el acuerdo que se celebraba entre esos dos Poderes.

Sin embargo, en la última sesión de la Asamblea Nacional Constituyente, declarada permanente el 15-11-1999, al parecer -pues no existe ninguna clase de respaldo documental- se modificó sin ninguna discusión ni motivación y se acordó suprimir el texto de la disposición que había sido aprobada en las dos discusiones reglamentarias, la cual regulaba la viabilización de la modalidad de descentralización territorial denominada "transferencia de servicios" y sustituirlo mediante un mecanismo complejo que implica la "creación" *ex novo* de dos tipos de leyes, una de carácter nacional denominada "leyes de bases", y otra de carácter estadal denominadas "leyes de desarrollo". Las leyes de bases tienen como finalidad establecer los principios generales que diseñan un denominador común normativo, evitando que mediante las leyes de desarrollo se establezcan desigualdades, sobre todo en materia de derechos fundamentales, entre los diversos estados de la República.

Ahora bien, establecido el panorama de estas dos clases de leyes que sirven para articular el proceso de descentralización administrativa, en la modalidad que materialmente puede denominarse transferencia de servicios, observamos que leyes nacionales de bases tienen intrínsecamente una vigencia temporal, al igual que las leyes habilitantes, razón cual adolecen de los mismos obstáculos que estas para ser objeto de los referendos abrogatorios.

Además, en la hipótesis de que se admitiese que sí son objeto de este tipo de referendos, la lógica de los hechos conduce a rechazar esa hipótesis, pues debe recordarse que desde el momento en que entra en vigencia la ley de bases, cada uno de los veintitrés estados queda habilitado para sancionar su correspondiente ley de desarrollo, pudiendo configurarse la situación de que al intentar el referendo abrogatorio ya todas las entidades federales hayan dictado sus respectivas leyes de desarrollo, de tal manera que en la práctica la primera ley pierde su vigencia (la ley de bases), y consecuencialmente se produce una interdicción para que pueda constituir el objeto de los referendos abrogatorios. Cabría preguntarse entonces si las leyes de desarrollo pueden ser objeto de un referendo abrogatorio, en virtud de que tienen un carácter regional, y todo apunta a una respuesta negativa, sencillamente porque el artículo 74 constitucional prevé solo a los referendos abrogatorio con carácter nacional.

En suma, las leyes de bases al igual que las habilitantes no pueden ser objeto del referendo abrogatorio, porque carece de sentido proponer un referendo abrogatorio contra dichas leyes si las mismas han decaído sustantivamente, debido a que se configuró la condición resolutoria a que está sometida su vigencia, es decir, fueron promulgadas las correspondientes leyes de desarrollo en cada uno de los estados

VI. LAS LEYES EXCEPTUADAS DEL OBJETO DEL REFERENDO

Por supuesto que existen leyes sobre materias que no pueden ser objeto del referendo abrogatorio, las cuales responden a la importancia económica, estratégica y política que tienen para el país, que de ser abrogadas por el cuerpo electoral causarían un grave daño al funcionamiento del Estado y de la sociedad.

Generalmente las leyes exceptuadas del referendo abrogatorio son las mismas en casi todos los países cuya Constitución prevé este tipo de referendos. En ese orden de ideas, el artículo 74 de la Constitución establece que no podrán ser sometidas a referendo abrogatorio las leyes que establezcan o modifiquen impuestos (tributarias), las de crédito público ni las de amnistía, ni aquellas que protejan, garanticen o desarrollen derechos humanos y las que aprueben tratados internacionales.

Cabe destacar que la simple lectura de la disposición constitucional puede dar lugar a pensar que el número es reducido, pero sería una percepción errónea porque al ser incluida en esa lista las leyes que protejan, garanticen o desarrollen derechos humanos, este número se amplía vista la gran cantidad de derechos humanos consagrados en la Constitución que se aproxima a cien (derechos civiles, derechos, políticos, derechos sociales y de las familias, derechos culturales y educativos, derechos económicos, derechos de los pueblos indígenas y derechos ambientales). Es claro que no basta que una ley mencione tangencialmente un derecho humano para que sea excluida de la lista de las que no pueden ser objeto de referendos abrogatorios, pues se requiere que el texto legislativo en todo su contenido esté dirigido a proteger, garantizar o a desarrollar el derecho humano de que se trate.

Por otra parte, pareciera que la lista de leyes contenidas en el precepto constitucional citado tiene carácter taxativo, por lo que es de interpretación restrictiva, no admitiendo en consecuencia interpretación extensiva o analógica, pues de imponerse la tesis contraria, implicaría abrir una brecha en un derecho consagrado constitucionalmente a los ciudadanos, que los empodera para pasar a ser legisladores negativos, lo que tendría como consecuencia convertir ese derecho en una verdadera caricatura. Por consiguiente, reiteramos que no es de recibo la tesis según la cual la lista de leyes exceptuadas en la Constitución tiene un carácter meramente enunciativo.

Por otro lado, cabe destacar que ciertamente la indicada exclusión constitucional se refiere solo a las leyes, y omite a los decretos con fuerza de ley, razón por la cual la autora Rondón de Sansó[62] considera que la norma no comprende a los decre-

---

62 HILDEGARD RONDÓN DE SANSÓ. Ob. cit., p. 49.

tos con fuerza de ley los cuales pueden regular cualesquiera de las materias objeto de la exclusión que estén regladas por estos instrumentos normativos, porque la norma excluyente tiene un carácter excepcional, de tal manera que no es susceptible de interpretación analógica ni extensiva, máxime si la delegación de la potestad legislativa al Presidente de la República en el marco de la Constitución de 1999 carece de límites materiales, según jurisprudencia reiterada de la Sala Constitucional del Tribunal Supremo de Justicia[63].

Por nuestra parte consideramos que este planteamiento relativo a que no se excluyen a determinados decretos con fuerza de ley carece de pertinencia, porque si por ejemplo, existe un decreto con fuerza de ley que regula materias tributarias, sin duda que estaría excluido del ámbito material del referendo abrogatorio, sencillamente por la identidad material existente entre una ley y un decreto legislativo que regule la materia tributaria, y para llegar a esa conclusión basta una simple lectura del artículo 74 constitucional que al crear la interdicción para aprobar referendos abrogatorios en las leyes mencionadas en el mismo, implica la creación de una interdicción para los decretos con fuerza de ley que regulen esas materias. Naturalmente que este razonamiento es válido para todas las materias enunciadas en el citado artículo 74 constitucional.

Por otro lado, la tesis de la referida autora debe ser rechazada, en primer lugar, porque la omisión constitucional de los decretos con fuerza de ley no implica su exclusión en las materias enunciadas en el artículo 74 constitucional, porque el constituyente cuando utiliza el sintagma ley, lo hace en sentido material, es decir, referido a cualquier instrumento normativo independientemente de su rango legal y de su denominación, como en el caso del artículo 21 *ejusdem* cuando preceptúa: "Todas las personas son iguales ante la ley", y en segundo lugar,

---

63 Véase entre otras, las citadas sentencias n° 1716 de 18-09-2001 (caso Hugo Chávez Frías) y 1719 de 19-09-2001 (caso Hugo Chávez Frías).

tampoco es cierto que la habilitación del Presidente de la República, mediante leyes de delegación carezca de límites materiales, en virtud de que es contrario a la Constitución que el Presidente de la República pueda ser habilitado para dictar determinados decretos legislativos, por ejemplo, un decreto con fuerza de ley aprobatoria del presupuesto, un decreto con fuerza ley de amnistía, un decreto con fuerza de ley orgánica del Tribunal Supremo de Justicia y un decreto con fuerza ley para autohabilitarse (ley habilitante), porque todas ellas son reserva de ley de Parlamento, es decir que sí y solo sí deben ser aprobadas por la Asamblea Nacional[64]. En fin, no es de recibo afirmar que mediante las leyes habilitantes se pueda delegar en el Presidente de la República la potestad de dictar decretos legislativos o decretos con fuerza de ley sobre cualquier materia, es decir, que la delegación carece de límites materiales.

Insistimos, pues, que cuando la Constitución enumera las leyes excluidas del objeto del referendo abrogatorio, también se refiere a los decretos con fuerza de ley, que como es bien sabido son instrumentos materialmente idénticos a las leyes.

Así por ejemplo, visto que la Sala Constitucional mediante sentencia creó por "vía de interpretación" una "nueva" fuente del derecho denominada "decreto con fuerza de ley orgánica", pese a que la declaración de que las materias objeto de las leyes reservadas constitucionalmente al Parlamento únicamente pueden ser reguladas por la Asamblea Nacional (reserva legal de Parlamento), por consiguiente, en el contexto de ese marco constitucional, en la hipótesis de que se pretendiera abrogar un decreto con fuerza de ley que regulase la libertad económica, sin ninguna duda que la solicitud de referendo debería ser declarada inadmisible por el Consejo Nacional Electoral, sin que exista ninguna posibilidad de corrección, sobre la base de la disposición constitucional que enumera las leyes sobre las cuales pesa una interdicción para ser objeto de referendos abrogatorios, en las que están las que regulan los derechos

64 PEÑA COLMENARES, Nélida. Ob. cit., pp. 148-162.

humanos, dentro de los cuales está la libertad económica, de tal manera que la solicitud de referendo abrogatorio sería inadmisible, no porque revista la forma de decreto con fuerza de ley, sino porque el mismo regula un derecho humano.

En cambio, si se tratara por ejemplo de un decreto con fuerza de ley de aviación civil, y se planteara su inadmisibilidad por el hecho de tratarse de un decreto legislativo y no de una ley de aviación civil, sin ninguna duda ese planteamiento debe ser declarado improcedente.

Pese a que la enumeración de las leyes exceptuadas del referendo abrogatorio tiene un carácter taxativo, este no es desnaturalizado por la correcta interpretación teleológica de que puedan ser objeto las leyes excluidas, y en ese orden ideas si la pregunta del referendo abrogatorio está destinada a abrogar completamente una ley que regule la organización y funcionamiento de un órgano constitucional, que son los necesarios para el funcionamiento del Estado, verbigracia la ley que regula el Tribunal Supremo de Justicia o el Ministerio Público, y pese a que estos textos legislativos no figuran en el listado de las leyes exceptuadas en el artículo 74 constitucional, en una interpretación teleológica del conjunto normativo consideramos que una solicitud de un referendo abrogatorio de una ley como las indicadas debe ser declarada inadmisible.

Por otro lado, cabe observar en Italia el caso de los referendos denominados "manipulativos"[65], donde los proponentes someten al voto del electorado una pregunta redactada de tal manera que de aprobarse, se obtendría no la simple derogación de la normativa vigente, sino su sustitución por una distinta.

VII. LAS MAYORÍAS NECESARIAS PARA SU DECLARACIÓN DE VALIDEZ

En virtud de que el referendo abrogatorio es una clara expresión de la voluntad popular destinada a abrogar la voluntad

---

[65] OLIVETTI, Marco. "Los referendos en serio: la experiencia italiana". *Revista jurídica Universidad Autónoma de Madrid*. Madrid, 2016, p. 159.

del Poder Legislativo expresada en una ley, o del Poder Ejecutivo expresado en un decreto con fuerza de ley, el artículo 74 de la Constitución exige, tanto para viabilizar la solicitud del referendo como para la declaratoria de su validez, determinadas y precisas mayorías que legitimen estos actos. Es así que para solicitar la convocatoria del referendo se requiere un porcentaje no menor del 10% de los electores inscritos en el Registro Civil y Electoral, para el caso de abrogación de las leyes, y el 5% para los decretos legislativos o decretos con fuerza de ley. Cuando la solicitud es del Presidente de la República, la misma debe ser aprobada en Consejo de Ministros, solo en el supuesto de leyes sancionadas por la Asamblea Nacional, puesto que ya dijimos que por razones obvias no procede en el supuesto de decretos con fuerza de ley.

Ahora bien, conviene recordar que deben tratarse de electores que estén legitimados para ejercer derechos políticos, es decir, ciudadanos, ya que es bien sabido que en el Registro Electoral también están inscritos extranjeros con más de diez años de permanencia legal en el país, y desde luego sean mayores de dieciocho años, a quienes la Constitución les confiere el privilegio de votar en elecciones locales y estadales (art. 64 constitucional).

Cabe advertir que esta tesis interpretativa resulta totalmente ajustada a la Ley Suprema, por tener el referendo abrogatorio exclusivamente carácter nacional, a diferencia del referendo consultivo que además de nacional puede ser estadal o municipal, caso en el cual sí podrían integrar el porcentaje de solicitantes de la convocatoria del referendo consultivo e igualmente también votarían en la oportunidad correspondiente en los referendos regionales y municipales consultivos. Consideramos que perfectamente la Constitución podría haberle otorgado a esta clase de referendos carácter estadal y municipal, pues nada obsta para que se pueda abrogar una ley dictada por un Consejo Legislativo, o una ordenanza dictada por un Concejo Municipal.

Para la validez del referendo abrogatorio la norma constitucional establece el porcentaje de electores que debe concurrir, suponemos que a votar, pero lo hace de manera confusa, porque al respecto literalmente dispone: "Para la validez del referendo será indispensable la concurrencia de, por lo menos el cuarenta por ciento de los electores y electoras inscritos e inscritas en el Registro Civil y Electoral". La confusión se evidencia porque no se precisa a qué o a dónde deberá concurrir ese porcentaje de electores, porque en materia de referendos abrogatorios, en virtud de que su ejercicio implica una ruptura parcial del funcionamiento del sistema democracia representativa, es imperativo que se exija que al acto de votación concurra a votar un significativo número de electores, que el parecer es lo que intentaron expresar los constituyentes, pero no lograron ese cometido.

De allí que se imponga interpretar que la Constitución se refiere a la exigencia de que debe votar un porcentaje de electores no menor al 40% para que el referendo abrogatorio sea válido, ya que debe ponerse en valor que de resultar exitoso el referendo implica la abrogación de una ley o un decreto con fuerza de ley, sancionados y dictados por la Asamblea Nacional y el Presidente de la República respectivamente, cuyos efectos se extienden a toda la población.

Conviene señalar que constitucionalmente a los efectos de establecer sus exigencias de validez se suelen requerir como criterio la participación de electores, estableciendo su número mínimo en función de todos los inscritos en el Registro Civil y Electoral. Pero tal determinación del constituyente o el legislador debe quedar establecida en forma clara y categórica en la correspondiente disposición constitucional o legal. En el caso bajo examen la redacción es confusa, porque precisa que el 40% de los electores inscritos en el Registro Electoral debe concurrir, pero se abstiene de puntualizar a dónde o a qué. Al respecto reiteramos que se trata de un error de la Constitución, que queda subsanado en los términos antes expuestos.

Ahora bien, ante la señalada ambigüedad del precepto bajo examen consideramos que el constituyente prefirió dicho criterio, pues cuando la norma dice que debe concurrir y silencia, como ya dijimos, a dónde o a qué, pero al mismo tiempo precisa que quienes deben concurrir son los inscritos en el Registro Civil y Electoral, debe interpretarse que es al acto de votación, pues se trata de un error del constituyente, siendo así que la Constitución, como dijimos antes, opta por el aludido criterio, y le impone al CNE que cuando se celebre el referendo, antes de entrar a la fase de totalización de los votos, debe comprobarse que ha votado el 40% de los electores inscritos en el referido Registro, de manera que si por ejemplo la totalidad de esos inscritos, excluyendo a los extranjeros, es de veinte millones, deben haber votado ocho millones de electores para que el referendo sea válido, caso contrario sin totalizar los votos el Consejo Nacional Electoral declarará la falta de validez del referendo abrogatorio.

Tampoco la norma establece la mayoría requerida para que el referendo sea exitoso, pero lógicamente se configurará esa condición cuando el número de síes sea mayor que el de noes, pues en ausencia de norma expresa que condicione esa decisión a otra circunstancia, debe imponerse el principio democrático que caracteriza el sistema político venezolano, según el cual las mayorías deben prevalecer sobre las minorías, como por cierto lo declaró la Sala Constitucional del Tribunal Supremo de Justicia en el caso del referendo revocatorio[66].

Debe quedar claro que la abstención o los votos en blanco, no surten ningún efecto sobre el número de síes, pudiendo darse el caso hipotéticamente que haya más votos en blanco que síes, y la opción del referendo seguirá siendo válida. En cambio, los opositores al referendo pueden jugar con la abstención, visto el alto número de la misma que históricamente ha caracterizado las elecciones en Venezuela, siendo muy probable tratándose de un referendo de este tipo, que tiene un carácter meramente cualitativo, en virtud de que no participa directamente un candidato o un partido político, así como el desconocimiento de los beneficios que se derivarían del refe-

---

66 Sentencias n° 2750 de 21-10-2003 (caso Carlos E. Herrera Mendoza) y 3430 de 05-12-2003 (caso Maxin Ross Núñez y otros).

rendo abrogatorio exitoso, y más aún que un alto porcentaje de la población desconoce la ley cuya abrogación se solicita.

Por esas razones si a la abstención histórica se le suma la que pueda ser inducida por los que se oponen a la abrogación, podría ser más rentable políticamente oponerse al referendo abrogatorio llamando a la población a abstenerse, porque atendiendo las razones anteriores resulta difícil que acuda a votar el 40% de los inscritos en el Registro Civil y Electoral, pero a pesar de todo lo antes expuesto, como en todo proceso electoral que se resuelve mediante votaciones, lo que al final se dilucidará cuando se termine el escrutinio y totalización de los votos, porque antes de que ello ocurra el resultado de las mismas siempre será una incógnita; de allí que cuando realizamos este análisis de ninguna manera somos partidarios *a priori* del desistimiento de la promoción y solicitud del referendo abrogatorio.

Observamos que de conformidad con el artículo 74 de la Constitución el porcentaje mínimo de electores exigido para la procedencia de la convocatoria del referendo abrogatorio, es que los promotores solicitantes presenten un número de firmas de electores inscritos en el Registro Electoral no menor del 10 o 5% respectivamente, en los casos de solicitud de abrogación de leyes o decretos con fuerza de ley. Por supuesto que con relación a la validación de las firmas, en ausencia de regulación legal, se aplicarán analógica y transitoriamente los preceptos relativos a la validación de firmas en el caso del referendo revocatorio contenidos en el Resolución n° 070906-2770.

Sin embargo, falta en nuestro criterio en el proceso de abrogación tanto parcial como total de leyes o decretos con fuerza de ley, el pronunciamiento de un órgano que bien podría ser la Sala Constitucional del Tribunal Supremo de Justicia, sobre la admisibilidad del referendo, teniendo presente el hecho de que la abrogación de la ley o el decreto con fuerza de ley solicitados pueden originar expresa o tácitamente la derogación de normas de otras leyes, en razón de que como ya dijimos el referendo solo puede abrogar la ley, cuya derogación se solicita, o el solo decreto con fuerza de ley, cuya abrogación se solicita. Consideramos que de configurarse este caso, la Sala Constitucional del Tribunal Supremo de Justicia atendiendo al principio de celeridad procedimental, debería suprimir las normas que expresa o tácitamente tengan como finalidad derogar las normas de otro texto legislativo, de tal manera que la solicitud de abrogación total puede pasar a ser parcial, y si la solicitud es de abrogación parcial mantendrá esa condición.

Pero sobre todo la Sala Constitucional determinará si alguna o algunas normas de la ley cuya abrogación se solicita comporta la derogación expresa o tácita de normas de leyes que están exceptuadas del ámbito del referendo abrogatorio (derechos humanos, leyes tributarias, de amnistía, etc.), caso en el cual se suprimirán esas normas de la ley cuya abrogación se solicita. Sin embargo, en esta hipótesis podría optarse por seguir la vía ortodoxa que consistiría en la declaración de inadmisibilidad de la solicitud de referendo, o actuar respetando el artículo 62 constitucional, es decir, favorecer condiciones favorables para el ejercicio del derecho; y en consecuencia, devolver la solicitud a los interesados para que procedan hacer la corrección correspondiente en un lapso máximo de quince días, so pena de que sea considerada desistida la solicitud. Por supuesto que en una futura ley de referendos, si esta tesis se considerara viable, debería incluirse una norma en la cual se fijara un plazo razonable para que la Sala Constitucional profiera su decisión. En la hipótesis de que este órgano judicial se abstenga de pronunciarse dentro de ese lapso, se considerará *ope legis*, que la solicitud está formulada en los términos previstos en el ordenamiento constitucional y continuará el procedimiento correspondiente.

Para concluir este punto cabría preguntarse si la ley que desarrolle el artículo 74 constitucional podría otorgar a la Sala Constitucional la facultad de declarar inadmisible el referendo abrogatorio, cuando la eventual abrogación de la ley pueda dar lugar a la parálisis de un órgano constitucional, por ejemplo, en la hipótesis de que el referendo tenga como finalidad la abrogación total de la Ley del Ministerio Público o de la Contraloría General de la República.

VIII. LOS EFECTOS

Pese a la inexistencia de una ley que regule el referendo abrogatorio, vista su finalidad constitucional, resulta lógico pensar que si el resultado de las votaciones es favorable al referendo abrogatorio certificado por el Consejo Nacional Electoral, este órgano debe hacer la notificación al Presidente de la República para que en aplicación analógica del artículo 214 de la Constitución, proceda a publicar en la Gaceta Oficial dentro del lapso de diez días continuos después de recibida la notificación del Consejo Nacional Electoral, un decreto contentivo de la decisión del pueblo relativa a la abrogación de la ley o el decreto con fuerza de ley, en virtud de que el Presidente de la República no podrá "vetarlo", por ser un acto normativo emanado del pueblo en ejercicio de su soberanía, a diferencia de las leyes que son sancionadas por la Asamblea Nacional, las cuales resultan el producto del ejercicio de la soberanía por los representantes del pueblo como intermediarios de los ciudadanos (democracia representativa).

Una vez publicado el resultado del referendo revocatorio, al día siguiente de la referida publicación se producirá la abrogación total o parcial, según el caso de la respectiva ley o decreto con fuerza de ley, en virtud de que en el referendo abrogatorio no se admite *vacatio legis* debido a que la voluntad popular se cumple inmediatamente después que el pueblo se pronuncia favorablemente al referendo propuesto, y más aún, debido a la naturaleza de este no es posible admitir la posibilidad de una especie de *vacatio legis*; de allí que al aplicarse el artículo 214 constitucional, inmediatamente se producirá la abrogación del acto normativo sometido al referendo abrogatorio.

Cabría preguntarse en el supuesto de que el Presidente de la República se negare a publicar el Decreto contentivo de la abrogación de la ley o del Decreto con fuerza de ley, o dejare transcurrir el plazo de diez previsto en el citado artículo 214 constitucional sin hacer la publicación, si el Consejo Nacional podría aplicar analógicamente el artículo 216 *ejusdem*, y proceder a publicar una resolución firmada por los cinco miembros de ese órgano que contenga la abrogación de la ley o el decreto legislativo.

Pese a que estimamos que la solución no es sencilla, ponderando la fuerza constitucional que tiene el ejercicio directo de la voluntad popular mediante la cual de manera excepcional el pueblo pasa a ser un legislador negativo, esa negativa presidencial expresa o tácita en el marco de un Estado de Derecho constituiría una gravísima inconstitucionalidad que además se traduciría en una burla al pueblo, razón por la cual consideramos que invocando el principio de la separación de poderes el máximo órgano electoral podría publicar en la Gaceta Electoral una resolución dándole viabilidad a la abrogación del correspondiente instrumento, a partir de esa publicación.

Cabe advertir que el referendo abrogatorio tiene efectos sobre todos los procedimientos que se encuentren en curso derivados de la aplicación de la ley derogada, inclusive los de carácter sancionatorio, de tal manera que de conformidad con el artículo 24 constitucional podrían configurarse uno o varios casos de *retroactividad in bonus*.

Aunque no existe disposición alguna que prohíba a la Asamblea Nacional que inmediatamente después de la abrogación de la ley pueda sancionar otra ley idéntica a la abrogada (reedición), consideramos que siendo el referendo abrogatorio un acto que es producto del "poder legislativo" negativo del pueblo, el cual ejerce sin ninguna intermediación de representantes, y a la vez una técnica de democracia directa, se trataría de la violación de la voluntad constitucional de consagrar de manera excepcional esta forma de democracia directa, que como hemos dicho configura una ruptura parcial del sistema de democracia representativa.

Por lo tanto, la futura ley regulatoria del referendo abrogatorio debería establecer un período razonable de vigencia durante el cual la ley de la materia que resultó abrogada no pueda ser sancionada nuevamente por la Asamblea Nacional, configurando así un lapso de inmunidad temporal frente al Poder Legislativo negativo del pueblo, desde luego, estableciendo unas pocas excepciones sustentadas en razones de urgencia calificadas como tales por la Sala Constitucional del Tribunal Supremo de Justicia, que puedan dar lugar a la ruptura del aludido lapso de inmunidad temporal, pudiendo consecuencialmente la Asamblea Nacional legislar sobre la materia objeto de la excepción. Obviamente una vez superado el referido período de inmunidad, la Asamblea Nacional podrá legislar libremente sobre la materia objeto del referendo.

Con relación a la duración del periodo de inmunidad temporal estimamos que podría fijarse en el mismo número de años de duración del período constitucional, sobre la base del establecimiento de un paralelismo constitucional, visto que el artículo 74 *in fine* de la Ley Suprema establece la interdicción para promover y solicitar otro referendo abrogatorio sobre la misma materia durante el mismo período constitucional, de tal manera que interdicción para la Asamblea Nacional de reeditar la ley se corresponderá con el tiempo que falte para la terminar la legislatura.

Desde luego que resulta inconstitucional que el Presidente de la República en Consejo de Ministros intente reeditar la ley abrogada mediante un decreto con fuerza de ley, en razón de que la interdicción antes mencionada se extiende a la prohibición de sancionar una ley habilitante con esa finalidad, y además se configuraría un fraude constitucional.

Por supuesto que el efecto del rechazo del referendo abrogatorio, es que la ley sometida al mismo mantendrá su vigencia, y no podrá celebrarse un nuevo referendo para la misma materia en el período constitucional (artículo 74 parte *in fine* de la Constitución).

Los argumentos anteriores sobre la interdicción de la Asamblea Nacional y el Poder Ejecutivo para reeditar la ley, son el producto de nuestra interpretación de los mencionados preceptos constitucionales, y en vista de la inexistencia de una ley que regule a los referendos consagrados en los artículos 71, 72, 73 y 74, podrían servir de orientación cuando se sancione ese texto legislativo.

IX. EL REFERENDO ABROGATORIO COMO FUENTE DEL DERECHO

Sin duda que en el sistema de las fuentes del Derecho venezolano, el referendo abrogatorio es un acto fuente o mejor dicho una fuente del Derecho, cuyo rango es el de una ley formal o de un decreto con fuerza de ley, según el caso.

Ahora bien, si se conceptúan como fuentes del Derecho a los hechos normativos (derecho consuetudinario) y a los actos normativos (leyes escritas), reconocidos como válidos por el ordenamiento jurídico para producir normas jurídicas -es decir, crearlas, modificarlas y derogarlas- no cabe duda que el referendo abrogatorio innova el ordenamiento jurídico al abrogar una ley, y por ende es una fuente. En conclusión, cuando el pueblo actuando como legislador negativo aprueba un referendo abrogatorio y deroga una ley concebida en los términos previstos en el artículo 74 de la Constitución, y los decretos con fuerza de ley o decretos legislativos previstos en los artículos 203 tercer aparte y 236, numeral 8, *ejusdem*, origina un acto que constituye una fuente de Derecho.

X. LA CONTROVERSIA QUE PUDIERA SUSCITARSE SOBRE LA PROCEDENCIA O IMPROCEDENCIA DE LA ACCIÓN DE NULIDAD POR INCONSTITUCIONALIDAD INTERPUESTA CONTRA EL REFERENDO

En ausencia de una Ley de Referendos que contenga implícita o explícitamente alguna disposición sobre el objeto de la controversia a que se refiere el epígrafe, pensamos que es posible esgrimir dos tesis sobre el referido asunto.

La primera a partir de la premisa según la cual el referendo abrogatorio es una fuente del Derecho de rango legal, razón por la cual puede ser susceptible de ser impugnada por razones de inconstitucionalidad, la cual desarrollaremos más adelante.

La segunda encuentra fundamento en la premisa según la cual el referendo abrogatorio es el producto del pueblo actuando como legislador negativo, visto que de conformidad con el artículo 5 constitucional en este reside la soberanía que puede ejercer directamente en la forma prevista en la Constitución, siendo los referendos, y entre ellos el abrogatorio (art. 74), uno de los pocos casos en que se configura el ejercicio directo de la soberanía popular, con la particularidad de que el pueblo actúa en ese caso igual que el poder constituyente originario o constituido cuando aprueba una nueva Constitución, o bien una enmienda o una reforma constitucional. En esos casos como el rango de los actos normativos (fuentes del Derecho) que resultan de la actuación directa del pueblo, podrían considerarse que son de rango constitucional.

Ahora bien, si se observa el paralelismo constitucional que existe desde el punto comparativo entre los actos del pueblo aprobatorios de una nueva Constitución, o de una reforma o enmienda constitucional, y el acto que resulta de la aprobación del referendo abrogatorio, resulta que todos son el producto del ejercicio directo de la soberanía por el pueblo, los cuales tienen carácter normativo, razón por la cual su rango es constitucional, al punto que podría sostenerse que todos ellos forman parte del denominado doctrinariamente como "bloque de la constitucionalidad"[67].

En ese orden argumental. si se armonizan los artículos 340 a 350 y 74 de la Constitución -regulatorios de la enmienda, de la reforma constitucional, y de la Asamblea Nacional Constituyente (nueva Constitución), y el referendo abrogatorio- con los artículos 336, numerales 1, 2, 3, constitucionales, los cuales establecen en términos categóricos que los únicos actos normativos que son objeto de la acción de inconstitucionalidad

---

[67] RUBIO LLORENTE, Francisco. "El bloque de constitucionalidad". En: *Revista Española de Derecho Constitucional n° 27*. Centro de Estudios Políticos y Constitucionales. Madrid, 1989, pp. 23-32. BALAGUER CALLEJÓN, Francisco. *Manual de Derecho Constitucional. Volumen I*. Tecnos. Madrid, 2005, pp. 123-125.

por ante la Sala Constitucional del Tribunal Supremo de Justicia son los de rango legal, están excluidos de la competencia de dicho órgano los actos normativos de rango constitucional -entre ellos el referendo abrogatorio- y no resultan impugnables, debido a que cualquier intento en ese sentido configuraría una "acción de inconstitucionalidad contra la Constitución", lo que no implica que en determinadas hipótesis mediante el método hermenéutico constitucional de "la ponderación" pueda inaplicarse en casos particulares una norma constitucional, dándole preferencia a otra, porque no se trata de la anulación con carácter *erga omnes* de la norma inaplicada, puesto que esta sigue en vigencia.

Pues bien, el acto normativo en que se concreta el ejercicio del referendo abrogatorio presenta originalmente todos los caracteres de la enmienda, la reforma y aprobación de una nueva Constitución, porque -reiteramos- son el resultado del ejercicio directo de la soberanía por el pueblo, tienen carácter normativo y poseen rango constitucional.

Ahora bien, si todos esos caracteres están presentes en el acto en que se concreta el ejercicio del referendo abrogatorio, este tampoco debería ser objeto de una acción de inconstitucionalidad, pues si se admitiera la tesis contraria, entonces también debería admitirse que una nueva Constitución, una enmienda o una reforma constitucional pueden ser anuladas total o parcialmente por la Sala Constitucional, al decidir una acción de inconstitucionalidad que se interponga contra cualquiera de ellas, lo que resultaría absurdo; de allí que desde el punto de vista sustantivo, al ser el acto en que se concreta el ejercicio de un referendo abrogatorio una fuente del Derecho (de rango constitucional), sería inimpugnable en sede constitucional.

Ahora bien, con relación a la primera tesis (procedencia de la interposición de la acción de inconstitucionalidad contra el acto abrogatorio por tener rango legal), si se considera en el marco de la teoría de las fuentes del Derecho en Venezuela la existencia del hecho incontrovertible del paralelismo formal con relación al rango normativo, que se configura entre el acto que resulta de un referendo abrogatorio favorable, y una ley o un decreto con fuerza de ley en virtud de que en ambos casos se origina una fuente del Derecho de rango legal, obviamente al poseer ese rango el referendo abrogatorio es susceptible de ser impugnado por razones de inconstitucionalidad tanto formales como sustanciales, verbigracia que se haya celebrado sin convocatoria previa o que el mismo haya tenido como objeto sobre la misma ley dos veces en el período constitucional, o que haya existido fraude en la totalización de los votos.

Quedan así expuestas las dos tesis que estimamos pueden originarse del desarrollo que hemos dado al capítulo relativo al referendo abrogatorio, dejando constancia que en atención a lo expuesto anteriormente cuando se pondera el efecto del referendo abrogatorio en el sistema de las fuentes del Derecho en Venezuela, resulta indudable que se corresponde con una fuente de rango legal, razón por la cual desde el punto de visto formal puede ser impugnado por vicios de inconstitucionalidad.

CAPÍTULO III: EL REFERENDO CONSULTIVO

I. PREMISA INTRODUCTORIA

Cabe destacar que la modalidad del referendo consultivo encabeza la sección segunda del capítulo IV denominado de "De los derechos políticos y del referendo popular" del Título III denominado "De los Derechos Humanos y Garantías y de los Deberes" de la Constitución. A su vez la indicada sección segunda es rubricada como "Del referendo popular". La ubicación topográfica en el texto constitucional indica la importancia que el constituyente le otorgó al referendo, adjetivándolo como "popular", lo que pareciera responder a la tesis que prevalecía en la gran mayoría de los constituyentes de 1999 del partido de gobierno de sustituir a la democracia representativa por la "democracia protagónica y participativa".

Al respecto observamos que pese a que el adjetivo "popular" tiene una carga emocional, su uso en este caso es un tanto pleonástico, porque no existe ninguna clase de referendo que no sea popular, en virtud de que implica un derecho cuyo protagonista principal siempre será el pueblo, aunque en algunos países alguna de las fases del procedimiento que concluye con su celebración, como es el caso del ordenamiento venezolano, en el cual la iniciativa de los referendos consultivos, abrogatorios y aprobatorios, es atribuida en el orden antes indicado al pueblo, pero también al Poder Ejecutivo y al Legislativo; al pueblo y al Poder Ejecutivo, y al pueblo, al Poder Ejecutivo y Legislativo, de tal manera que solo es totalmente popular en el caso del referendo revocatorio, en virtud de que la iniciativa y todas las demás fases del procedimiento están reservadas exclusivamente al pueblo, aunque conviene dejar sentado que debido a la actual casi inexistencia de la separación de Poderes, el Consejo Nacional Electoral pasa de ser un actor imparcial por imperativo constitucional en todos los referendos, a un actor evidentemente parcializado, que inclusive se arroga la competencia constitucional de la Asamblea Nacional, de *legislar mediante reglamentos* sobre los referendos.

Por otro lado, la idea de sustituir la democracia representativa por la democracia protagónica y participativa está negada desde el mismo artículo 5 constitucional, que define a la soberanía popular, colocando su ejercicio en aproximadamente el 95% de los casos en que se desenvuelve el ejercicio de los poderes públicos, en los representantes electos por el pueblo; igualmente niegan la existencia de la sustitución de la democracia representativa por la democracia protagónica y participativa, pues los artículos que definen principios fundamentales de la Constitución -entre otros por solo mencionar algunos: la separación de poderes (art. 136) y el pluralismo político (art.2)- únicamente pueden encontrar concreción mediante el ejercicio de los Poderes Públicos que resultan de elecciones, además porque así lo demuestran los estadios por los cuales se ha transitado históricamente desde el Estado moderno o absoluto, liberal, social y democrático de derecho, y regulador o neoliberal, en virtud de que desde la misma implantación del Estado liberal burgués a finales del siglo XVIII, los seguidores de la doctrina de Rousseau han abogado por la instauración de una democracia directa, en lugar una democracia representativa, instauración que no ha resultado posible, por no decir que ha devenido en un fracaso.

Esos esfuerzos han sido en vano, pues insistimos que desde la constitución de los Estados nacionales, devino en una verdadera "utopía tal pretensión", siendo que desde las Constituciones europeas posteriores a 1945, a lo más que ha se llegado es a introducir algunas técnicas de democracia directa en los sistemas de democracia representativa, cuya aplicación tiene un carácter excepcional, siendo una muestra emblemática de las mismas, los referendos, los cuales se puede afirmar constituyen una ruptura parcial del sistema de democracia representativa, como ocurre con los referendos revocatorios, consultivos, aprobatorios y abrogatorios. En el caso del consultivo la doctrina sostiene que tiene un carácter complementario de la democracia representativa[68].

Quizás esta clase de referendos tenga ese carácter complementario en España porque la convocatoria del referendo es de la competencia exclusiva del presidente del Gobierno, previa aprobación del Congreso de los Diputados, careciendo el pueblo de tal iniciativa, a diferencia de la regulación contenida en el artículo 71 de nuestra Constitución, que como ya se dijo, el pueblo la tiene conferida, al igual que el Poder Ejecutivo y la Asamblea Nacional.

Por otro lado, cabe señalar que algunas Constituciones prevén las modalidades de referendos obligatorios y referendos facultativos, revistiendo (los primeros) tal carácter aquellos que deben ser convocados *ope constitutionem*, como es el caso de los relativos a los referendos que necesariamente deben celebrarse cuando se enmienda o reforma la Constitución, según lo dispuesto por los artículos 340 y 342 constitucionales, y los segundos aquellos que deben ser celebrados por solicitud o requerimiento popular o un Poder Público, o ambos.

El referendo consultivo previsto en el artículo 71 de la ley suprema, sin duda que tiene un carácter facultativo, es decir, no vinculante, pues el citado precepto establece que las materias de especial trascendencia nacional pueden ser sometidas a referendo consultivo. Sin embargo, ese carácter no vinculante, se relativiza, como veremos más adelante.

Cabe añadir que en América Latina está previsto este tipo de referendo en las Constituciones, además de Venezuela, en Argentina (art. 40), Brasil (art. 49 XV), Bolivia (art. 11), Colombia (art. 104) y Ecuador (art. 104).

Llegado a este punto conviene referirse al antecedente más importante en materia de referendo consultivo durante la

---

68 LÓPEZ GONZÁLEZ, José Luis. "El referéndum nacional consultivo sobre las decisiones políticas de especial transcendencia". *Cuadernos Constitucionales de la Cátedra Fadrique Furió Ceriol n° 38/39*. Valencia, 2002, pp. 208-209.

vigencia de la Constitución de 1961. Se trató del más importante, no del primero, pues el instrumento jurídico aplicado fue la Ley Orgánica del Sufragio y Participación Política promulgada en 1988, cuyo artículo 181 disponía:

> El Presidente de la República en Consejo de Ministros, el Congreso de la República por acuerdo adoptado en sesión conjunta de las Cámaras, convocada con cuarenta y ocho horas de anticipación a la fecha de su realización, por el voto favorable de las dos terceras (2/3) partes de sus miembros presentes, o un número no menor del diez por ciento (10%) de los electores inscritos en el Registro Electoral, tendrán la iniciativa para convocar la celebración de un referendo, con el objeto de consultar a los electores sobre decisiones de especial transcendencia nacional
> La celebración de los referendos en materias de interés propio de los Estados y Municipios, se regirán por lo establecido en las normas que los rigen, respectivamente.

El precepto antes transcrito fue el que sirvió de base para que en el mes de diciembre de 1998, se interpusiera un recurso de interpretación sobre el referido precepto ante la Sala Político Administrativa de la extinta Corte Suprema de Justicia, que tenía atribuida en la derogada ley del mencionado órgano la competencia para conocer recursos de interpretación de textos legislativos cuando la solicitud de interpretación estuviese contemplada en esos textos, y así estaba previsto en la citada LOSPP (art. 234). El fallo dictado el 19-01-1999[69], legitimó la convocatoria del referendo consultivo para que el pueblo se pronunciara sobre la convocatoria de una Asamblea Nacional Constituyente que había sido propuesta como proyecto político por el entonces presidente Hugo Chávez Frías, pero no estaba prevista expresamente en la Carta Magna de 1961. La Sala Político Administrativa consideró sobre la base del principio de soberanía indirecta consagrado en el artículo 4 del referido

---

69 LA ROCHE, Humberto. "Constitucionalidad del referéndum sobre la convocatoria de una Asamblea Nacional Constituyente (Ponencia)". En: *Ensayos de Derecho Constitucional*. Tribunal Supremo de Justicia. Caracas, 2002, pp.197-222.

texto constitucional que resultaba procedente la convocatoria del aludido referendo consultivo.

En efecto, en una sentencia que la doctrina calificó de interpretación forzada del artículo 4 de la Constitución de 1961, la Sala sostuvo que el ejercicio de la soberanía sólo estaba vinculado a la Constitución cuando se tratase de la delegación para que los órganos del Poder Público ejerciesen "funciones públicas", pero en cambio, el pueblo quedaba legitimado, sin tomar en cuenta para nada las previsiones constitucionales, para realizar cualquier acto, siempre que este fuere diferente a los concernientes a las competencias de los órganos de los Poderes Públicos.

De ese modo, como señala Peña Solís[70] la Sala partiendo de la regla sobre la limitación del ejercicio de la soberanía configurada en la Constitución, infirió una excepción a dicha limitación que produjo una ruptura en el clásico procedimiento de ejercicio de la soberanía en Venezuela, y para postular dicha excepción creó la modalidad de soberanía derivada de unas supuestas potestades "implícitas y residuales", equivalente en sus palabras a "revivir un poder constituyente originario e ilimitado".

Esta fue la primera y más transcendental experiencia de un referendo consultivo antes de su consagración en el texto constitucional de 1999, ya que una vez que fue convocado el referendo consultivo, resultó aprobado, y consecuencialmente en ese mismo año fue convocada la Asamblea Nacional Constituyente.

II. DEFINICIÓN

Cabe señalar que algunos países suelen utilizar la expresión genérica "consulta popular" la cual comprende al referendo aprobatorio y al consultivo, siendo el resultado del primero

---

[70] PEÑA SOLÍS, José. *Lecciones de Derecho Constitucional General Volumen I*. Facultad de Ciencias Jurídicas y Políticas. Universidad Central de Venezuela. Caracas, 2008, p. 231.

su obligatoriedad e inmediato cumplimiento, y en general tiene como objeto la aprobación de una ley o una propuesta normativa específica, y el segundo es de tipo plebiscito, en cuyo caso se consulta únicamente acerca de un tema que pudiera tener relevancia jurídica, pero sin someter a aprobación de la ciudadanía un texto normativo concreto, así lo ha declarado en el caso de Ecuador, la Corte Constitucional de ese país[71].

Es necesario precisar que nuestra Constitución utiliza el sintagma consulta popular en el artículo 70 y a continuación establece como especies de la misma una clasificación de los referendos en las cuatro categorías contenidas en los artículos 71, 72, 73, y 74, correspondiendo la primera al referendo consultivo que puede ser definido como la técnica de democracia directa mediante la cual el Presidente de la República en Consejo de Ministros, somete a consulta del pueblo materias de especial trascendencia nacional. Igualmente tiene esta competencia la Asamblea Nacional, cuyo ejercicio se concreta en un acuerdo aprobado mediante la mayoría de sus integrantes, y también por solicitud de por lo menos el 10% de los electores inscritos en el Registro Civil y Electoral.

El referendo consultivo igualmente puede tener carácter estadal, municipal y parroquial, caso en el cual la solicitud debe provenir del Consejo Legislativo, el Concejo Municipal y la Junta Parroquial respectivamente, por acuerdo aprobado mediante las dos terceras partes de sus integrantes, del gobernador y del alcalde, así como a un número no menor del 10% de los electores en la circunscripción correspondiente.

A diferencia del referendo abrogatorio que tiene un carácter exclusivamente nacional, el constituyente introdujo además del referendo consultivo nacional, el estadal, el municipal y el parroquial, con la particularidad de que la Ley Orgánica del

---

[71] Citado por GUERRERO, Juan y YÉPEZ, María. "Los límites materiales de la consulta popular en el Ecuador" en *Revista* USFQ *Law Review*, 2021. https://revistas.usfq.edu.ec/index.php/lawreview/article/view/2324/2994

Poder Público Municipal de 2010[72], suprimió el parroquial, en virtud de que fue eliminada la Junta Parroquial[73] que era su órgano de gobierno elegido en elecciones libres y directas por los electores de la circunscripción electoral parroquial correspondiente, y el que tenía atribuida la competencia para solicitar y promover el referendo parroquial.

Insistimos que esta última clase de referendo fue suprimida porque mediante ley se modificó la Junta Parroquial por la Junta Parroquial Comunal, cuyos integrantes no son elegidos por los electores de la parroquia, sino por los voceros de los consejos comunales. Es decir, se trata de una elección de segundo grado, con la particularidad que en la de primer grado votan electores desde quince años en adelante[74]. Para concluir el punto resta señalar que esa conversión de la Junta Parroquial que era el órgano legitimado para convocar referendos parroquiales, en Junta Parroquial Comunal, revela claramente una inconstitucionalidad, en virtud que de esa manera suprime los referendos parroquiales previstos en la Constitución.

Pese a que también le está atribuida la iniciativa al electorado, en un número no menor al 10% de los inscritos en el Registro Civil y Electoral (parroquial), mantenemos nuestra tesis sobre la eliminación de los referendos parroquiales, porque en el supuesto negado que se realizara, no existiría el órgano que ejecutara los resultados.

III. LAS MATERIAS DE ESPECIAL TRASCENDENCIA NACIONAL

El artículo 71 constitucional regula el referendo consultivo en los siguientes términos:

---

72 Gaceta Oficial n° 6.015 Extraordinario de 28-12-2010.

73 Se sustituyó por la Junta Parroquial Comunal integrada por cinco miembros, elegidos por los voceros de los consejos comunales de la parroquia respectiva (art. 35 LOPPM).

74 Artículo 13 de la Ley Orgánica de los Consejos Comunales, en Gaceta Oficial n° 6.759 Extraordinario de 25-08-2023.

> Las materias de especial trascendencia nacional podrán ser sometidas a referendo consultivo por iniciativa del Presidente o Presidenta de la República en Consejo de Ministros; por acuerdo de la Asamblea Nacional, aprobado por el voto de la mayoría de sus integrantes; o a solicitud de un número no menor del diez por ciento de los electores y electoras inscritos en el Registro Civil y Electoral.
> También podrán ser sometidas a referendo consultivo las materias de especial transcendencia parroquial, municipal y estadal. La iniciativa le corresponde a la Junta Parroquial, al Concejo Municipal, o al Consejo Legislativo, por acuerdo de las dos terceras partes de sus integrantes; al alcalde o alcaldesa o al Gobernador o Gobernadora de Estado, o a un número no menor del diez por ciento del total de inscritos o inscritas en la circunscripción correspondiente, que lo soliciten.

De la lectura del precepto transcrito destaca que el objeto del referendo es concebido como una consulta sobre las materias de especial trascendencia nacional, el cual se caracteriza por ser un concepto jurídicamente indeterminado, cuya determinación implica la necesidad de realizar una actividad hermenéutica, de la cual resulte una única solución correcta, a diferencia de lo que ocurre con las normas contentivas de potestades discrecionales que admiten distintas tesis interpretativas válidas.

Planteado así el asunto, a los fines de intentar buscar esa única solución interpretativa resulta conveniente metodológicamente revisar los antecedentes de la norma bajo examen, y en ese sentido se observa que cuando el anteproyecto de artículo fue presentado en la primera discusión a la Asamblea Nacional Constituyente, durante la sesión del 25-10-1999, solo se realizaron dos intervenciones por los Constituyentes Machín y Montilla, mediante las cuales propusieron la primera, añadir los referendos consultivos parroquiales, y el segundo rebajar el porcentaje de los electores del 10 al 5% en la hipótesis de la iniciativa ciudadana. Sometidas a votación la primera resultó aprobada y en consecuencia se añadieron los referendos consultivos parroquiales, y la segunda negada, razón por la cual no se disminuyó el indicado porcentaje en la iniciativa ciudadana.

En virtud de la metodología acordada para la discusión del anteproyecto de Constitución, el artículo aprobado en la primera discusión no fue presentado en la segunda discusión. Nuevamente, como lo hicimos en el caso del referendo abrogatorio, advertimos que resulta inexplicable que una institución tan novedosa, como es el referendo consultivo, no haya tenido ningún recorrido en la oportunidad de la aprobación del precepto que lo introdujo en la nueva Constitución, limitándose a la presentación del anteproyecto de norma por la Comisión respectiva en la primera discusión, a su lectura por el Secretario de la Asamblea Nacional Constituyente, y a su aprobación con la aludida incorporación sin ningún otro tipo de discusión, mucho menos sobre el alcance y significado del sintagma "materias de especial trascendencia nacional", quedando en criterio del intérprete darle contendido al mismo, lo que no resulta sencillo. Queda claro entonces que de los antecedentes constituyentes no es posible derivar ni siquiera una idea que oriente al intérprete en su actividad.

Resulta conveniente señalar que un precepto redactado en términos similares, con la diferencia que no estaba incluido el referendo parroquial, estaba previsto en el proyecto de reforma de la Constitución de 1961, discutido en la Comisión Bicameral Especial de Revisión de la Constitución de la República en 1991, y en esa oportunidad sí fue discutido el objeto del referendo consultivo, siendo formuladas varias proposiciones en la búsqueda de un sintagma que expresara en términos operacionales dicho objeto, entre las cuales se mencionaron las siguientes: "decisiones políticas de especial trascendencia", "asuntos de interés nacional", "materias de especial trascendencia", "decisiones de especial trascendencia del ejecutivo nacional", "asuntos de especial trascendencia" y "cuestiones de especial trascendencia nacional"[75]. En realidad no se trató de

---

75 GIRAUD, Armando. Ob. cit., p. 83.

una discusión, sino del planteamiento o enumeración de un conjunto de sintagmas que al parecer eran similares al antes señalado, lo que mantenía en términos idénticos el problema que comporta la interpretación del referido sintagma.

Se reitera, pues, que dilucidar qué es una materia de especial trascendencia nacional es quizá la parte más compleja con que se enfrenta el legitimado activo cuando solicita la convocatoria del referendo consultivo, porque en primer lugar, resulta lógico que debe tratarse de una materia distinta a las ordinarias que entran en la esfera de competencia de un Poder Público, generalmente la Administración Pública, en segundo lugar, esa materia debe ser de suma importancia en el sentido de que más allá de los límites temporales del presente, pues extiende sus efectos hacia el futuro, y en tal sentido una parte de la doctrina sostiene que las decisiones que se adopten en función del resultado del referendo afectan a las generaciones futuras. Así, el autor suizo Schneider las denomina "decisiones de nuevo tipo"[76] las cuales clasifica en tres categorías: riesgos incalculablemente altos; consecuencias irreversibles para el desarrollo de la humanidad; y consecuencias internacionales no localizadas y no controlables.

Plantea además que debe procederse seguidamente a ubicar la materia o materias en cualquiera de las tres categorías antes señaladas que constituirían el objeto del referendo, las cuales estarían excluidas de la competencia del Parlamento. Como se observa, la tesis del citado autor luce bien fundamentada desde la perspectiva teórica, pero en todo caso no supera la dificultad que consiste en identificar de manera operacional las materias que encuadrarían en las categorías objeto de su clasificación, y sobre todo no superaría las objeciones que se formularían tanto a la identificación de cuáles son las materias, como a su ubicación en la respectiva categoría.

---

[76] Citado por SOTO BARRIENTOS, Francisco. "La regulación del referéndum de especial transcendencia en perspectiva comparada y su eventual reconocimiento en la Constitución chilena". En: *Estudios Constitucionales n° 14*. Santiago de Chile, 2016, pp. 295-296.

A todo evento consideramos a la luz del artículo 71 constitucional que la materia de especial trascendencia nacional no debe ser objeto de las competencias ordinarias del Poder Ejecutivo (Administración Pública) ni del Parlamento y que sus efectos deben proyectarse hacia el futuro.

Ahora bien, ante la complejidad del asunto algunos autores[77] son partidarios de que las Constituciones o las leyes de los países que contemplan el referendo consultivo, propongan ante las dificultades para determinar operacionalmente el significado unívoco de la formulación clásica del objeto del referendo, que tal determinación es un acto discrecional del Poder solicitante del referendo, razón por la cual el mismo sería inmune judicialmente, por supuesto que estarían excluidos de la referida inmunidad los elementos reglados del acto, la existencia misma de la potestad discrecional y los principios generales del derecho. En este orden de ideas cabe señalar que en el caso de la Constitución de Ecuador, dispone que el significado de la materia de especial trascendencia nacional es el que estime conveniente el Presidente de la República cuando realiza la solicitud al Consejo Nacional Electoral (art. 105).

Esa tesis sería admisible en el caso que los solicitantes sean los Poderes Públicos, porque como siempre hemos dicho, el Derecho positivo puede contrariar tesis muy consolidadas de la doctrina[78] y la jurisprudencia, que es caso de la primera, cuando postula que el aludido sintagma es construido sobre la base de conceptos jurídicos indeterminados. Pero en el supuesto de que se admita la tesis doctrinaria del acto discrecional, la misma resulta difícilmente de recibo cuando exista la

---

77 GUERRERO DEL POZO, Juan y María YÉPEZ IDROVO. "Los límites materiales de la consulta popular en el Ecuador". *Law Review*, Vol. 8. Universidad San Francisco de Quito. Ecuador, 2021, pp. 183-211. SAÉNZ ROYO, Eva. "La regulación del referendo en el derecho comparado. Aportes para el debate en España". En *Revista Española de Derecho Constitucional* N° 108 (septiembre-diciembre). Madrid, 2016, pp. 135-136.

78 GUERRERO DEL POZO, Juan y María YÉPEZ IDROVO. Ob. cit., pp. 183-211.

iniciativa ciudadana para la solicitud del referendo, como ocurre en Venezuela.

Ahora bien, consideramos que cualquiera sea la tesis a la que se adhiera el intérprete, a la luz de nuestra Constitución deben excluirse de plano las materias que entran en la esfera de competencia legislativa de la Asamblea Nacional, porque en ese caso se configuraría el supuesto del referendo aprobatorio.

Por otro lado, también estimamos que debe ser una materia que exceda la competencia ordinaria del Poder Ejecutivo (Administración Pública), la cual podrá identificarse examinando las competencias propias del Gobierno (Presidente en Consejo de Ministros), al que le corresponde la dirección política del Estado y el diseño de las políticas públicas, cuya ejecución es competencia de la Administración Pública.

Debe quedar claro que la determinación del significado de la materia de especial trascendencia nacional corresponde al Poder Público que solicita la convocatoria del referendo, la cual se concreta en la formulación de la pregunta o preguntas.

Sin embargo observamos que en el caso del referendo consultivo celebrado el 03-12-2023, tal regla ortodoxa no se cumplió, porque pese a que el referendo fue solicitado por la Asamblea Nacional y las preguntas fueron formuladas por el Consejo Nacional Electoral, siendo dicha conducta legitimada por la Sala Constitucional del Tribunal Supremo de Justicia en sentencia n° 1469 de fecha 31-10-2023 (caso Consejo Nacional Electoral), que "declaró la constitucionalidad" de las preguntas contenidas en la Resolución n° 231023-0109 de fecha 23-10-2023, emanada del Consejo Nacional Electoral, cabe destacar que en la hipótesis bajo examen la solicitud del referendo consultivo fue realizada por la Asamblea Nacional y el Consejo Nacional Electoral se arrogó el derecho de formular las preguntas.

IV. LA INEXISTENCIA DE UNA LEY QUE REGULE LOS REFERENDOS Y LA DISCRECIONALIDAD DE FACTO QUE ORIGINA ESE VACÍO NORMATIVO

La inexistencia de la ley referida en el epígrafe crea una indeterminación normativa que da lugar a que los Poderes Públicos actúen con una gran discrecionalidad, o quizás sería mejor decir arbitrariedad, en el tratamiento del referendo consultivo, con el agravante de la inefectividad que caracteriza el principio de separación de poderes, especialmente en cuanto concierne al Poder Judicial y en el caso de ejercicio de referendos, dicha inefectividad se extiende sobre todo al Poder Electoral.

Vista esa panorámica resulta necesario, en primer lugar, dilucidar si la materia de especial trascendencia nacional debe concretarse en una o varias preguntas.

En tal sentido desde el punto de vista lógico pareciera que debería ser en una sola, porque a pesar de que el precepto constitucional alude a "las materias" de especial trascendencia nacional, tal redacción responde al respeto que se debe a las reglas de la sintaxis, porque sería incorrecto que la regulación constitucional se refiriera a "la materia".

De allí que consecuencialmente la aplicación del precepto imponga que la determinación objeto del referendo esté en función de una materia, y en una secuencia lógica tal determinación debe responder a una y no a varias preguntas, que gire en torno a la materia concernida.

Sin embargo, nada obsta para que excepcionalmente puedan ser varias que necesariamente deben estar en función de la centralidad de la materia calificada como de especial trascendencia nacional, en el caso que el referendo tenga carácter nacional.

Ahora bien, en el referendo consultivo celebrado el 03-12-2023 fueron formuladas varias preguntas mediante la Resolución n° 231023-0109 emanada del Consejo Nacional Electoral, sobre tópicos distintos aunque nominalmente todas pudieran referirse a la centralidad de la misma materia. Dicha desagregación en varias preguntas sobre el problema del Esequibo violó el espíritu del artículo 71 constitucional.

En efecto, tal vulneración se evidencia del tenor de las preguntas, que fue el siguiente:

> PRIMERA: ¿Está usted de acuerdo en rechazar por todos los medios conforme al Derecho, la línea impuesta fraudulentamente por el Laudo Arbitral de París de 1899, que pretende despojarnos de nuestra Guayana Esequiba?
> SEGUNDA: ¿Apoya usted el Acuerdo de Ginebra de 1966 como el único instrumento jurídico válido para alcanzar una solución práctica y satisfactoria para Venezuela y Guyana, en torno a la controversia sobre el territorio de la Guayana Esequiba?.
> TERCERA: ¿Está usted de acuerdo con la posición histórica de Venezuela de no reconocer la Jurisdicción de la Corte Internacional de Justicia para resolver la controversia territorial sobre la Guayana Esequiba?
> CUARTA: ¿Está usted de acuerdo en oponerse, por todos los medios conforme a Derecho, a la pretensión de Guyana de disponer unilateralmente de un mar pendiente por delimitar, de manera ilegal y en violación del derecho internacional?
> QUINTA: ¿Está usted de acuerdo con la creación del estado Guayana Esequiba y se desarrolle un plan acelerado para la atención integral a la población actual y futura de ese territorio que incluya entre otros el otorgamiento de la ciudadanía y cédula de identidad venezolana, conforme al Acuerdo de Ginebra y el Derecho Internacional, incorporando en consecuencia dicho estado en el mapa del territorio venezolano?

No se requiere hacer un análisis muy profundo de cada una las preguntas para percatarse de que en su núcleo versaba sobre temas diferentes, que iban desde el rechazo del laudo arbitral de 1899, pasando por el apoyo al Acuerdo de Ginebra como instrumento jurídico válido para resolver la controversia sobre la Guayana Esequiba, que existe entre Venezuela y Guyana; el desconocimiento de la competencia de la Corte Internacional de Justicia para resolver la referida controversia; y la oposición a la pretensión de Guyana de disponer de un mar territorial pendiente por delimitar, de manera ilegal y en violación del Derecho Internacional, para concluir con la creación del Estado Guayana Esequiba cuyo territorio será en el que se encuentra actualmente en reclamación.

Pues bien, reiteramos que cada una de las preguntas constituía una materia de especial trascendencia nacional diferente, caracterizada por su complejidad histórica, jurídica y política, razón por la cual en nuestro criterio, aunque se haya pretendido "colorear" de "patriotismo" el asunto, se configuró una clara violación constitucional.

Más, si lo que se pretendía era lograr que el pueblo votase con conocimiento del objeto del referendo, que como dijimos se trata de una materia compleja, razón por la cual se facilita para los proponentes del referendo realizar actividades que le permitan al pueblo conocer en términos operacionales el sentido y alcance de la pregunta, cuando es una sola, y desde luego que se dificulta cuando son varias, como en caso del referendo de 2023 que fueron cinco, ciertamente de difícil comprensión para una parte significativa de los votantes.

Por otro lado, el mencionado vacío legislativo carece de toda explicación lógica, en virtud que desde año 2000, cuando comenzó a funcionar la Asamblea Nacional, con excepción del período constitucional 2015-2020, el partido de gobierno siempre contó con mayoría absoluta en el Parlamento. De allí que pareciera que el aludido vacío legislativo está dirigido a que se configuren violaciones constitucionales como la indicada, sin ningún pronunciamiento en el ámbito judicial.

En todo caso reconocemos que nuestra posición acerca de la exigencia de una sola pregunta es totalmente discutible, razón por la cual se requiere en definitiva un pronunciamiento al respecto de la Sala Constitucional del Tribunal Supremo de Justicia.

V. LA URGENTE NECESIDAD DE CREAR UN PROCEDIMIENTO TRANSITORIO REGULATORIO DEL REFERENDO CONSULTIVO

Solo la duda más que razonable involucrada sobre la pregunta en que debe concretarse el objeto del referendo, es decir, la materia de este, máxime si se pondera que la pregunta debe ser formulada en términos sencillos, claros y precisos, pues se presume en todos los casos que la materia reviste una complejidad social, política o jurídica, constituye una variable que impone la creación de una regulación del procedimiento de esta clase de referendo, pues de lo contrario el Poder Público que lo convoca, en virtud del señalado vacío normativo, asume de facto la potestad discrecional para formular la pregunta o preguntas, que no fue precisamente el caso de las preguntas del referendo de 2023, en el cual, en primer lugar, las preguntas fueron formuladas por un órgano incompetente como es el Consejo Nacional Electoral, y en segundo lugar, tampoco fueron formuladas en términos sencillos y claros, habida cuenta que la misma o mismas tienen destinatarios de diversa formación cultural, lo que dificulta la fase de deliberación como la denomina la doctrina española.

En el supuesto que independientemente de quien tenga la iniciativa de la convocatoria este es un derecho que se ejerce en un país democrático, donde el pluralismo político constituye un valor superior de su ordenamiento jurídico cuyo protagonista fundamental es el pueblo debido que es a quien le corresponde decidir el referendo, siempre debe preverse la posibilidad de que se constituyan grupos de oponentes u opositores al referendo, a quienes deben otorgárseles las debidas garantías para que realicen todas las actividades lícitas destinadas a oponerse al referendo, aun cuando se trate de una materia tan sensible como por ejemplo el caso del Esequibo.

Sin embargo, la experiencia del referendo de 2023 evidencia no solo que no fue abierto ese cauce, sino que cualquiera que se opusiera al mismo, era calificado por representantes de los Poderes Públicos de antipatriota, de traidor a la patria y con otros calificativos de ese tenor.

También en esta fase requiere una regulación, así como en la de votaciones, del escrutinio, la de totalización y la de proclamación de los resultados. Es así que resulta necesario, mientras se dicta la ley, crear un procedimiento transitorio que regule todas las fases del procedimiento del referendo.

En esta línea argumental conviene apuntar que en virtud de las dificultades que se presentan con la formulación de la pregunta, pareciera necesario introducir en ese procedimiento, una fase en la cual un órgano tenga atribuida la función de determinar: (*i*) si la pregunta propuesta versa sobre una materia de especial trascendencia nacional, (*ii*) si pueden ser una o varias preguntas, (*iii*) si la misma está formulada ateniéndose a las reglas previstas en el respectivo procedimiento y a los estándares constitucionales. Ese órgano podría ser creado *ex novo* con la única función de cumplir con ese cometido, o podría ser uno ya existente, como por ejemplo la Sala Electoral o Sala Constitucional del Tribunal Supremo de Justicia.

Por otro lado, a diferencia de lo que ocurrió con los referendos revocatorios de 2004 y 2016, este último fallido, debe facilitarse la recolección y autenticación de las firmas de los promotores del referendo, alargándose los lapsos para que se realice esa actividad, que por supuesto deben ir más allá de los cinco días previstos en la Resolución n° 2770 dictada por el CNE en el caso del mencionado referendo.

Desde luego que debe fijarse el lapso de la campaña electoral para que los promoventes del referendo realicen todas las actividades lícitas con tal finalidad, el cual será el mismo para que los opositores de dicho referendo realicen las actividades lícitas destinadas a su rechazo. Asimismo deben establecerse las fases de escrutinio, totalización y proclamación de los resultados, y en las dos primeras fases en las Mesas de votación deben existir testigos de promoventes y opositores del referendo.

VI. LA CONVOCATORIA A LA CELEBRACIÓN DEL REFERENDO (VOTACIONES), EL ESTABLECIMIENTO DE UN PORCENTAJE MÍNIMO DE VOTANTES QUE LO VALIDE Y LA MAYORÍA NECESARIA DE VOTOS DETERMINANTES PARA PROCLAMAR EL ÉXITO DEL REFERENDO

El precepto constitucional no prevé un plazo para la convocatoria del acto de votaciones, de tal manera que ante la ausencia de la ley que desarrolle las normas constitucionales sobre los referendos, la determinación de la celebración del referido acto resulta del ejercicio de una potestad discrecional del Consejo Nacional Electoral, cuyo límite serán los principios generales del Derecho, es decir, la proporcionalidad, la igualdad, la seguridad jurídica, etc.

Así por ejemplo, en el caso del referendo de 2023, observamos que si bien se trató de una acto discrecional, ignoró esos principios porque fijó en ocho días el plazo para celebrar las votaciones, que además estuvo precedido por una campaña por parte del gobierno que excedió todos los límites razonables para este tipo de actos, pues se trató de una propaganda avasallante coloreada fuertemente de patriotismo o quizás se podría decir mejor de "patrioterismo", calificando a los que tímidamente se oponían al referendo de antipatriotas, sin que se abriera ningún cauce legal para los "oponentes" al mismo pudiesen realizar cualquiera actividad lícita destinada a encausar esa oposición, violándose de esa manera al principio de igualdad. Por eso resulta imperativo –insistimos– legislar para regular esta fase y todas las fases de un procedimiento diseñado para crear cauces que concreten garantías tanto para los promoventes como para los opositores al referendo.

No obstante, la realidad pareciera contrariar todo intento de regulación con la finalidad de encausar legalmente el desarrollo del referendo consultivo, en el cual se establezcan las garantías inherentes a todo proceso electoral en un país democrático, pues la aprobación de la Ley Orgánica de Defensa de la Guayana Esequiba[79] es una demostración de todo lo contrario, pues en tal sentido basta leer su artículo 25, el cual establece que cualquiera que emita una opinión contraria a la posición del gobierno sobre el Esequibo quedará inhabilitado para el ejercicio de derechos políticos y de funciones públicas, inclusive la sanción se aplicará a quienes en cualquier momento antes de elección o acceso al cargo público hayan formulado

[79] Gaceta Oficial n° 6.798 Extraordinario de 03-04-2024.

esas opiniones[80]. Por consiguiente, en cualquier otro referendo sobre el problema del Esequibo está negada de plano la figura de los oponentes u opositores a dicho referendo, so pena de que se le aplique la referida sanción, la cual sin duda viola los artículos 24 y 65 de la Constitución.

Con relación a la inexistencia de un porcentaje mínimo de votantes se observa que la Constitución incurrió en un gravísimo error al no fijar un número o *quórum* de validez del referendo consultivo, habida cuenta que en este mecanismo de participación del pueblo en los asuntos públicos se requiere un porcentaje suficiente de electores que configuren una mayoría que en primer lugar acudan a votar y en segundo lugar, superada esa exigencia, que los votantes por el "sí" sean superiores a los que votan por el "no", pues luce ilógico y políticamente inconveniente que por ejemplo del universo de volantes solo acuda el 15% a votar y la opción del "sí" supere a la del "no" por un 4% o un 20% de los votos y se considere válido el referendo.

Ahora bien, si se tiene en cuenta que el referendo consultivo carece de carácter vinculante en los términos antes expuestos, y que la mayoría de la doctrina[81] considera que se configura una interdicción para los Poderes Públicos de adoptar una decisión que sea contraria a la voluntad del pueblo expresada en las urnas, se hace aún más necesario, en primer lugar, que la ley establezca el requisito de validez del referendo y las garan-

---

80 Artículo 25. "No podrán optar a los cargos de elección popular previstos en la Constitución de la República Bolivariana de Venezuela y en la ley, ni ejercer cargos públicos, las personas que, en cualquier momento antes de la elección o el acceso al cargo público, hayan adoptado conductas que directa o indirectamente favorezcan o respalden la posición de la República Cooperativa de Guyana respecto de las reclamaciones de la República Bolivariana de Venezuela sobre el territorio de la Guayana Esequiba, incumpliendo el deber previsto en el artículo 130 de la Constitución de la República Bolivariana de Venezuela y lesionando los principios de independencia e integridad territorial".

81 SAÉNZ ROYO, Eva. Ob. cit., pp. 148-151. SOTO BARRIENTOS, Francisco. "El referéndum en Latinoamérica: Un análisis desde el derecho comparado". *Boletín Mexicano de Derecho Comparado*. Año XLVI, N° 136, enero-abril. UNAM. México, 2013, pp. 339-346.

tías relativas a la libre oposición de los ciudadanos, así como la igualdad en la campaña electoral; en fin, que la celebración del proceso electoral que sirve de base al referendo sea transparente, rodeado de la debida publicidad y en términos de igualdad para todos.

Con vista al cuadro de las razones antes expuestas sobre el vacío legislativo y la necesidad urgente de una solución, consideramos que debe buscarse una salida que impida la configuración de una situación política que en un sistema parlamentario crearía una seria inestabilidad política, la cual inclusive podría eventualmente dar lugar al planteamiento de una moción de censura al gobierno, en la hipótesis de que este haya sido el proponente del referendo, y en un sistema presidencialista no deja de crear inestabilidad política, que desde luego por razones muy conocidas no llegará en última instancia a una moción de censura al gobierno.

Por esas razones, en tanto se dicte la ley que desarrolle el artículo 71 constitucional, se impone -reiteramos- suplir ese silencio del constituyente y aplicar supletoriamente el artículo 73 *ejusdem*, que regula el referendo aprobatorio, que es más parecido estructuralmente al consultivo. De allí que estimamos que debería aplicarse analógicamente el citado artículo 73, que establece como quórum de validez del referendo aprobatorio, por lo menos el 25% de los inscritos en el Registro Civil y Electoral que deben concurrir a votar, de tal manera que si no se alcanza ese número, el referendo consultivo debe declararse nulo, y se procederá sin necesidad de totalización de los votos, a destruir todo el material electoral.

En suma, en vista de la inexistencia de ese procedimiento, consideramos que podría configurarse uno transitorio en los términos expuestos anteriormente y que ahora pasamos a plantear superando las imprecisiones que pueda presentar el primero, el cual que podría estar integrado por las siguientes fases:

Primero, la solicitud de la convocatoria del referendo.

Segundo, la determinación de la legitimidad del solicitante, que en el caso del Presidente de la República en Consejo de Ministros, la solicitud estará acompañada de una copia certificada del punto del acto de la sesión de ese órgano en el cual se aprobó la solicitud. Cuando la solicitud provenga de la Asamblea Nacional, se acompañará con el punto del acta de la sesión de ese órgano en la cual fue la aprobada de la decisión, debiendo añadirse en el mencionado punto el número de diputados que votaron a favor de promover el referendo, el cual debe ser igual o mayor a las dos terceras partes de los integrantes de la Asamblea Nacional, no de los miembros presentes, aunque exista quórum de validez de la sesión. Y cuando la solicitud sea por iniciativa popular, el Consejo Nacional Electoral una vez recibida esta, al día siguiente entregará unos formularios a los promoventes y les otorgará un plazo que puede ser de veinte días para autenticar las firmas de los electores que respaldan la solicitud de convocatoria ante los funcionarios del CNE que serán designados y ubicados en todos los municipios del país. Si con los resultados de esa autenticación queda demostrado que constituye un número de por lo menos el 10% de los electores, se pasará a la siguiente fase que consistirá en remitir la pregunta a la Sala Electoral o Constitucional, según lo que se establezca, para que en un lapso no mayor a diez días se pronuncie sobre los siguientes puntos: *(i)* el carácter de especial trascendencia nacional de la materia sobre la que versa la pregunta; *(ii)* si la pregunta está redactada en términos claros y precisos, que conduzca solo a una respuesta afirmativa o negativa, es decir un "sí" o un "no"; y *(iii)* la constitucionalidad de la pregunta. Recibida la respuesta de la Sala Electoral o Constitucional, el CNE procederá a fijar la fecha de la convocatoria de las votaciones que no podrá ser menor de un mes.

Tercero, se fijará el plazo de propaganda electoral y las reglas sobre la licitud de esta, así como las relativas a la igualdad de los promoventes y opositores para realizar propaganda en los medios de comunicación social públicos; y realizada la votación se procederá previamente a determinar la validez del referendo, comprobaba esta se cumplirán las fases de escrutinio y la totalización de los votos; y finalmente se procederá a proclamar el resultado del referendo.

VII. LOS LÍMITES DEL REFERENDO CONSULTIVO

Si se considera válida la tesis según la cual constituye una potestad discrecional de los Poderes Públicos determinar las materias que son de especial trascendencia nacional, podría pensarse que el objeto de este tipo de referendo es cualquier asunto que estime conveniente el legitimado activo, como ocurre en Ecuador, entonces debería admitirse necesariamente la inexistencia de límites materiales al mismo.

Sin embargo, es necesario tener en cuenta que de todas maneras constituyen límites infranqueables los derechos humanos para esta clase de referendos, en virtud de que ninguna mayoría por muy calificada que sea, mucho menos una autoridad pública, puede modificar o extinguir este tipo de derechos, los cuales tienen un carácter intangible e irrenunciable, porque su fuente es la dignidad humana, tal como se desprende del artículo 3 de la Constitución, el cual establece que el Estado tiene como fines esenciales la defensa y el desarrollo de la persona y el respeto a su dignidad.

Con este límite en Venezuela pueden suscitarse problemas interpretativos para determinar si todos los derechos consagrados en el título III de la Constitución intitulado "De los derechos humanos y garantías y de los deberes" constituyen límites en los términos antes expuestos, máxime si en el texto de la Constitución no figura la calificación de derechos fundamentales los cuales han sido definidos por la doctrina[82] como los derechos humanos constitucionalizados, siendo así que en todo

---

[82] ENÉRIZ OLAECHEA, Francisco. *La protección de los derechos fundamentales y las libertades públicas en la Constitución Española*. Universidad Pública de Navarra. Navarra, 2007, pp. 31-41. CARBONELL, Miguel. "Los derechos fundamentales y la acción de inconstitucionalidad". En: *Las Comisiones de Derechos Humanos y la Acción de Inconstitucionalidad* (Coordinadores César Astudillo y Carbonell Miguel). Universidad Nacional Autónoma de México. México, 2007, pp. 75-80.

los artículos que integran ese título no se mencionan los derechos fundamentales ni los mismos derechos humanos, que como dijimos antes solo podría considerarse su existencia en Venezuela cuando la Constitución le da la denominación al título tercero como "De los Derechos Humanos y Garantías y los Deberes", pues únicamente se utiliza el sintagma "derechos constitucionales", pese a que la Sala Constitucional ha admitido en algunas sentencias que esa clase derechos son los mismos derechos fundamentales[83].

Ante esa configuración constitucional de los derechos, cabe adoptar una postura minimalista, según la cual solo un número reducido de los derechos que figuran en el referido título tendrán la categoría de derechos humanos, y por ende, en ningún caso los referendos consultivos podrían versar sobre esos derechos, pero sí sobre el resto de los derechos que forman parte del referido título. Esta tesis presenta un problema adicional en Venezuela, en virtud de que los derechos fundamentales no son prefijados en la Constitución, razón por la cual le correspondería a la Sala Constitucional emanar un pronunciamiento en tal sentido.

Pero también se puede adoptar la tesis maximalista que postula que todos y cada uno de los derechos denominados constitucionales integrantes del título III bajo examen tienen el carácter de derechos humanos. Militan en favor de esta tesis los siguientes argumentos: el artículo 19 del texto que encabeza el mencionado título, establece en términos categóricos las características de los derechos humanos así:

> El Estado garantizará a toda persona, conforme al principio de progresividad y sin discriminación alguna el goce y ejercicio irrenunciable e indivisible e interdependiente de los derechos humanos. Su respeto y garantía son obligatorios para los órganos del Poder Público, de conformidad con esta Constitución, con los tratados sobre derechos humanos suscritos y ratificados por la República y con las leyes que los desarrollen.

---

[83] Sentencia N° 1709 de 07-08-2007.

En ese mismo orden de ideas cabe citar el artículo 22 *ejusdem*, conforme al cual:

> La enunciación de los derechos y garantías contenidos en esta Constitución y en los instrumentos internacionales sobre derechos humanos no debe entenderse como negación de otros que siendo inherentes a la persona, no figuren expresamente en ellos. La falta de ley reglamentaria de estos derechos no menoscaba el ejercicio de los mismos.

Los preceptos citados sin duda constituyen sólidos fundamentos de la tesis maximalista, porque el primer artículo contiene una definición amplísima de los derechos humanos, que además por su ubicación topográfica en la Constitución evidencia que ostentan tal calificación todos los derechos comprendidos en el título III del texto constitucional, y en el artículo 22 *ejusdem* contiene una declaración conclusiva al respecto, pues además de los que integran la citada lista de los derechos enunciados a lo largo del referido título, añade todos los enunciados en este y en los tratados internacionales sobre derechos humanos que sean inherentes a la persona que no figuren expresamente en ellos.

La armonización de estos dos preceptos constitucionales refleja en términos categóricos la voluntad de la Constitución de ampliar el número de los derechos enunciados expresamente en la Constitución y de los referidos tratados internacionales, por lo cual sirven, como ya dijimos, de fundamentos de la tesis maximalista.

Pero si en todo caso la invocación de los referidos argumentos en favor de la mencionada tesis generara un problema interpretativo, a mayor abundamiento cabría citar el principio de *favor libertatis*, según el cual en caso de duda sobre la interpretación de normas constitucionales consagratorias de derechos a las personas, debe preferirse la tesis más favorable a los ciudadanos, y desde luego la más favorable es la que postula que todos los derechos consagrados en el título III de la Constitución revisten el carácter de derechos humanos, razón por la cual constituyen límites infranqueables frente a la pretensión de las mayorías mediante la figura del referendo consultivo de pronunciarse sobre la anulación de esta clase de derechos y sus garantías.

En la hipótesis de que se rechace doctrinaria y jurisprudencialmente la tesis según la cual constituye una potestad discrecional de los Poderes Públicos determinar cuáles son las materias de especial trascendencia nacional, se soslayaría que el sintagma antes citado está integrado por conceptos jurídicos indeterminados, los cuales tienen una sola interpretación válida, bien que lleguen a la misma los poderes públicos que tienen la competencia para promover el referendo, o que sea el producto de una sentencia emanada del órgano jurisdiccional competente, razón por la cual consideramos que tal tesis (potestad discrecional), no es de recibo, salvo que esté expresamente prevista en la Constitución, caso en el cual se impondría la disposición constitucional.

En la referida hipótesis, visto que los derechos humanos encuentran su fuente en la dignidad humana, así como la caracterización de los mismos en los artículos 19 y 22 del Título III de la Constitución, permite sostener que aun cuando prime la tesis que considera que la interpretación del sintagma "especial trascendencia nacional" es todo asunto que considere conveniente el Poder Público, de todas maneras la selección de ese asunto, debe estar sustentado en la consideración de que aunque el mismo esté integrado por conceptos jurídicos indeterminados, y en cualquier caso los derechos humanos -denominados derechos constitucionales en el texto constitucional- se erigen en límites infranqueables al referendo consultivo, siendo así reiteramos, que el asunto que constituye la materia de especial trascendencia nacional no puede ser contraria a los derechos constitucionales.

Cabe añadir que el referendo consultivo tiene como límites las materias que sean objeto de las otras clases de referendos, como ocurrió a finales del año 2002 cuando por iniciativa popular fue propuesto un referendo denominado consultivo en los siguientes términos: "Si está de acuerdo con solicitar al Presidente de la República Hugo Chávez Frías, la renuncia de su cargo". La celebración del referendo fue acordada por el

Consejo Nacional Electoral para el 02-02-2003, pero a principios del mes de enero del mismo año los partidarios del gobierno interpusieron un recurso de interpretación del artículo 71 constitucional.

Al respecto la Sala Constitucional mediante sentencia n° 23 del 22-01-2003 (caso Desiré Santos Amaral, Ramón Darío Vivas y otros), declaró que no era posible mediante la realización del referendo consultivo revocar el mandato de un funcionario de elección popular, debido a que dicho referendo carece de efectos vinculantes para los órganos de los poderes públicos. De allí que el resultado del referendo no podía obligar al Presidente de la República a la dimisión de su cargo, dado que el resultado del mismo no lo sujeta a obligación alguna. En fin, de la sentencia dictada por la Sala deducimos que el referendo consultivo al igual que los demás referendos no pueden traspasar el límite relativo al objeto constitutivo de las materias de los otros referendos.

Así pues, queda claramente demostrado que los proponentes del referendo, partiendo de la premisa de que este tenía carácter vinculante pretendían convertir el objeto del referendo consultivo aquel que la Constitución le reserva al referendo revocatorio.

En esa misma línea argumental tampoco resulta posible que se pretendan forzar los términos de la Constitución, asumiendo el objeto del referendo aprobatorio que como es bien sabido versa sobre actos normativos que además sí tiene carácter vinculante, ni el del objeto del referendo abrogatorio, que su objeto es abrogar leyes y decretos con fuerza de ley, y también tiene carácter vinculante. Queda así demostrado que el referendo consultivo encuentra límites infranqueables en el objeto de los otros referendos previstos en la Constitución.

VIII. LA INICIATIVA PARA SOLICITARLO

Como hemos expuesto anteriormente la iniciativa para solicitar el referendo consultivo a nivel nacional está atribuida al Presidente de la República en Consejo de Ministros, a la Asamblea Nacional por acuerdo de la mayoría de los integrantes, y por iniciativa popular, para lo cual se requiere que la misma provenga de por lo menos el 10% de los electores inscritos en el Registro Civil y Electoral, integrado exclusivamente por los venezolanos sean por nacimiento o por naturalización, porque están excluidos los extranjeros inscritos en dicho Registro que tengan más de diez años de residencia legal en el país, en razón de que los extranjeros carecen de derechos políticos, pero excepcionalmente aquellos que estén en la condición indicada por el artículo 64 constitucional pueden votar en las elecciones estadales y municipales, razón por la cual si pueden votar en referendos consultivos estadales y municipales, mas no en nacionales.

Conviene destacar la amplitud que en Venezuela tiene la iniciativa en referendos consultivos, porque en otros países, verbigracia España, está atribuida exclusivamente al Gobierno, y tal vez ello se debe a que de resultar exitoso el referendo, en el caso que se decida ejecutar la decisión aprobada por el pueblo, corresponderá únicamente al Poder Ejecutivo hacerlo, mas no así al Parlamento, en virtud de que la aprobación o abrogación de leyes y demás actos normativos, están excluidos de este tipo de referendos; de allí la justificación que origina la exclusión de la iniciativa tanto del Parlamento como del pueblo en ese país.

Por supuesto que esa tesis sin duda lógica fue ignorada por los miembros de la Asamblea Nacional Constituyente, quienes quizás "iluminados" por las ideas de la participación popular, de las técnicas de democracia directa, y de democracia participativa y protagónica, extendieron la iniciativa al Parlamento y a los electores en el número antes indicado.

En realidad, ni esa ni ninguna otra tesis fueron objeto de discusión en la sesión en que fue aprobado el artículo 71 constitucional, como quedó demostrado precedentemente.

Cabe finalmente observar con respecto a este punto, que en el caso del referendo consultivo del 03-12-2023, la iniciativa de la convocatoria fue de la Asamblea Nacional, pero todo lo relativo a la propaganda -por cierto avasallante- y a la formulación de las preguntas, fue realizado básicamente por el gobierno y en menor medida por el Consejo Nacional Electoral, lo que evidencia que este órgano incurrió en un grave vicio de incompetencia al usurpar la competencia de la Asamblea Nacional para formular la pregunta o preguntas –y además someterlas a la revisión de la constitucionalidad por la Sala Constitucional del Tribunal Supremo de Justicia, la cual carecía de competencia en esa materia como lo demostró Brewer Carías en una monografía sobre el referendo consultivo de 2023, en la cual analiza exhaustivamente el asunto[84]–, en virtud de que fue el Poder Público que ejerció la iniciativa de convocar el referendo, en razón de lo cual estaba obligado a formular la pregunta, y no vale la dejación del ejercicio de esta competencia, en virtud de que esta es una competencia de ejercicio obligatorio por quien adopta la iniciativa del referendo.

Reiteramos que debido a la inexistencia de la Ley de referendos, obviamente no existe regulación sobre los plazos del Consejo Nacional Electoral, una vez formalizada la iniciativa por el Gobierno, la Asamblea Nacional o el pueblo, la cual se traduce en la presentación de la respectiva solicitud por supuesto con la pregunta o preguntas que se formularán a los inscritos en el respectivo Registro Civil y Electoral.

Retomando la exposición sobre los lapsos para la admisión de la solicitud, consideramos que cuando la solicitud es presentada por el Gobierno o la Asamblea Nacional la respuesta del CNE debe ser perentoria, pero el problema se presentaría en ese caso cuando la solicitud proviene de la iniciativa popular, pues ello requiere la previa legitimación de los proponentes, que bien pueden ser un grupo de ciudadanos constituido especialmente para cumplir con ese cometido, lo que implica la fijación de un lapso más largo para comprobar el respaldo del porcentaje mínimo de electores exigido por la Constitución, en

[84] BREWER-CARÍAS, Allan. "Las vicisitudes del inútil y distractivo referendo consultivo y la defensa de los derechos de Venezuela sobre el territorio esequibo". *Biblioteca Allan Brewer-Carías*. Universidad Católica Andrés Bello. Caracas, 2023, pp. 332.

virtud de que debe comprobarse la autenticidad de la manifestación de voluntad de esos electores.

Naturalmente que en esta hipótesis cabría preguntarse si los partidos políticos pueden tener la iniciativa para solicitar la convocatoria del referendo, y al respecto a la luz de la disposición contenida en el artículo 71 de la Constitución, consideramos que estas organizaciones por las razones expuestas cuando examinamos la iniciativa en el caso del referendo revocatorio, están legitimadas para viabilizar la iniciativa del referendo consultivo, pues como ha quedado demostrado la misma está reservada a los ciudadanos, los cuales pueden estar organizados en agrupaciones de ciudadanos y en partidos políticos, pues a la postre lo esencial para la concreción de la iniciativa es que se logre reunir el número de electores previsto en los respectivos preceptos constitucionales.

Con relación al plazo para la campaña rige la necesidad de que este sea adecuado, entendiendo por tal aquel constituido por un período de deliberación que al concluir permita que la mayoría de la ciudadanía tenga una opinión bien informada sobre el asunto implicado en la pregunta que se formula.

Para ello debe tenerse presente, como ya dijimos, el principio acerca de que los lapsos muy breves favorecen la desinformación en beneficio de quien promueve el referendo, de tal manera que en principio los plazos de campañas deben debe ser el producto de promediar los lapsos muy breves y los muy largos. En todo caso lo ideal es que sean el producto del acuerdo entre los promotores y los opositores al referendo. Al respecto se suele citar el ejemplo de plazo muy breve, el de cinco días que el primer Ministro griego Alexis Tsipras impuso para la deliberación en el referendo de 2015, para que los ciudadanos se pronunciaran sobre la aceptación o no del Plan de rescate propuesto por la Unión Europea, el Banco Central Europeo y el Fondo Monetario Internacional.

IX. LOS REFERENDOS ESTADALES Y MUNICIPALES

Las mismas ideas sobre democracia participativa que dieron lugar a la introducción en el ordenamiento constitucional de los referendos consultivos nacionales, son las que sirven de fundamento a los estadales, municipales y parroquiales.

En ese orden ideas el artículo 71 de la Constitución establece que podrán ser sometidos a referendos parroquiales las materias de especial trascendencia parroquial, correspondiendo la iniciativa a la Junta parroquial, por acuerdo de las dos terceras partes de sus integrantes, las materias de especial transcendencia municipal, por iniciativa de las dos terceras partes del Concejo Municipal y del alcalde, y las materias de especial trascendencia estadal, por iniciativa del gobernador, del Consejo Legislativo con la aprobación de las dos terceras partes de sus integrantes y por un número no menor del 10% del total de la circunscripción electoral correspondiente.

La idea de crear la figura de los referendos estadales, municipales y parroquiales responde al carácter de "Estado federal descentralizado", tal como es consagrado en el artículo 4 de la Ley suprema, lo que actualmente resulta válido para los estados y los municipios, que son además del Poder Nacional (República), los entes territoriales que integran el Estado Federal (Federación), mas no es el caso de las parroquias, pues tal como señalamos en un acápite anterior, con la Ley Orgánica del Poder Público Municipal de 2010 se suprimió el referendo parroquial, en virtud de que fue eliminada la Junta Parroquial que era su órgano de gobierno elegido en elecciones libres y directas por los electores de la circunscripción electoral parroquial correspondiente, y el que tenía atribuida la competencia para solicitar y promover el referendo parroquial, y fue sustituida por la Junta Parroquial Comunal integrada por cinco miembros, elegidos por los voceros de los consejos comunales de la parroquia respectiva (art. 35). Desde luego que al no ser elegida en elecciones libres directas y secretas, sino en segundo grado y por electores cuya edad comienza a los quince años, queda claro pues que la denominada Junta Parroquial Comunas es completamente diferente al órgano previsto en el artículo 71 constitucional.

Con respecto a la disposición que regula a los referendos estadales y municipales, observamos que en la misma se establece una condición más gravosa a la iniciativa de la promoción y solicitud del referendo a los parlamentos estadales y municipales, debido a que a diferencia de lo pautado con relación a la Asamblea Nacional, que solamente se exige para la validez del acuerdo de la iniciativa la mayoría de los integrantes de la Asamblea Nacional, a los Consejos Legislativos y a los Concejos Municipales se les exige una mayoría calificada de las dos terceras partes de sus integrantes. Por su puesto que tal diferencia no encuentra ninguna fundamentación en la forma de Estado federal como está constituida Venezuela.

Por otro lado, se presenta el mismo problema que a nivel nacional para la determinación de las materias de "especial trascendencia estadal y municipal", razón por la cual remitimos al desarrollo que dimos al punto al examinarlo a nivel nacional; pero esa determinación pese a ser la materia de especial trascendencia municipal o estadal tener a la vez carácter nacional, sería el caso por ejemplo de que en un referendo estadal en el estado Bolívar el objeto de la pregunta versara sobre la firma de un contrato con una compañía extranjera para explotar el coltán existente en dicha entidad federal, lo que sin duda tendría trascendencia nacional, además de estadal, tanto es así que la firma de dicho contrato requeriría la aprobación de la Asamblea Nacional conforme a lo pautado en el artículo 150 constitucional.

Por supuesto, que ante un caso como este y otros similares, cabe plantear dos tesis: la primera según la cual se impondría dilucidar si por el hecho de ser un referendo convocado por ese estado, excluiría cualquiera pretensión de intervenir de la República, o sea, que se otorgaría la primacía y exclusividad al primero para organizar el referendo, de tal manera que solo participarían los electores inscritos en el Registro Civil y Electoral de la circunscripción del estado Bolívar en el correspondiente acto de votaciones. La segunda tesis rechazaría tal posición, en virtud de que se trata de una materia de especial trascendencia nacional conforme el artículo 12 de la constitución, que dispone que todos los yacimientos mineros que se encuentren en el territorio nacional pertenecen a la República.

En la hipótesis de que esta sea la tesis preferente, queda por preguntarse en ausencia de una ley regulatoria del referendo, que órgano del Poder Público debe determinar que el referendo es de naturaleza nacional, y que esa materia pese a ser de especial trascendencia estadal por su ubicación territorial, es una competencia ordinaria de la Administración Pública Nacional. De allí que resulte imperativo la urgente promulgación de la aludida ley de referendos, la cual como hemos dicho puede crear un órgano especial que se pronuncie sobre la admisibilidad del referendo, pudiendo inclusive reenviar el asunto a la Sala Constitucional en los casos en que sea necesaria una declaración sobre la constitucionalidad del asunto.

Giraud[85] trae dos ejemplos de interrelación nacional, estadal y municipal en materias susceptibles hipotéticamente de ser objeto de un referendo consultivo. En tal sentido expresa:

> Ahora bien, existe una gran interrelación entre el ámbito territorial de aplicación de los referendos y la materia de los mismos, lo cual puede plantear problemas como los siguientes: por ejemplo, si se planteara la demolición del puente Rafael Urdaneta, construido sobre el lago de Maracaibo, es evidente que es un asunto de interés municipal, pero nos preguntamos si no es también de interés estadal y aún interés nacional.

En ese mismo orden de ideas Giraud plantea el siguiente ejemplo:

> Igualmente, supóngase que un órgano del Poder Nacional prevé la construcción en un municipio determinado de un reactor atómico para producir electricidad destinada ser usada en la totalidad del país, pero que generará seguramente desechos tóxicos que afectarán fundamentalmente los habitantes del señalado municipio. En los ejemplos extremos que hemos puesto pudiera asumirse que se trata de decisiones de transcendencia nacional, como estadal y municipal, por lo que cabría preguntarse, cuál será el criterio para determinar el ámbito al que se extenderá la consulta. Así las

---

85 GIRAUD, Armando. Ob. cit., p. 86.

cosas, parece evidente que se impone una revisión y reflexión sobre estos elementos.

El indicado autor se limita a ejemplificar pero no propone posible soluciones, además la pregunta no es el ámbito sobre el cual se extenderá la consulta, sino determinar previamente a la luz de los artículos 156, 164 y 178 de la Constitución, que diseñan la base de creación del Estado federal venezolano, mediante la asignación de las competencias exclusivas de cada uno de los entes territoriales que integran dicho Estado, de tal manera que una vez hecha esa determinación corresponderá seguidamente indagar si se trata de una materia de especial trascendencia nacional.

Por supuesto que si se trata de una competencia ordinaria, por ejemplo de la Administración Pública Nacional, corresponderá dilucidar si es una materia de especial trascendencia nacional, desde luego que de llegarse a esa conclusión el referendo tendrá carácter nacional, excluyendo de esa manera a los referendos estadales y municipales. Y este mismo procedimiento se seguirá si se descarta que tenga carácter nacional, en la hipótesis de que sea estadal. En el análisis del problema, este se complicaría si constituye una materia concurrente con los estados y los municipios.

X. LA FASE PREVIA A LAS VOTACIONES (DELIBERACIONES)

La doctrina española denomina "deliberación" a la fase que precede a la celebración de las votaciones del referendo, que es aquella destinada a convertir la opinión de la ciudadanía sobre el referendo en una opinión informada[86], siendo fundamental para lograr ese cometido diseñar una regulación adecuada del proceso, sobre todo en lo relativo a la campaña electoral, destinada a garantizar la información veraz y transparencia a la ciudadanía.

---

86 SAENS, Eva. *El referéndum en España*. Marcial Pons. Madrid, 2018, pp. 125 y 126.

En tal sentido es necesario que la campaña esté orientada básicamente a lograr la claridad de la pregunta, porque esta variable es fundamental para conseguir una opinión informada de la comunidad. Además debe regularse la participación en términos de igualdad en la campaña tanto de los promotores del referendo como de los que oponen al mismo, así como establecer los plazos de la campaña, teniendo presente que el establecimiento de plazos breves atenta contra el logro de una opinión informada de la comunidad; de allí que se impongan plazos que superen los breves, sin ser excesivamente largos.

Pero reiteramos que en esta fase de deliberación constituye el factor fundamental la claridad de la pregunta, lo que no resulta fácil, debiendo tenerse en cuenta y ponderarse que generalmente existen intereses, fundamentalmente de los Poderes Públicos que promueven el referendo.

La claridad de la pregunta en los referendos ha dado lugar en Europa a que el Consejo de Europa haya dictado un Código de buenas prácticas del referendo, cuyas principales reglas respecto al punto bajo examen son que la pregunta debe ser clara, concreta y no debe inducir a error ni sugerir una respuesta determinada. La redacción de la pregunta debe respetar los principios de unidad y de contenido, siendo así que la pregunta no debe combinar un proyecto de reforma con redacción específica con una propuesta de redacción general o una pregunta de principios. Debe existir una conexión intrínseca entre las cuestiones o partes que constituyan el objeto de la pregunta, evitando someter a la vez normas de diferente jerarquía normativa. Por supuesto que estas reglas del referido Código son válidas para todos los tipos de referendos en los que desagrega la participación popular, de tal manera que en el caso del referendo consultivo valen en cuanto les resulten aplicables.

En cuanto concierne a la participación de los promotores y opositores al referendo en la campaña, cabe señalar que existen diversas posiciones doctrinarias al respecto[87], y en ese sentido cabe citar las más importantes, la primera postula que en la misma pueden participar el gobierno, los partidos políticos, las ONG, las organizaciones sociales y los ciudadanos en general. La segunda posición se decanta por el principio de neutralidad del gobierno, sobre la base que dispone de recursos públicos que en forma directa o indirecta pueden ser utilizados en favor de la opción de su preferencia. No obstante, se ha cuestionado esta tesis porque da pie a la participación de intereses privados poderosos que pueden destinar cantidades significativas de dinero para promocionar la opción contraria al gobierno, logrando orientar la ciudadanía en un sentido u otro.

Pues bien, la mayoría de los países son partidarios de dar libertad de participación, pero estableciendo los mecanismos que garanticen una participación igual entre los promotores y los opositores al referendo, lo que no resulta fácil en términos generales sobre todo en estos tiempos de utilización de las redes sociales, de manera casi incontrolable.

XI. EL CARÁCTER FACULTATIVO DEL REFERENDO CONSULTIVO

Por su misma denominación pareciera que este tipo de referendo debe tener un carácter facultativo y no vinculante, salvo disposición en contrario de la Constitución, y el resultado del referendo no vincula a los Poderes Públicos, sino que su carácter es orientador de los mismos.

Santamaría Pastor considera que resulta impensable que los Poderes Públicos una vez celebrado el referendo puedan adoptar una decisión en sentido contrario al pronunciamiento neto y rotundo de la voluntad popular[88].

---

87 SÁENZ ROYO, Eva. *El referéndum en España*. Marcial Pons. Madrid, 2018, pp. 128-131.

88 Citado por LÓPEZ, José Luis. En "El referéndum nacional sobre decisiones políticas...". Ob. cit., p. 215.

Sin duda se trata de una opinión que conforme a lo dispuesto en el artículo 71 constitucional compartimos, porque admitir que el Poder Público adopte una decisión contraria de la decisión del pueblo infringiría la *ratio* del citado precepto, y lo que es más grave constituiría una burla a la voluntad popular, aparte del gasto económico y político implicado en la celebración de un referendo que habría sido inútil. De allí que si bien resulta acertada la tesis sobre el carácter facultativo del referendo consultivo, al mismo tiempo debe admitirse en estricta puridad jurídica que facultativo no significa absolutamente no vinculante, porque al carecer los órganos de los Poderes Públicos de la facultad de adoptar una decisión contraria a la voluntad popular se configura en cierto grado una arista que permite postular la relatividad del carácter facultativo, según lo expuesto precedentemente.

Cabe observar que en Venezuela debido a la doctrina vinculante de las decisiones de la Sala Constitucional sobre la interpretación del contenido de las normas y principios constitucionales, según lo dispuesto en el artículo 335 de la ley suprema, la cuestión sobre el carácter facultativo del referendo bajo examen fue zanjada mediante la sentencia interpretativa de la Sala Constitucional n° 23 del 22-01-2003 (caso Desiré Santos Amaral, Ramón Darío Vivas y otros), en la que declaró que los referidos referendos consultivos tenían carácter facultativo, y por ende, no vinculante, en los siguientes términos:

> El referendo consultivo, como se apuntó, es un medio de participación directa, mediante el cual es posible consultar a la población su opinión sobre decisiones políticas de especial trascendencia (...).
> El referendo consultivo es facultativo, en tanto que su iniciativa depende de la voluntad de ciertas autoridades competentes, así como de la iniciativa popular (cf. Manuel García Pelayo. Derecho Constitucional Comparado, Madrid, Alianza Editorial, 1999, pág. 183), y en cuanto su eficacia jurídica, no tiene carácter vinculante (Ibid.), ya que consiste, únicamente, en una consulta a la población sobre su parecer en determinadas materias consideradas de especial trascendencia (...)

> Ahora bien, en el contexto del Estado democrático y social (artículo 2 de la Constitución de la República Bolivariana de Venezuela), la legitimidad de quienes ejercen la función pública no es sólo ab initio, o formal, sino también el resultado de una continua interacción entre el Estado y la sociedad (cf. García Pelayo, Las Transformaciones del Estado Contemporáneo, op. cit., págs. 1593-1654) con la consecuente materialización de los postulados de la Constitución. Así, quienes ejercen la función pública, dada la transparencia y publicidad en su ejercicio (artículo 141 eiusdem), son escrutados día a día por los ciudadanos, quienes evalúan de manera permanente la performance de aquellos que la ejercen.
> En consecuencia, con fundamento en los razonamientos precedentes, esta Sala considera que el resultado del referéndum consultivo previsto en el artículo 71 de la Constitución de la República Bolivariana de Venezuela no tiene carácter vinculante en términos jurídicos, respecto de las autoridades legítima y legalmente constituidas, por ser éste un mecanismo de democracia participativa cuya finalidad no es la toma de decisiones por parte del electorado en materias de especial trascendencia nacional, sino su participación en el dictamen destinado a quienes han de decidir lo relacionado con tales materias.

No obstante, observamos en esa oportunidad no se pronunció sobre la arista doctrinal del carácter facultativo del referendo consultivo, puesta de manifiesto por Santamaría Pastor, bien porque no se percató de la misma o porque implícitamente rechazó la tesis del autor español. De allí que queda abierta la posibilidad de sostener la tesis sobre la relatividad del carácter facultativo del referendo consultivo, sin que ello signifique desconocer la jurisprudencia de la Sala Constitucional.

Ahora bien, consideramos en el caso de cualquiera de las dos alternativas antes mencionadas, se impone un pronunciamiento, porque lo que se pone en valor es el principio sobre la participación popular, del cual son especies fundamentales los referendos a que se contraen los artículos que van del 71 al 74 constitucionales, además de los denominados referendos constitucionales referidos a la enmienda y la reforma de la ley suprema previstos en los artículo 340 y 342 *ejusdem*, así como la fundamentación categórica de la tesis de Santamaría Pastor, en el caso del carácter facultativo del referendo consultivo, la cual compartimos sobre la base de la interpretación teleológica y sistemática del artículo 71 constitucional, tal como lo expusimos antes.

CAPÍTULO IV: EL REFERENDO APROBATORIO

I. PREMISA INTRODUCTORIA

Como expusimos precedentemente, en la relación consulta popular-referendo, el segundo es la especie y la primera el género, razón por la cual se puede definir el referendo aprobatorio como una consulta que se somete al pueblo sobre leyes que se encuentren en discusión en la Asamblea Nacional, sobre una especial categoría de tratados internacionales en los cuales esté en juego la soberanía, o que trasfieran competencias a órganos supranacionales, de proyectos de leyes sometidos a discusión en la Asamblea Nacional, de proyectos de leyes presentados por iniciativa popular y de los denominados doctrinariamente como referendos constitucionales, es decir, referendos de enmiendas y reformas constitucionales.

De manera que difieren de los referendos abrogatorios y consultivos respectivamente, cuyo objeto si bien se refiere a las leyes y a los decretos con fuerza de ley está planteado en forma indeterminada, en virtud de que en principio todos los instrumentos normativos sancionados por la Asamblea Nacional y los decretos con fuerza de ley dictados por el Presidente de la República en Consejo de Ministros pueden ser abrogados por el pueblo, y en el caso del consultivo todas materias de especial trascendencia nacional, es decir, cualquier materia con la particularidad de que debe encuadrar en la categoría de especial trascendencia nacional, estadal y municipal.

Queda clara la diferencia que se configura entre el referendo aprobatorio y los referendos abrogatorios y consultivos, pues reiteramos que el objeto del primero está nominado y delimitado en la Constitución; en cambio, en los otros dos su objeto es indeterminado.

Cabe puntualizar que si bien se denominan aprobatorios, en esa denominación está implicada desde el punto de vista lógico también la posibilidad de que adquieran el carácter denegatorio, si la opción del "no" supera a la del "sí", en virtud de que toda consulta está caracterizada solamente por dos opciones, y la pregunta objeto de la misma se desagrega en un "sí" y un "no", de tal manera que desde el punto lógico y legal ambas opciones tienen las mismas posibilidades de resultar vencedoras. Si el referendo aprobatorio tuviera como única posibilidad el "sí", es decir, la pregunta estuviera formulada de manera que solo el "sí" pudiera ser la única opción ganadora, entonces tendría el carácter de un plebiscito como los que solían ser utilizados por Napoleón Bonaparte para que el pueblo aprobase sus decisiones más importantes.

En fin, debe admitirse que en el ordenamiento constitucional venezolano únicamente están previstos desde el punto de vista cuantitativo cuatro tipos de referendos aprobatorios, con la singularidad de que están totalmente diferenciados entre sí, razón por la cual desde el punto de vista metodológico se impone su estudio uno por uno.

II. EL REFERENDO APROBATORIO DE PROYECTOS DE LEYES QUE SE ENCUENTREN EN FASE DE DISCUSIÓN EN LA ASAMBLEA NACIONAL

Este tipo particular de referendo aprobatorio previsto en el artículo 73 constitucional exige para su configuración que los proyectos de leyes se encuentren en fase de discusión, lo que implica de conformidad con el supuesto de hecho de la norma que se entienden por tales tipos de proyectos de leyes aquellos cuyo estado del procedimiento abarque desde la primera discusión hasta la segunda discusión, aun cuando esta se haya iniciado, lo que comprende la elaboración del respectivo informe por la Comisión que tenga la competencia para hacerlo y hasta la segunda discusión de este, aun en tercera lectura del proyecto, por supuesto, sin que haya sido declarado sancionado por el presidente de la Asamblea Nacional, porque una vez realizado este acto, deja de ser proyecto y se convierte en una ley sin importar que falten las fases de promulgación y publicación, porque la mejor demostración de que la referida declaratoria de sanción lo transforma en ley en principio válida, pero no eficaz, es que el Presidente de la República antes de promulgarla y publicarla, tiene atribuida la potestad de solicitar su inconstitucionalidad ante la Sala Constitucional del Tribunal Supremo de Justicia (art. 214, tercer aparte, constitucional).

Conviene reiterar que un proyecto de ley puede haber sido presentado ante la Asamblea Nacional y una Comisión puede estarlo trabajando para presentarlo a la plenaria de la Cámara, para que se inicie la primera discusión; sin embargo, este caso no encuadra en el supuesto de hecho de la norma constitucional, razón por la cual no podrá ser sometido a referendo aprobatorio, conforme a lo dispuesto por la Constitución y el Reglamento Interior y de Debates de la Asamblea Nacional, sencillamente porque no ha comenzado la primera discusión.

La iniciativa para promover y solicitar este referendo aprobatorio, según se desprende del artículo 73 *ejusdem*, corresponde exclusivamente a la Asamblea Nacional, para decidir someter el proyecto de ley que se encuentre en discusión cuando así sea decidido por lo menos por las dos terceras partes de los integrantes del órgano.

Nótese que se trata de una mayoría calificada, cuyo base de cálculo es la totalidad de los integrantes de la Asamblea Nacional, y no la de los miembros presentes en la correspondiente sesión del órgano parlamentario nacional, de lo cual se desprende que la conformación de la mayoría requerida para la iniciativa es difícil de configurarse cuando se trate de un Parlamento caracterizado por una pluralidad de partidos políticos, pues bastará que vote en contra o que se abstenga un poco más de un tercio de los diputados para que iniciativa fracase.

Más aún, debe ponerse en valor que esa decisión de solicitar la convocatoria del referendo aprobatorio implica la abdicación de la potestad del Parlamento para continuar discutiendo ese proyecto de ley, de tal manera que debe existir una razón muy importante políticamente para que se torne viable esa abdicación.

El objeto de este tipo de referendo aprobatorio no está sujeto a excepciones, en virtud de que el proyecto puede estar referido a cualquier tipo de ley (ordinaria, orgánica, habilitante y de bases). Por tanto, reiteramos que no existe excepción alguna sobre la materia que se pretenda regular con el proyecto de ley, verbigracia tributaria, derechos humanos, aprobatoria de tratados internacionales, de amnistía, etc. Inclusive comprende también aquellas materias que son de reserva legal de parlamento, en virtud de que la variable que condiciona la viabilidad del referendo es que el proyecto de ley se encuentre en discusión, independientemente de la materia que se trate.

Por esa razón, el referendo de acordarse su convocatoria puede recaer sobre cualquier proyecto de ley independientemente de la materia que pretenda regular, y del procedimiento agravado de la discusión, como ocurre con las habilitantes que requieren para sanción una mayoría calificada de por lo menos tres quintas partes de los integrantes de la Asamblea Nacional, pero en este orden de ideas hay que tener cuidado con las leyes orgánicas, cuyo procedimiento también es agravado, en virtud de que el mismo tiene una fase más que el correspondiente a la formación de las leyes ordinarias, y se trata de que antes de iniciarse su discusión debe ser considerada como orgánica por un mayoría calificada de por lo menos las dos terceras partes de los miembros presentes en la respectiva sesión. Advertimos que debe tenerse cuidado, porque en este caso el proyecto se presenta a la Asamblea para su discusión, pero esta no inicia la discusión hasta después que la ley sea calificada como orgánica en los términos antes expuestos.

Una vez adoptada la decisión por la Asamblea Nacional, el presidente de esta hará la notificación al Consejo Nacional Electoral, acompañándola del punto del acta de la sesión debidamente certificado, en la cual conste que fue aprobado el asunto con las dos terceras partes de sus integrantes. Además, deberá anexar el texto del proyecto de ley respectivo.

El cumplimiento del anterior requisito genera una interrogante relativa sobre cuál proyecto debe ser remitido al órgano electoral, en virtud de que puede ser el presentado a la plenaria de la Asamblea a los fines de la primera discusión, o el proyecto en el estado de la discusión en que encuentre, inclusive este puede encontrarse en la segunda discusión, faltando la tercera lectura del proyecto para su sanción, si fuere el caso.

Al respecto consideramos que debe optarse por esta última alternativa, en virtud de que la Constitución en el artículo 73 se refiere al proyecto de ley, el cual recibe esta denominación desde el momento en que es presentado para la primera discusión hasta el último acto de la segunda discusión que precede a su sanción, sin distinguir entre el que se presenta para su primera discusión hasta el estado en que se encuentre cuando la Asamblea Nacional decida solicitar la convocatoria del referendo aprobatorio.

En este caso la admisión es un acto reglado, porque basta que el presidente de la Asamblea Nacional solicite la convocatoria del referendo, y acompañe la prueba documental de cual se evidencie que el órgano legislativo aprobó con la mayoría calificada antes indicada, la solicitud de convocatoria del referendo, para que el Consejo Nacional Electoral quede obligado a admitir la solicitud.

Además como ha quedado evidenciado por lo expuesto anteriormente, la única legitimada para solicitar este tipo de referendo aprobatorio es la Asamblea Nacional.

1. La fase de deliberación

Una vez admitida la solicitud de referendo, el CNE debe abrir la fase de la propaganda electoral con la finalidad de que se inicie la denominada por la doctrina española "fase de deliberación", estableciendo las fechas de inicio y fin del lapso en que el que se realizará la propaganda electoral. Ese lapso debe ser en principio suficiente para que toda la población pueda llegar a formarse una opinión suficientemente informada sobre el contenido del proyecto de ley objeto del referendo, y a tal fin jugarán un rol fundamental la Asamblea Nacional y demás adherentes como promotores y los opositores al mismo.

Aquí cabe preguntarse si la Asamblea Nacional en su carácter de promotora de este, podrá participar activamente en la campaña electoral, lo que hace surgir la clásica interrogante si resulta conveniente que los órganos del gobierno en sentido lato intervengan en el debate electoral, y la respuesta en nuestro criterio, en este caso particular, debe ser afirmativa, siempre que el órgano electoral dicte las pautas normativas tendientes a que tengan tanto los promotores como los opositores al referendo las mismas oportunidades de acceso a los medios públicos de comunicación social, así como limitar los horarios de propaganda que se establezcan, con la finalidad de intentar lograr la igualación de oportunidades en materia de propaganda electoral y de gastos en la misma, máxime si se tiene en cuenta que el órgano gubernamental podrá disponer de fondos públicos.

De todas maneras aun tratándose de un lapso de propaganda electoral suficiente, y aun controlando los gastos de la misma, tanto por promotores como opositores, no existe garantía alguna de que la población como dijimos antes se forme una opinión suficientemente informada, máxime cuando se trate de proyectos de leyes, cuyo contenido esté formado por muchos artículos, verbigracia más de cien, o bien que el proyecto de ley aun cuando tenga un número reducido de estos, mediante él se pretenda regular materias muy complejas desde el punto de vista técnico, tributario, minero, etc.; de tal manera que aun planteada en esos términos la fase de deliberación es poco probable que esta logre su propósito.

2. El requisito de validez del referendo aprobatorio y de la declaración exitosa del mismo

El citado artículo 73 constitucional condiciona la validez del referendo a que hayan concurrido a sufragar por lo menos el 25% de los electores inscritos en el Registro Civil y Electoral, y al respecto cabe observar que igual que ocurre con el referendo abrogatorio, se exige un porcentaje mínimo de votantes, tomando como base de cálculo el número de electores inscritos en el Registro Civil y Electoral, es decir, de la totalidad de los que lo integran, de tal manera que si se abstiene, por ejemplo, el 76% de los integrantes del mencionado Registro, se declarará que el referendo carece de validez y, en consecuencia, no serán computados los votos y se procederá a destruir todo el material electoral.

Si se supera el anterior porcentaje de votantes, inmediatamente se procederá a escrutar y totalizar los votos, siendo declarado exitoso el referendo cuando el número de "síes" supera el de "noes"; por supuesto, que si se invierten esos números se procederá a declarar lo contrario.

En el primer caso, el proyecto de ley se convierte en ley, independientemente de su clase (ordinarias, orgánicas, habilitantes o de bases) y el Presidente de la República en Consejo de Ministros queda obligado a promulgarla en el plazo máximo de diez días previsto en el artículo 214 de la Constitución.

Cabe advertir que como en este caso resulta improcedente que el Presidente de la República pueda recurrir a las figuras de la reconsideración, ni a la del levantamiento de la sanción de la ley, de conformidad con el precepto constitucional antes citado, en virtud de que la ley no es producto de la sanción de Asamblea Nacional, sino de la aprobación del pueblo, razón por la cual resulta irrevisable por el Presidente de la República. Tampoco este puede optar por solicitar la inconstitucionalidad total o parcial de la ley antes de su promulgación, pues como dijimos antes, esta es producto del ejercicio directo de la soberanía por el pueblo, lo que no obsta que pueda ser impugnada después de publicada por los interesados, inclusive por el Presidente de la República como demostramos de seguidas.

Naturalmente que el proyecto de ley aprobado como ley por el pueblo no adquiere por ese hecho inmunidad jurisdiccional, razón por la cual podrá ser impugnada parcial o totalmente ante la Sala Constitucional del Tribunal Supremo de Justicia, pero reiteramos que el Presidente de la República tendrá una interdicción para solicitar su nulidad por inconstitucionalidad, en los términos del mismo artículo 214 *ejusdem*, es decir, ante la promulgación y publicación de la ley.

III. EL REFERENDO DE TRATADOS, ACUERDOS O CONVENIOS INTERNACIONALES QUE PUDIEREN COMPROMETER LA SOBERANÍA NACIONAL O TRANSFERIR COMPETENCIAS A ÓRGANOS SUPRANACIONALES

1. El objeto

Como se desprende del epígrafe, el mismo está referido a dos modalidades de la misma clase de referendo aprobatorio, que pueden constituir el objeto del mismo.

La primera concerniente a todo tipo de tratado internacional que pueda comprometer la soberanía de la República y al respecto conviene aclarar que la noción de soberanía ha evolucionado de un concepto absoluto, según el cual la soberanía tiene límites externos que no son susceptibles de ruptura por ningún país extranjero, ni por acuerdo entre los Estados, constituyendo su ruptura una fuente de conflicto que puede llegar a tener carácter bélico, pero en la actualidad tal concepto se ha relativizado[89] y mejor podría decirse que ha evolucionado como consecuencia de la instauración de las relaciones internacionales entre los países mediante la firma de tratados o acuerdos bilaterales o plurilaterales que pueden implicar sacrificio de la soberanía externa en términos de reciprocidad por cada uno de los países firmantes.

Pues bien, en los casos que la firma de esos instrumentos de derecho internacional comprometa la soberanía, se configura el supuesto de hecho constitucional que puede dar lugar a la convocatoria de este tipo de referendo aprobatorio.

Pero también se configura el aludido supuesto normativo cuando se trate de tratados internacionales que impliquen la

[89] PEÑA SOLÍS, José. *Lecciones de Derecho Constitucional General. Volumen* I. Ob. cit., pp. 220-223.

transferencia de competencias constitucionales o administrativas a órganos supranacionales, lo que ocurre generalmente en acuerdos de integración económica, en los cuales se impone la recepción de reglas consolidadas del Derecho comunitario, sin cuya vigencia en un tratado de esta naturaleza la integración económica resultaría nugatoria. Por supuesto que este tipo de acuerdos internacionales también están regidos por el principio de reciprocidad, y cuando los Estados los ratifican saben a ciencia cierta que están comprometiendo parte de la soberanía sobre la base del principio de reciprocidad.

Aunque ambos tipos de tratados se han "normalizado" en el marco de las relaciones internacionales, algunos de ellos pueden considerarse que por su excepcional importancia política, estratégica o económica requieren su aprobación por el pueblo mediante el referendo aprobatorio, como técnica de democracia directa, siendo esa la oportunidad para que cualquiera de los legitimados activos pueda solicitar su convocatoria cumpliendo con los requisitos exigidos constitucional y legalmente.

2. La convocatoria

Están legitimados por el artículo 73 constitucional para solicitar la convocatoria del referendo, el Presidente de la República en Consejo de Ministros, la Asamblea Nacional mediante decisión adoptada con la mayoría calificada de las dos terceras partes de sus integrantes y los electores en un porcentaje no menor al 15% de los inscritos en el Registro Civil y Electoral.

En el primer caso el Presidente de la República hará la solicitud al Consejo Nacional Electoral acompañándola de la copia certificada del punto del acta del Consejo de Ministros de la correspondiente sesión, y el órgano electoral al recibirla deberá fijar la fecha de la convocatoria del referendo y la fecha en que llevará a cabo el acto de votación, previo cumplimiento del procedimiento respectivo, iniciándose las fases para que los partidos políticos, así como los grupos electores, manifiesten su voluntad de adherirse en condición de promotores y de opositores al referendo. También deberá fijar el período de propaganda electoral dentro del cual se cumplirá la fase de deliberación.

Cuando la solicitud provenga de la Asamblea Nacional, esta igual que en el caso anterior deberá hacer la solicitud ante el Consejo Nacional Electoral, acompañándola de la prueba de que la decisión fue adoptaba con la mayoría calificada de las dos terceras partes de los integrantes de la Asamblea Nacional. Hecha la verificación correspondiente, el CNE la admitirá y procederá a fijar la fecha de celebración de la votación, pero previamente deberá publicar el cronograma de las fases que integran el respectivo procedimiento, en la forma indicada anteriormente.

En la hipótesis de que la solicitud sea por iniciativa popular, los interesados deberán manifestar su voluntad ante el Consejo Nacional Electoral, pudiendo ser grupos de electores, quienes deberán cumplir con el requisito de admisibilidad exigido constitucionalmente, esto es, presentar ante el órgano electoral la adhesión de por lo menos el 15% de los electores inscritos en el Registro Civil y Electoral, y a tal fin deberán dar cumplimiento a los requisitos formales y sustanciales exigidos por el Consejo Nacional Electoral. Una vez que este órgano comprueba que los interesados han logrado cumplir con esos requisitos, deberá proceder a admitir la solicitud de convocatoria, pasando a cumplir todas las fases del procedimiento expuesto en los puntos anteriores relativos al referendo aprobatorio de los proyectos de leyes que se encuentren en discusión en la Asamblea Nacional.

3. El problema interpretativo de la inexistencia del requisito de validez de este referendo

El artículo 73 constitucional distingue entre el referendo aprobatorio de leyes, cuyos proyectos se encuentren en discusión en la Asamblea Nacional, y el referendo aprobatorio de tratados internacionales que pudieren comprometer la soberanía nacional, o transferir competencias a órganos supranacionales, y sobre la base de esa distinción establece el criterio de validez de la primera clase de referendo aprobatorio, pero omite dicho criterio para la segunda clase de referendo. En efecto, la disposición constitucional precisa claramente dicho criterio para el primer tipo de referendo aprobatorio, puntualizando que dicha validez está condicionada a que concurran a votar al menos 25% de los electores inscritos en el Registro Civil y Electoral, y para el segundo caso no establece ningún criterio.

Por lo tanto, ante tal situación, pueden proponerse dos soluciones interpretativas, a saber: *(i)* que la voluntad de la Constitución sea que cuando se trate del segundo tipo de referendo, este será válido cualquiera sea el número de personas que concurran a votar y, *(ii)* que haya sido un error de "técnica constituyente" de los constituyentistas, quienes en lugar de colocar ese criterio al final del primer aparte del artículo 73, lo hicieron en el encabezamiento del precepto.

Pensamos que debe primar la segunda proposición interpretativa, porque si bien es cierto que el referendo es un derecho político que implica la participación directa del pueblo en los asuntos públicos, el cual constituye una excepción en el ordenamiento constitucional y produce un quiebre de las técnicas de democracia representativa, impone la necesidad de garantizar que las decisiones adoptadas mediante el ejercicio del referido derecho estén respaldadas por un número mínimo de electores que concurran al acto de votación, de tal manera que el referendo no desnaturalice la finalidad constitucional del mismo por carecer de legitimación popular.

En fin, considerando que se trata de un error de la Constitución haber omitido el criterio de validez del segundo tipo de referendo aprobatorio, razón por la cual debe subsanarse aplicando analógicamente el criterio establecido expresamente para el primer tipo de referendo aprobatorio al segundo tipo, siendo válidas a mayor abundamiento las razones expuestas precedentemente, sobre la necesidad de garantizar que el referendo sea válido cuando concurra a votar un porcentaje mínimo de electores.

4. Los efectos del segundo tipo de referendo aprobatorio

En la hipótesis de que el referendo sea válido y exitoso, el tratado quedará aprobado, obviamente sin necesidad de su aprobación mediante ley por la Asamblea Nacional, tal como lo exige el artículo 154 constitucional, de tal manera que sin ninguna otra actuación el Presidente de la República deberá proceder a ratificarlo, una vez que los resultados sean proclamados por el Consejo Nacional Electoral y formalizado esa proclamación mediante la notificación al Presidente de la República, con la particularidad de que este mantiene la potestad que le confiere el artículo 217 de la Constitución, el cual dispone que "la oportunidad de promulgar la ley aprobatoria de un tratado internacional quedará a la discreción del Ejecutivo Nacional, de acuerdo con los usos internacionales y la conveniencia de la República".

Esta norma resulta aplicable porque la aprobación del referendo sustituye a la ley aprobatoria que debe sancionar la Asamblea Nacional. En suma, lo importante en el asunto bajo examen, es la potestad discrecional del Poder Ejecutivo para determinar la oportunidad de ratificar el tratado internacional.

IV. EL REFERENDO APROBATORIO DE ENMIENDAS Y REFORMAS CONSTITUCIONALES

1. Premisa introductoria

El denominado referendo constitucional en el Derecho comparado es concebido como una modalidad del referendo aprobatorio que consiste en consultar al pueblo en los casos de reforma total o parcial de la Constitución, correspondiendo la primera a la revisión total de la Constitución, como ocurre en España (arts. 167 y 168 de la Constitución), manteniéndose la misma denominación de reforma para la que tiene carácter parcial.

En Venezuela se rompe ese esquema pues solo están previstas la enmienda y la reforma, mas no la revisión total, en virtud de que en lugar de la revisión total pareciera que está prevista la figura de la Asamblea Nacional Constituyente, la cual es convocada exclusivamente para aprobar una nueva Constitución (arts. 340, 342 y 347 constitucionales), y excede los límites de una revisión total, razón por la cual supera el ámbito material de esta.

El referendo constitucional está limitado solo para las enmiendas y las reformas, debido a que pese a la mayor importancia que tiene la Asamblea Nacional Constituyente, que como ya dijimos implica la aprobación de una nueva Constitución, no está previsto en el texto constitucional que una vez aprobada esta por la referida Asamblea Nacional Constituyente, deba ser sometida a referendo aprobatorio, pero el estudio de esa incongruencia constitucional excede los límites de este trabajo.

En este trabajo no entraremos a estudiar la enmienda y la reforma, sobre todo las eventuales diferencias de carácter sustancial que existe entre ellas, en virtud que la primera es definida en el artículo 340 de la Constitución así: "La enmienda tiene como objeto la adición o modificación de uno o varios artículos de esta Constitución sin alterar su estructura fundamental", y la segunda es definida en los siguientes términos: "La reforma constitucional tiene por objeto una revisión parcial de esta Constitución y la sustitución de una o varias de sus normas que no modifiquen la estructura y principios fundamentales del texto constitucional" (art. 342).

La sola lectura de ambos artículos demuestra que resulta sumamente difícil diferenciar ambas figuras desde el punto de vista sustantivo, y esa fue la razón por la cual cuando resultó aprobada la Enmienda n° 1 sobre la reelección indefinida de los titulares de los cargos elegidos popularmente[90], la gran mayoría de los autores venezolanos[91] cuestionaron que se le diera el

---

90 Gaceta Oficial n° 5.908 Extraordinario de 19-02-2009.

91 PEÑA SOLÍS, José. "La revisión de la Constitución". En: *Revista Venezolana de Legislación y Jurisprudencia n° 5*. Caracas, 2005, p. 558. BREWER-CARÍAS, Allan. "Reforma Constitucional y fraude a la Constitución: el caso de Venezuela 1999-2009". En: Pedro Rubén Torres Estrada y Michael Núñez Torres (Coordinadores) *La reforma constitucional.*

tratamiento de enmienda, cuando lo que correspondía era que se le diera el de una reforma.

Soslayando los problemas interpretativos que se presentan para diferenciar sustantivamente la enmienda de la reforma, pasamos a estudiar el referendo aprobatorio constitucional[92].

2. La diferencia entre la iniciativa para la tramitación de enmiendas y reformas constitucionales, y la iniciativa de la convocatoria del referendo de enmiendas y reformas

Es importante destacar que la iniciativa para convocar este tipo de referendos es *ope constitutionem*, pero debe distinguirse de la iniciativa para solicitar la enmienda, la cual requiere para su tramitación que necesariamente parta de por lo menos un 15% de los ciudadanos inscritos en el Registro Civil y Electoral, o un 30% de los integrantes de la Asamblea Nacional o del Presidente de la República en Consejo de Ministros.

Sobre el procedimiento de tramitación de la enmienda se han formulado dos tesis. La primera según la cual cualquiera de los legitimados que tenga la iniciativa para la enmienda, esta necesariamente tendrá que ser tramitada por la Asamblea Nacional siguiendo el procedimiento para la formación de las leyes. La segunda que considera de acuerdo con el tenor literal de la Constitución (art. 341), que solo se seguirá el procedimiento antes indicado cuando la iniciativa sea de la Asamblea Nacional. En cambio, cuando sea por iniciativa popular o provenga del Presidente de la República en Consejo de Ministros, bastará presentar el texto de la enmienda al Consejo Nacional Electoral para que este convoque el referendo.

Sus implicaciones jurídicas y políticas en el contexto comparado Cátedra Estado de Derecho. Editorial Porrúa México, 2010, pp. 421-533.

92 PEÑA SOLÍS, José. Lecciones de Derecho Constitucional Venezolano. Tomo III. Caracas, 2015. https://saber.ucv.ve/bitstream/10872/18618/1/LECCIONES%20DERECHO%20CONSTITUCIONAL%20VOLUMEN%203.pdf pp. 558-561.

Están legitimados para la iniciativa de la reforma los mismos indicados para la convocatoria de la enmienda, con la particularidad de que cuando la iniciativa de la convocatoria provenga de la Asamblea Nacional, la decisión deberá ser aprobada por la mayoría absoluta de sus integrantes. Cuando la iniciativa tenga un carácter popular debe ser presentada por el mismo porcentaje de electores requeridos para convocar las enmiendas, inscritos en el Registro Civil y Electoral (un mínimo del 15% de los electores), y cuando sea del Presidente de la República la decisión debe ser adoptada en Consejo de Ministros, y en todos los casos la iniciativa será tramitada siguiendo el procedimiento previsto en el artículo 343 de la Constitución, es decir, en tres discusiones del proyecto de reforma constitucional y aprobación en un plazo no mayor de dos años a partir de la fecha en la cual Asamblea Nacional conoció y aprobó la solicitud de reforma, aprobación que debe contar con el voto favorable de las dos terceras partes de sus integrantes.

Reiteramos, pues que existe una diferencia sustancial entre la iniciativa para la tramitación de la enmienda y la reforma y la iniciativa de convocatoria del referendo que resulta necesario para aprobar o negar las primeras, en virtud de que en realidad, como dijimos antes, la convocatoria del referendo se produce por obra de la Constitución y en realidad se trata de un mandato para que el Consejo Nacional Electoral una vez recibido el texto de la enmienda o de la reforma quede obligado a convocar el referido referendo aprobatorio.

3. El procedimiento de tramitación del referendo aprobatorio de la enmienda

La Constitución establece que el Consejo Nacional Electoral someterá a referendo las enmiendas a los treinta días siguientes a su recepción formal (art. 341, num. 3) y todo apunta que se trata de un mandato que debe computarse en días continuos, que el órgano electoral está obligado a cumplir, salvo causa de fuerza de mayor.

Aunque la Constitución no lo diga expresamente está implícito en dicha norma que dentro de ese lapso debe fijarse el período de propaganda electoral, aunque en el caso de la única experiencia derivada de la aplicación de los preceptos constitucionales regulatorios de la enmienda, cuya aprobación dio lugar a la introducción de la reelección indefinida en el año 2009 en nuestro ordenamiento constitucional, no se estableció dentro del lapso de los treinta días el período de la propaganda electoral para que los electores se formasen una opinión suficientemente informada sobre el objeto de la enmienda, además la figura de los opositores y partidarios de dicho referendo no fue ni siquiera mencionada por el Consejo Nacional Electoral en su convocatoria.

Ante la ausencia de ese lapso resulta necesario interpretar en ausencia de una ley de referendos que necesariamente dentro del mismo debe fijarse un período de propaganda electoral, el cual servirá al mismo tiempo para que se registren en el Consejo Nacional Electoral los partidarios del referendo, así como los opositores al mismo, pero en virtud de que se trata de un referendo que se configura por obra de la Constitución (*ope constitutionem*), no se produce una equiparación de los legitimados para formular la iniciativa de la reforma y los partidarios del referendo, razón por la cual dichos legitimados adoptarán ese rol solo si manifiestan su voluntad ante el Consejo Nacional Electoral, lo que será prueba suficiente para otorgarle el carácter de partidarios, porque es obvio que si fueron los que tuvieron la iniciativa de solicitar la tramitación de la enmienda, adquieren la referida condición de partidarios de pleno derecho. Así por ejemplo, si quien tuvo la iniciativa para solicitar la tramitación de la enmienda fue el Presidente de la República, todo el Gobierno adquirirá el rol de partidario. En cambio, los pretendidos opositores para adquirir esta condición tendrán que acreditar el respaldo con un apoyo de un porcentaje mínimo de electores inscritos en el Registro Civil y Electoral, que será determinado reglamentariamente a los efectos adquirir la condición de opositores u oponentes al referendo aprobatorio de la enmienda.

En fin, queda claro que dentro de los treinta días que la Constitución fija para que el Consejo Nacional Electoral someta a referendo las enmiendas, en ausencia de una ley de referendos que regule esta materia, deberá establecer un plazo para que se desarrolle la campaña electoral, y se acrediten los interesados como partidarios y opositores al referendo en los términos antes expuestos, así se desprende de los principios de igualdad, de pluralismo político y de democracia.

4. La proclamación de la validez y aprobación de la enmienda

Para determinar la aprobación de la enmienda, la Constitución establece en el artículo 341, numeral 4, que "se considerarán aprobadas las enmiendas de acuerdo con lo establecido en esta Constitución y en la ley relativa al referendo aprobatorio", y de conformidad con ese reenvío al artículo 73, encabezamiento, de la Constitución, si el referendo concluye en un sí aprobatorio, siempre que haya concurrido el 25% de los electores inscritos en el Registro Civil y Electoral, el proyecto correspondiente será sancionado como ley, por supuesto que haciendo las adecuaciones correspondientes en el marco del mencionado reenvío, debe leerse que se considerará sancionada la enmienda.

La disposición constitucional está referida tanto a la validez del referendo como a la aprobación del mismo, de manera que se establece una relación causal entre esas dos variables, de tal forma que la validez constituye la causa y la aprobación el efecto, lo que permite concluir que si el referendo no resulta válido por no haber concurrido al acto de votación el porcentaje de electores antes indicado, tampoco será válido predicar la aprobación del mismo, porque consecuencialmente no habrá ni escrutinios ni totalización.

Por consiguiente, en este caso estamos ante una remisión normativa *in totum* al artículo 73 constitucional, de la cual se desprende que para poder proclamar la aprobación del referendo aprobatorio de las enmiendas es necesario que el referendo sea válido en los términos antes expuestos y que la opción del "sí" supere a la del "no".

5. El procedimiento de tramitación de la reforma constitucional

Una vez aprobado el proyecto de reforma constitucional con por lo menos las dos terceras partes de los integrantes de la Asamblea Nacional, independientemente del legitimado activo que hubiese tenido la iniciativa para proponer la tramitación de la reforma (la propia Asamblea Nacional, el Presidente de la República en Consejo de Ministros, y por iniciativa popular siempre en un porcentaje no menor al 15% de los electores), su aprobación requerirá el cumplimiento del procedimiento previsto en el artículo 343 constitucional, es decir, que el proyecto de reforma sea sometido a tres discusiones en el seno de la Asamblea Nacional, desde luego que cuando el legitimado activo que la proponga, sea distinto a la Asamblea Nacional no se requerirá que esta apruebe la iniciativa de la tramitación de la reforma por la mayoría absoluta de sus integrantes. Pues bien, una vez aprobado el proyecto de reforma por el mencionado órgano legislativo nacional, este será remitido al Consejo Nacional Electoral, para que lo someta al referendo aprobatorio dentro de los treinta días siguientes a su sanción.

Observamos que en la fijación de la fecha del referendo pareciera que se incurrió en un error, en virtud que se estableció el inicio del decurso del referido lapso a partir de la fecha de la sanción del proyecto (art. 344), pues lo lógico sería que el acto que marcara el mencionado inicio de dicho lapso fuera el de la fecha recepción del mismo por el Consejo Nacional Electoral, como ocurre con la enmienda (art. 341, num. 3), en virtud de que puede producirse un desfase entre la fecha de la sanción del proyecto de reforma y la recepción formal del mismo por el órgano electoral, que por ejemplo podría ser de diez días o más, de tal manera que el lapso para la celebración del referendo se reduciría a veinte días o menos, dentro de los cuales deberá realizarse la fase de propaganda electoral, de deliberación y de la acreditación de los partidarios y opositores del referendo, lo que según el principio general de Derecho y las buenas prácticas en esta materia el aludido lapso debe ser el necesario para que los ciudadanos resulten informados suficientemente, máxime en el caso de una reforma constitucional que puede ser muy amplia como la que intentó el Gobierno en 2007 que superaba los sesenta artículos, y además puede ser votada por parte, alcanzando hasta una tercera parte de la misma.

Es claro entonces que a la luz del tenor literal del artículo 344 constitucional no se cumple ni el citado principio ni las buenas prácticas que rigen esta materia. Conviene reenviar en materia de acreditación de partidarios y opositores a este tipo de referendos, a lo expuesto precedentemente sobre la misma materia cuando indicamos las actividades que debe cumplir el Consejo Nacional Electoral dentro del lapso de treinta días fijados para la convocatoria del referendo aprobatorio de las enmiendas.

Por consiguiente, mediante la interpretación de ese precepto a la luz de los principios constitucionales o valores superiores del ordenamiento jurídico de igualdad, democracia y pluralismo político a que se contrae el artículo 2 de la Carta Magna, y recurriendo a los cánones de la interpretación sistemática y teleológica, se impone, en primer lugar, colocar el punto de inicio del indicado lapso de treinta días continuos en la fecha de recepción formal de la reforma por el CNE, soslayando la fecha de la sanción de la misma. En segundo lugar, dejar transcurrir los treinta días del lapso a que se contrae el artículo 344 constitucional. Y en tercer lugar, establecer dentro de ese período un lapso para que se desarrolle la campaña electoral, la fase de deliberación y la acreditación de los partidarios y opositores u oponentes al referendo aprobatorio de la reforma.

Conviene señalar finalmente que bastaría apegarse al tenor literal de la norma constitucional, de tal manera que resulte aplicable en los términos a que se contrae la misma, pues esta además de referirse a la fecha de sanción de la reforma dispone que la fecha para la celebración del referendo puede ser fijada por el órgano electoral dentro del lapso que discurre los treinta días a partir de la mencionada sanción de la reforma, por lo que el órgano electoral puede fijar la celebración del referendo por ejemplo a los cinco días de esa fecha. Si bien reiteramos que reconocemos que una actuación del órgano electoral de esa clase estaría fundada en el tenor literal del citado artículo 344 *ejusdem*, no dejamos mostrar cierta perplejidad, porque los constituyentes establecieron un término de treinta días para la celebración de la enmienda que sin duda tiene menor importancia que la reforma constitucional, y para esta un lapso menor.

Esta incongruencia normativa solo se explica si se tiene en cuenta la "celeridad" con que fue aprobada la Constitución, y el desconocimiento de la gran mayoría de los constituyentes tenía sobre esta esta materia. De todas maneras, el ejemplo anterior pese a que se apega al tenor literal de la norma, caería dentro de un argumento *ad absurdum*, y lo hemos colocado para poner en evidencia el peligro que implica una vez transcurrido veinticinco años de vigencia de la Constitución, no se haya dictado la ley que desarrolle aspectos tan sensibles para la democracia.

6. La validez y aprobación del referendo aprobatorio de la reforma

Las normas constitucionales que regulan esta clase de referendo, a diferencia de la modalidad relativa a la de la enmienda (arts. 340 y 341), no establecen ningún requisito de validez para el mismo ni en forma directa ni por remisión.

Ante este silencio al respecto podrían adoptarse dos posturas: la primera, que esa es la voluntad de la Constitución, razón por la cual el referendo se considerara válido cualquiera que sea el número de electores que concurra al acto de votación, y la segunda que ese silencio del constituyente no puede interpretarse en el sentido antes indicado, por el contrario debería rechazarse, en virtud que si se tiene en cuenta que el referendo es una herramienta mediante la cual, de manera excepcional, el pueblo participa directamente en los asuntos públicos, produciendo una ruptura en el sistema de democracia representativa el cual prevalece de manera ostensible en el ordenamiento constitucional venezolano, dicha herramienta no sustituye a la aludida modalidad de democracia, sino que la complementa, razón por la cual para lograr tal cometido es necesaria la participación en el referido referendo de un porcentaje representativo de electores inscritos en el Registro Civil y Electoral, el cual debe ser establecido expresa o implícitamente en la Constitución.

Y en esa línea argumental la lectura contextualizada de la Constitución impone traer a colación el artículo 341, numeral 4, constitucional que preceptúa con relación al referendo aprobatorio de la enmienda que "Se consideran aprobadas las enmiendas de acuerdo con lo establecido en esta Constitución y en la ley relativa al referendo aprobatorio", y de conformidad con el aludido reenvío el artículo 73, *ejusdem*, el cual dispone: "...Si el referendo concluye en un sí aprobatorio siempre que haya concurrido el veinticinco por ciento de los electores inscritos en el Registro Civil y Electoral el proyecto correspondiente será sancionado como ley".

De manera pues que la interpretación concordada de ambos artículos, así como la aplicación analógica del artículo 73 constitucional por reenvío del artículo 341 num. 4 *ejusdem* permite concluir que el referendo de reforma constitucional será válido si concurre a votar por lo menos el 25% de los electores inscritos en el Registro Civil y Electoral. Solo si previamente se declara la validez del referendo podrá declararse la aprobación del mismo, mediante la aplicación del artículo 345 *ejusdem*, el cual dispone que se declarará aprobada la reforma constitucional si el número de votos afirmativos es superior al de votos negativos.

7. La fase de campaña electoral y de deliberación

Aunque la Constitución no lo establezca expresamente, como hemos dicho antes, los principios elaborados en el marco del Derecho comparado y las buenas prácticas en esta materia imponen que el Consejo Nacional Electoral fije dentro del lapso de treinta días a que se contrae el artículo 344 constitucional, previa la acreditación de los interesados como promotores y opositores al referendo, los períodos de campaña electoral y de deliberación dentro del aludido plazo constitucional, los cuales en virtud de que este no puede ampliarse, necesariamente se superpondrán.

Naturalmente tendrán el carácter de promotores el Poder Público o el grupo de electores que solicitó la reforma, así como los partidos políticos y demás interesados que manifiesten su voluntad de adherirse al mismo; serán opositores los partidos políticos y grupos de electores que adversen el referendo. Por supuesto que regirán las reglas que garanticen la participación de ambos grupos en condiciones igualdad, en los mismos términos expuestos para el referendo de enmiendas constitucionales.

V. EL REFERENDO DERIVADO DE LA INICIATIVA POPULAR LEGISLATIVA

1. Premisa introductoria

Como es bien sabido, la Constitución de 1999 introdujo la denominada iniciativa popular legislativa que consiste en el derecho que tienen los ciudadanos en un número no menor del 0.1% de los inscritos en el Registro Civil y Electoral, de presentar proyectos de leyes ante la Asamblea Nacional, con la finalidad de que esta inicie la tramitación del correspondiente proyecto, con la garantía de que el inicio del procedimiento legislativo deberá hacerse efectivo en el mismo período de sesiones ordinarias de la Asamblea Nacional en que se presente, o a más tardar en el período de sesiones ordinarias siguiente al que se haya presentado (arts. 204 num. 7 y 205), en el entendido que el primer período de sesiones ordinarias comenzará el cinco de enero de cada año y durará hasta el quince de agosto. El segundo período comenzará el quince de septiembre y terminará el quince de diciembre (art. 219).

Si la discusión no se inicia en ese segundo período, el proyecto se someterá a referendo aprobatorio de conformidad con la ley. Conviene precisar que el segundo período a que se refiere la Constitución es el cronológico, de tal manera que si el proyecto de ley se presenta en el período septiembre-diciembre, el segundo período en esta relación es el de enero-agosto. Por consiguiente, existe una diferencia muy significativa respecto al ejercicio de este derecho que le otorgaba la derogada Constitución de 1961 en su artículo 165 ordinal 5[93].

En efecto, en ese texto constitucional la consagración de este derecho a los ciudadanos se concretaba solamente en la presentación del proyecto de ley por un mínimo de veinte mil electores ante el Congreso de la República, el cual se limitaba a recibirlo, pero no tenía ninguna obligación de iniciar su tramitación en ningún período de sesiones, siendo así que la viabilidad de la discusión del proyecto dependía totalmente de la voluntad del órgano parlamentario.

Esto es tan cierto que los ciudadanos visto que a la postre se trataba de un esfuerzo inútil se abstenían de ejercer el "derecho", razón por la cual durante casi treinta y nueve años de vigencia del texto constitucional derogado, únicamente fue sancionada mediante la "iniciativa popular legislativa" la reforma de la parte de familia del Código Civil, y en esa decisión primó la existencia de una especie de "clamor popular", en virtud de que la regulación de esa materia en el indicado Código era formalmente de 1942, pero contenía la de 1922, pues la modificación de esa parte del Código Civil se mantuvo inalterada en esta última fecha, además en ese caso surtió efecto la presión ejercida por la sociedad civil sobre el Congreso.

Pues bien, la Asamblea Nacional Constituyente de 1999, dominada por una mayoría aproximada del 90% de sus integrantes que se autodenominaban "progresistas" mantuvo la iniciativa popular legislativa, pero la modificó radicalmente quedando recogida esa modificación en los artículos 204, numeral 7, y 205 de la Constitución, blindándola de garantías que hicieran viable y efectivo dicho derecho.

---

[93] El artículo 165 ordinal 5 de la Constitución de 1961 preceptuaba: "La iniciativa de las leyes corresponde: (...) 5. A un número no menor de veinte mil electores, identificados de acuerdo con la ley".

En ese orden de ideas, es necesario señalar que el primer artículo citado estableció como requisito que basta para ejercer el derecho que un número mínimo de electores presenten el proyecto de ley, es decir, que un número de ciudadanos no menor del 0,1% de los electores inscritos en el Registro Civil y Electoral introduzcan el proyecto de ley ante la Asamblea Nacional, lo que sin duda revela la voluntad de la Constitución de facilitar el ejercicio del derecho, en virtud de que la exigencia del número por la cantidad que representa es relativamente fácil de reunir.

2. El presupuesto de hecho de la norma que genera por obra de la Constitución el referendo derivado de la iniciativa popular legislativa

Como expresamos antes, la Constitución vincula el ejercicio del derecho al referendo con la garantía del inicio de la tramitación del proyecto, la cual está prevista en el artículo 205 constitucional que dispone que si la discusión del proyecto no se inicia en el período de sesiones siguientes a aquel en que fue presentado, este "se someterá a referendo aprobatorio de conformidad con la ley", de tal manera que el derecho al referendo se configura por obra de la Constitución, en virtud de que no requiere que sea solicitado por ningún Poder Público ni por ningún partido político ni agrupación de ciudadanos, ni siquiera por los que introdujeron el proyecto de ley, ni tampoco se exige ningún requisito adicional para que se perfeccione esa convocatoria *ope constitutionem.*

Por consiguiente, se trata de una obligación de la Asamblea Nacional que le impone en términos categóricos el citado artículo 205 de la Constitución, la cual tiene su origen en el transcurso del segundo período sesiones a aquel en que fue presentado el proyecto de ley, sin que se inicie la tramitación del proyecto.

Una vez que la Asamblea Nacional pierde la competencia para iniciar la discusión del proyecto, el presidente y los dos vicepresidentes de esta sin necesidad de ningún requerimiento deben remitir el proyecto de ley al Consejo Nacional Electoral, sobre la base del artículo 205 de la Constitución.

Conviene destacar que se trata de una potestad reglada de las autoridades de la Asamblea Nacional, cuyo incumplimiento configura una grave violación de la Constitución que debe ser sancionada políticamente, e inclusive penalmente, porque esa conducta encuadra en el abuso de autoridad.

En fin, una vez que se produce el incumplimiento de la Asamblea Nacional, sus autoridades en términos perentorios quedan obligados a remitir el proyecto de ley presentado por los ciudadanos al CNE, solicitándole la convocatoria del referendo.

Es cierto que la Constitución remite a la ley la regulación posterior al nacimiento del derecho, siendo ese texto legislativo, obviamente la ley de referendos, pero la inexistencia de ese texto legislativo no impide de ninguna manera el ejercicio del derecho al referendo, porque como bien lo dispone el artículo 22 constitucional, "la falta de ley reglamentaria de estos derechos no menoscaba el ejercicio de los mismos".

3. La actuación debida del CNE

Una vez recibido el proyecto de ley, el Consejo Nacional Electoral, por obra de la Constitución adquiere una competencia reglada, razón por la cual está obligado a cumplirla, so pena de sanciones por violar una disposición constitucional.

Para cumplir ese cometido, en virtud de la inexistencia de una ley que regule los referendos, y más concretamente los referendos aprobatorios, aplicará analógicamente las normas constitucionales que regulan a estos, concretamente el artículo 341, numeral 3, de la Constitución, el cual establece "El Poder Electoral someterá a referendo las enmiendas a los treinta días de su recepción formal", de tal manera que convocará el referendo a los treinta días consecutivos a partir de la recepción del proyecto que le remita la Asamblea Nacional, y dentro de dicho lapso se fijará el período de la campaña electoral, el de deliberación y el de acreditación de los que apoyan y de los opositores al referendo en los términos expuestos para los referendos constitucionales a los cuales remitimos a los lectores.

4. La validez y la aprobación del referendo

Por supuesto que al igual que todo los referendos, este requiere que al acto de votación concurra un número mínimo de electores inscritos en el Registro Civil y Electoral, pero en ausencia de una ley que discipline esta fase del referendo, resulta aplicable analógicamente, en virtud de tratarse de un referendo aprobatorio, el artículo 73 de la Constitución, que condiciona la validez del referendo aprobatorio así: "Si el referendo concluye con sí aprobatorio siempre que haya concurrido veinticinco por ciento de los electores inscritos en el Registro Civil y Electoral".

Por consiguiente, en ausencia de una norma explícita que regule la validez y el éxito del tipo de referendo aprobatorio bajo examen, se impone por reenvío de la propia Constitución la aplicación del artículo antes transcrito, de lo que resulta que para que el referendo sea válido se requiere que haya concurrido al acto de votación por lo menos un 25% de los inscritos en el Registro Civil y Electoral, y será exitoso si el número de síes es mayor que el de noes.

Solo una vez que se determina el cumplimiento del mencionado requisito (que haya votado por lo menos el 25% de los electores), se pasará a las fases de escrutinio y de totalización. Si se proclama que el referendo resulta exitoso por ser mayor el número de síes que el de noes, nace una obligación para el Presidente de la República en Consejo de Ministros de promulgar y publicar la ley, pues la voluntad de los votantes sustituye a la sanción de la ley, que como es bien sabido en el marco del procedimiento legislativo corresponde al Legislativo.

De conformidad con el artículo 214, el Presidente de la República está obligado en el plazo improrrogable de diez días continuos a promulgar y publicar la ley, en virtud de que no existe la posibilidad de que solicite la reconsideración de esta o el eventual levantamiento de la sanción de la misma, pues esas potestades presidenciales solo pueden ser ejercidas cuando la ley es sancionada por la Asamblea Nacional, mas no cuando la sanción es el producto de la voluntad de los electores, como en el caso que nos ocupa.

5. La gran dificultad para que se configure el supuesto de hecho de esta clase de referendo y el caso del año 2007

En realidad resulta muy difícil que la Asamblea Nacional incurra en la omisión que configura el supuesto de hecho de esta clase de referendo, porque la previsión de la norma constitucional consiste en que la Asamblea Nacional no inicie la discusión del proyecto en el período de sesiones en que es presentado o en el siguiente. Tal omisión de la Asamblea Nacional revela una negligencia gravísima o ignorancia, la cual se maximiza si se tiene cuenta que se trata de un órgano colegiado que actualmente está integrado por 277 diputados (período 2020-2025), pues basta que alguno de ellos advierta la necesidad de iniciar la discusión en uno de los dos indicados períodos para que desaparezca el supuesto de hecho que configura el referendo, siendo esa la razón por la cual resulta sumamente difícil que alguna vez pueda llegar a presentarse la situación que origine la convocatoria de este excepcional tipo de referendo.

Sin embargo, en el año 2007 la Asamblea Nacional cometió un error de esa clase, pues ocurrió que a principios de ese año algunas ONG defensoras de los derechos humanos, recurriendo a la vía de la iniciativa popular legislativa presentaron un proyecto de ley de amnistía, el cual por cierto fue redactado siguiendo el modelo de la sancionada en el año 2000 por la Comisión Legislativa Nacional, denominada en los medios políticos "El congresillo", designada por la Asamblea Nacional Constituyente para que ejerciera las funciones legislativas mientras se elegía la nueva Asamblea Nacional. La Ley de Amnistía dictada por la Comisión Legislativa Nacional se caracterizó porque tuvo una portada amplísima, pues la amnistía excedió los clásicos límites penales y se extendió a las materias laborales y administrativas, siendo beneficiarios de la misma todos los militares y civiles que participaron en los intentos de golpes de estado de los meses de febrero y noviembre de 1992.

En fin, en 2007 se presentó el Proyecto de ley y transcurrieron los dos períodos de sesiones de la Asamblea Nacional (primero y segundo) del año 2007, sin que la Asamblea Nacional iniciase la tramitación del proyecto, es decir, se configuró el supuesto de hecho del referendo aprobatorio derivado de la iniciativa legislativa popular, porque el mencionado órgano legislativo perdió la competencia para iniciar la discusión del referido proyecto de ley. Ante esa situación que sin duda obligaba al Consejo Nacional Electoral a convocar el referendo en un término perentorio, en vista de la ausencia de una ley regulatoria de los referendos resultaba aplicable el artículo 341, numeral 3, de la Constitución, que disciplina una situación similar, razón por la cual al CNE le correspondía convocar el referendo a los treinta días de la recepción del proyecto de ley de la Asamblea Nacional.

Aun sin que el Consejo Nacional Electoral hubiese cumplido con la obligación constitucional de convocar el referendo, el gobierno sabía que resultaba muy probable que el proyecto de ley fuese aprobado mediante el voto del pueblo, y de esa manera sería amnistiado un número significativo de las personas de la oposición que habían participado en la marcha que llegó a Miraflores exigiendo la renuncia del presidente de Chávez, quienes presuntamente se habían enfrentado a los denominados "pistoleros de Puente Llaguno".

En esa oportunidad estaba vigente una ley habilitante que naturalmente no transfería ni podía transferir potestad alguna al Presidente de la República para que este dictara un decreto con fuerza de ley de amnistía. Y no podía transferir esa potestad porque esa ha sido y sigue siendo una materia de "reserva legal de parlamento", es decir, que constituye una competencia única y exclusiva de sancionar leyes de amnistía atribuida por la Constitución a la Asamblea Nacional (art. 187, num. 5).

No obstante, el Presidente de la República a sabiendas que tenía una interdicción para dictar decretos con fuerza de ley de amnistía, el 31-12-2007 procedió a dictar una decreto con fuerza de amnistía, confiscando así la competencia del Consejo Nacional Electoral para convocar el referendo, y lo que es peor confiscando de manera grotesca el derecho del pueblo de ejercer una de las pocas herramientas de democracia directa previstas en la Constitución, con el agravante de que favoreció claramente a los partidarios del gobierno sometidos a juicio por haber participado en los hechos violentos que ocurrieron con ocasión de la referida marcha, en detrimento de los miembros de la oposición, violando de esa manera uno de los principios basilares de las leyes de amnistía, que como es bien sabido es la igualdad en el trato a todos los participantes en los hechos constitutivos de delitos, los cuales dieron lugar a la sanción de este tipo de leyes.

Por supuesto que ese decreto legislativo era ostensiblemente inconstitucional, pero debido al estado de postración en que se encontraba y se encuentra el Estado de derecho, resultaba inútil intentar la respectiva acción de inconstitucionalidad.

Es evidente que conforme a los hechos anteriormente narrados se configuró la situación constitucional que creaba el derecho del pueblo a participar en un referendo aprobatorio derivado de la iniciativa popular legislativa, pero fue confiscado como hemos visto por la voluntad arbitraria y omnímoda del Presidente de la República, resultando sumamente difícil que vuelva a presentarse una situación igual debido, en primer lugar, porque no existe una arraigada cultura en la comunidad con relación a la iniciativa popular legislativa pese a lo relativamente fácil que resulta cumplir con la exigencia constitucional relativa al porcentaje mínimo de electores necesario para activar la iniciativa popular (0,1% de los electores inscritos en el Registro Electoral), y en segundo lugar, pensamos por la lección aprendida por la Asamblea Nacional en 2007, le bastará iniciar la discusión del proyecto de ley presentado mediante el ejercicio del derecho derivado de la iniciativa popular legislativa para que no se llegue a configurar el supuesto de hecho del referendo aprobatorio. Téngase en cuenta que la garantía de los electores no se extiende a la obligación de aprobar el proyecto ley presentado por el pueblo, sino a iniciar la discusión en uno de los dos períodos legislativos antes indicados.

6. La fase de deliberación, de acreditación de los interesados como partidarios y opositores y la campaña electoral

Este procedimiento es común a todas las clases de referendo aprobatorios y en el plazo de treinta días fijado por el Consejo Nacional Electoral deben incluirse las actividades antes mencionadas en forma concurrente, es decir, la campaña electoral y la acreditación de los partidarios, en virtud de que es un referendo que se inicia por obra de la Constitución, razón por la cual carece de promotores, de allí que pueden acreditarse ante el Consejo Nacional los partidos políticos y los grupos de electores, y entre los opositores, igualmente los partidos políticos y los grupos de electores, pero con respecto a los Poderes Públicos, cabe preguntarse si podrían ser opositores al referendo.

Al respecto el único que podría admitirse como opositor sería el Poder Legislativo, debido a que fue por su negligencia que se originó *ope constitutionem* el referendo, con la particularidad de que su participación en la campaña electoral, especialmente los gastos en publicidad, debe ser limitada debido a la utilización de recursos públicos. Para todo el resto de las actividades que se pueden cumplir en esta fase remitimos al lector *supra* donde desarrollamos el punto con relación al tipo de referendo aprobatorio de proyectos de leyes.

Con relación a la validez y éxito del referendo, los criterios son los mismos expuestos anteriormente: que concurra a votar un porcentaje de electores inscritos en el Registro Civil y Electoral no menor del 25% de los electores y que el número de síes sea superior al número de noes. Igualmente es válido lo expuesto sobre la obligación del Presidente de la República, una vez que el Consejo Nacional proclame que el referendo resultó exitoso, de en el plazo de diez días proclamar y publicar la ley que resulte de la aprobación del referendo.

VI. EL CARÁCTER TAXATIVO DEL REFERENDO APROBATORIO

Después de haber examinado los cuatro tipos de referendos aprobatorios que aparecen estrictamente nominados en la Constitución, naturalmente que surge la pregunta relativa a si esa enumeración tiene carácter taxativo, y la respuesta pareciera ser afirmativa, en virtud de que la Constitución, a diferencia de los referendos consultivos y abrogatorios, cuya regulación tiene un carácter general, en el caso del referendo aprobatorio contiene una regulación específica, o sea referendo por referendo, con la finalidad de establecer que únicamente esos tipos de referendos tienen el carácter aprobatorio, y que por ende, con esa normación se estableció un límite para la celebración de este tipo de referendo, razón por la cual todo intento de celebrar referendos aprobatorios en otros temas distintos a los a mencionados resultará inconstitucional.

Esta tesis a primera vista luce irrefutable, pero en nuestro criterio no es recibo, porque es producto de una interpretación literal y descontextualizada de la ley suprema, debido a que soslaya el artículo 70 *ejusdem* que es la norma que enuncia de manera general los medios de participación del pueblo en ejercicio de su soberanía dentro de los cuales están los referendos y la consulta popular, dando lugar al establecimiento de una relación causal de género a especie, siendo el primero la consulta popular y los referendos las especies, de lo cual se infiere que la nominación de las especies no agota el derecho de los ciudadanos a la consulta popular, cuyo ejercicio no está limitado por la nominación específica de un tipo de referendo, que es lo que ocurre con el referendo aprobatorio, regulado ciertamente en solo cuatro tipos de referendos, pero a la luz del marco conceptual que terminamos de delinear, resulta concluyente que son cuatro y cualquier otro que encuadre en la conceptuación del referendo aprobatorio como una especie del género consulta popular, debido a que esa enumeración tiene carácter enunciativo.

Consideramos que sería absurdo insistir en la validez de la primera tesis, lo que puede demostrarse con el siguiente ejemplo: si hipotéticamente la sentencia de la Corte Internacional de Justicia al decidir el diferendo sobre delimitación territorial que existe entre Venezuela y Guyana, declarase que ambos países deben delimitar en forma conciliatoria una parte del territorio objeto del diferendo, y después de dos años de discusiones los países llegan a un acuerdo que es recogido en un tratado internacional, cuyo proyecto se hace público y vistos los términos del mismo, los electores en un porcentaje superior al 15% de los electores inscritos en el Registro Civil y Electoral, solicita la celebración de un referendo aprobatorio sobre dicho tratado, de admitirse la validez de la primera tesis antes expuesta, al no figurar el ejemplificado dentro de los cuatro nominados constitucionalmente, el Consejo Nacional Electoral deberá declarar inadmisible el referendo solicitado, por tratarse de una modalidad de referendo aprobatorio no prevista en la Constitución.

Igual situación podría haberse presentado si se hubiere considerado conveniente someter a la consulta popular desde luego mediante el referendo aprobatorio la proposición de los presidentes Petro y Lula de Colombia y Brasil sobre el respeto de los derechos tanto de los ganadores como perdedores, fundamentalmente los de estos, después de la celebración del proceso electoral que concluyó con las votaciones del 28-07-2024. En el marco de esta hipotética proposición hubiera podido estimar que al tratarse de una modalidad de referendo no prevista expresamente en la Constitución la solicitud de referendo debía declararse inadmisible. Sin embargo, tal tesis a la luz de la posición expuesta precedentemente debía ser desestimada.

En fin, en el marco de los argumentos expuestos sobre la consulta popular según la cual los referendos son especies de esta, resulta imperativo admitir que la Constitución prevé el carácter general de los referendos aprobatorios, y así lo demuestran los ejemplos anteriormente expuestos, razón por la cual insistimos en considerar válida la tesis sobre el carácter enunciativo de los cuatro tipos de referendos aprobatorios antes examinados.

CONCLUSIONES

Primera. Los partidarios del gobierno que constituían una mayoría de aproximadamente el 95% en la Asamblea Nacional Constituyente de 1999, con la pretensión de sustituir el sistema de democracia representativa por la democracia "protagónica y participativa", introdujeron en la Constitución de 1999 la figura de la consulta popular como género y como especies los referendos revocatorio, consultivo, aprobatorio y abrogatorio. Es decir, herramientas de democracia directa. A los anteriores se añadió por obra de la Constitución el referendo constitucional bajo la denominación de enmienda y de reforma constitucional, que en realidad son modalidades del referendo aprobatorio.

Segunda. Con la aplicación sistemática de ese bagaje de instrumentos de democracia directa ciertamente podría atenuarse la aplicación del sistema de democracia representativa que por casi doscientos años ha sido la base del funcionamiento de la sociedad venezolana, pero tal pretensión hasta ahora ha sido un gran fracaso, pese a que los redactores del texto constitucional han estado gobernando durante veinticinco años, en casi todos ellos ejerciendo un poder omnímodo, siempre utilizando las instituciones básicas de la democracia representativa, olvidando la aplicación de los instrumentos de "democracia directa". Quizás se podría pensar que los constituyentes que introdujeron la "novedad" de las herramientas de democracia directa abrevaron en las mieles de la democracia representativa, pero no solo se olvidaron de las referidas herramientas, sino que las pocas veces en que los ciudadanos intentaron utilizarlas los partidarios del gobierno se opusieron por las vías *de iure* y fácticas.

Tercera. La inhibición en el ejercicio de esas técnicas de democracia directa queda demostrada con un simple ejercicio aritmético, pues en veinticinco años han sido convocados solo tres referendos revocatorios presidenciales, uno que se celebró en el año 2004, pese a los innumerables obstáculos fácticos y "jurídicos" creados al margen de la ley por los órganos del Poder Público (CNE, TSJ, Poder Ejecutivo) con la finalidad de impedir la celebración del referendo, el cual finalmente fue celebrado después de un año de haber sido promovido y solicitado. El segundo de 2016, fue suspendido *sine die* por el Consejo Nacional Electoral cuando se encontraba en la fase previa a las votaciones, y el tercero, celebrado de manera casi clandestina en el 2022, cuyo procedimiento se tramitó en un tiempo récord de veinte días continuos, siendo un total fracaso por la casi nula participación popular. En el año 2007 fue convocado un referendo constitucional para la aprobación de la reforma constitucional, que fue el único en que el Gobierno resultó derrotado. Además, en el 2009 fue celebrado un referendo de "enmienda" constitucional que dio origen a la reelección de todos los cargos de elección popular, desnaturalizando el principio constitucional de gobierno alternativo. Finalmente, el 03-12-2023 fue celebrado un referendo consultivo promovido por la Asamblea Nacional sobre el diferendo del Esequibo entre Venezuela y Guyana, que ya estaba siendo conocido por la Corte Internacional de Justicia. En definitiva, a veinticinco años de haberse introducido el derecho de los ciudadanos de participar en asuntos públicos mediante los referendos, solo se han celebrado cinco referendos.

Cuarta. La regulación del referendo revocatorio se caracteriza porque casi la totalidad del artículo 72 constitucional regulatorio del mismo está centrado en la modalidad del revocatorio presidencial, originando de esa manera la creación de vacíos y contradicciones con relación a los referendos de los Consejos Legislativos y de los gobernadores de estados, de los alcaldes y concejos municipales. Además la introducción del referendo revocatorio de los cuerpos colegiados crea un panorama sumamente confuso, porque en estricta puridad jurídica resulta irrealizable, basta solo imaginarse ¿cómo solicitar, tramitar y definir los contornos de validez y de proclamación de los resultados de un referendo revocatorio de la Asamblea Nacional? Por otro lado, el texto constitucional crea un sistema de reenvíos y dobles reenvíos que tornan nugatorio el referendo, después que se celebra el revocatorio de los gobernadores de estado y los alcaldes siendo declarado exitoso, pues en el caso de estos funcionarios elegidos popularmente no resulta posible convocar una nueva elección para sustituirlos, pese haber sido revocados. En fin, es una norma que se centra en el revocatorio presidencial y extiende ciegamente esas reglas a las demás modalidades, las cuales no pueden modificarse mediante las leyes o constituciones estadales, porque dicha modificación colidiría con la Constitución, configurando así una situación jurídica de tal gravedad que únicamente puede resolverse con una enmienda o una reforma constitucional. En conclusión, el artículo 72 de la Constitución cuando regula la revocación de los titulares de los órganos de elección popular distintos al Presidente de la República crea un "pandemónium" jurídico.

Quinta. El artículo 71 constitucional que regula el referendo consultivo cuando señala su objeto y precisa que se trata de "materias de especial trascendencia nacional" origina un serio problema hermenéutico, en virtud de que dicho objeto está construido sobre la base de conceptos jurídicos indeterminados, que ya por su misma denominación anuncian la complejidad de su interpretación, además la referida norma carece por ejemplo de referencias semánticas que coadyuven en la dilucidación del significado y alcance del objeto del referendo consultivo, lo que apunta hacia la idea de que los Poderes Públicos (Presidente de la República y Asamblea Nacional), discrecionalmente determinen qué asuntos pueden constituir materias de especial relevancia nacional, o mejor dicho establecer discrecionalmente cualesquiera asuntos que ellos califiquen como tales; por supuesto que esta potestad fáctica no se extendería a la ciudadanía cuando hipotéticamente llegase a promover un referendo de esta clase. Por otro lado, es normal que al extender la facultad de promover y solicitar referendos consultivos por los Poderes Públicos Ejecutivo y Legislativo de los estados y de los municipios, se genere un grave problema al no establecer reglas de delimitación territorial entre estas tres clases de entes territoriales, porque resulta perfectamente posible que un referendo consultivo nacional tenga efectos estadales y municipales y viceversa. Esta situación se torna más compleja aún en el marco de un Estado Federal, como Venezuela. Por otro lado, se ha impuesto jurisprudencialmente que el referendo consultivo carece de carácter vinculante, pero se omite el análisis integral de los efectos del referendo más allá de su carencia de efecto vinculante y se olvida analizar el efecto relativo a que los Poderes Públicos están impedidos de tomar decisiones que sean contrarias a los resultados del referendo.

Sexta. La introducción del referendo abrogatorio constituye una novedad que otorga a los ciudadanos la condición de legisladores negativos, que al igual que los otros referendos es desde la perspectiva teórica un avance en el área de los derechos políticos, y en nuestro criterio está signado por variables que evidencian una posición para su ejercicio más favorable a los ciudadanos que los otros referendos, porque en primer lugar, reduce el número de legitimados activos que pueden activarlo, pues esa iniciativa está reservada constitucionalmente solamente al Presidente de la República en Consejo de Ministros y al pueblo, el primero solo en el caso de las leyes formales y el segundo tanto con respecto a las leyes formales como con los decretos con fuerza de ley o decretos legislativos; en segundo lugar, porque es el referendo en el que se exige que lo promueva el menor número de electores inscritos en el Registro Civil y Electoral: 10% de electores cuando se trate de abrogación de leyes y 5% si la abrogación es de decretos con fuerza de ley o decretos legislativos, cuando la activación de los referendos consultivo y aprobatorio es del 20 y 15% respectivamente; en tercer lugar, consideramos que al erigir en legitimado activo del referendo abrogatorio al Presidente de la República no hace más que revelar un signo más del hiperpresidencialismo presente en la Constitución, porque resulta absurdo que el presidente haya sido dotado de esa facultad cuando dispone de medios normales constitucionales para la derogación de una ley formal, pudiendo hacerlo también con cualquier decreto con fuerza de ley dentro del período de vigencia de la respectiva ley habilitante en vista que se ha impuesto *de facto* el carácter no consuntivo de la delegación legislativa. Ante la ausencia de la ley de referendos, se configuran varios vacíos, entre otros, la inexistencia de un período de inmunidad legislativa posterior a la celebración del referendo, porque tal como está concebido el artículo 74 constitucional puede interpretarse que la Asamblea Nacional tiene la potestad inmediata de reedición de la ley abrogada por el pueblo. Asimismo, se observa la inexistencia de un órgano constitucional que tenga encomendada la competencia para dirimir los casos dudosos de leyes que no figuren en la lista de las exceptuadas, verbigracia como ocurriría en el caso de la abrogación de una ley que sin estar dentro de las exceptuadas su abrogación implique la eliminación de un órgano constitucional, como el Ministerio Público o la Defensoría del Pueblo, etc.

Séptima. El problema fundamental que plantea el referendo aprobatorio tal como está redactado en el artículo 73 constitucional, es el carácter taxativo derivado de los cuatro modelos de referendos aprobatorios previstos en el texto constitucional: el referendo sobre los proyectos de leyes que se encuentren en discusión en la Asamblea nacional, el referendo sobre los tratados o acuerdos internacionales que puedan comprometer la soberanía nacional, o que puedan transferir competencias a órganos supranacionales, el referendo derivado de la iniciativa legislativa popular, y el referendo constitucional de enmienda y de reforma constitucional. Pues bien, siendo la clase de referendo cuyas modalidades son especialmente nominadas por la Constitución, todo indicaría que esa enumeración tiene carácter taxativo y en consecuencia no sería admisible ninguna otra modalidad de referendo aprobatorio distinta a las enunciadas en el texto constitucional; de allí que esa pareciera la voluntad de este. Sin embargo, tal tesis que luce a primera vista casi incuestionable no es recibo porque soslaya la disposición de carácter general contenida en el artículo 70 *ejusdem*, que consagra como medios de participación y protagonismo del pueblo en ejercicio de la soberanía a la consulta popular y también a los referendos, pero estableciendo una relación de especie a género siendo la primera la consulta popular y los segundos los referendos. Este diseño constitucional de participación popular permite soslayar la tesis sobre el carácter taxativo del referendo aprobatorio; y en consecuencia pueden promoverse y solicitarse otras modalidades de este tipo de referendos, como los ejemplificados en el texto del trabajo, debido al carácter enunciativo de esta clase de referendo.

Octava. La pregunta que sirve de base al referendo constituye una variable esencial para lograr que los votantes se formen una opinión suficientemente informada, al punto que el Consejo de Europa ha dictado un Código de Buenas Prácticas del Referendo, cuyas principales reglas respecto al punto bajo examen son que la pregunta debe ser clara y concreta, no debe inducir a error ni sugerir una respuesta determinada. La redacción de la pregunta debe respetar los principios de unidad y de contenido, siendo así que la pregunta no debe combinar un proyecto de reforma con redacción específica con una propuesta de redacción general o una pregunta de principios. Pues bien, tales reglas o algunas similares a ellas son desconocidas en el ordenamiento electoral de rango constitucional, legal o sublegal venezolano, lo que ha dado lugar a que el Consejo Nacional Electoral se autoatribuya la potestad respecto a este aspecto medular de cualquier tipo de referendo. Más aún, sin ningún fundamento normativo, el Consejo Nacional Electoral le ha sustraído a los que activan los referendos la facultad de redacción de la pregunta o preguntas, y en ese mismo orden de ideas, también se ha abrogado establecer el orden de las respuestas a la pregunta o preguntas, llegando a establecer, por ejemplo, en el referendo revocatorio en primer lugar el "no" y en segundo lugar el "sí", sustrayendo de esa manera el derecho de los que activan el referendo a disponer el orden inverso.

En fin, resulta imperativo la urgente sanción de la ley de referendos para poner fin a estas irregularidades cometidas por el máximo órgano electoral, por supuesto siempre para favorecer al Gobierno.

Hildy The Elemental Dragon With Hydrogen Magic

Element 1 – Magical Elementals Chemistry Fantasy

By Sybrina Durant

Hildy The Elemental Dragon With Hydrogen Magic

Element 1 – Magical Elementals Chemistry Fantasy

Paperback ISBN: 978-1-942740-70-4

BISAC Codes:
JUV036000 - JUVENILE FICTION / Science & Technology
JUV037000 - JUVENILE FICTION / Science Fiction, Fantasy, Magic
JUV002270 JUVENILE FICTION / Fantasy / Dragons, Unicorns & Mythical Creatures

League City, Texas, United States of America

Contact Sybrina@sybrina.com.

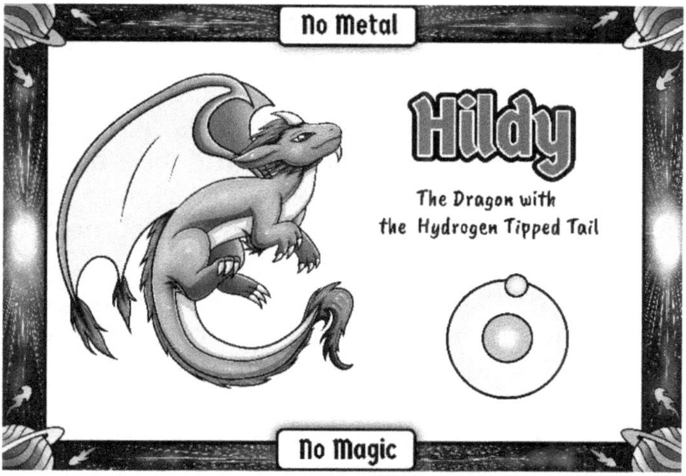

No Metal
Hildy
The Dragon with
the Hydrogen Tipped Tail
No Magic

Chapter 1: The First Element Awakens

The land of MarBryn had always hummed with a quiet, ancient magic — a vibration felt deep in the roots of its crystal-veined mountains, along the banks of its luminescent rivers, and through the sprawling bioluminescent forests that glowed soft gold and violet at dusk. It was a world where old alchemy scrolls lined the shelves of crumbling tower libraries, where alchemists and enchanters worked side by side, and where the boundary between science and sorcery had long since dissolved into something altogether more wonderful.

And on the tallest ridge of the Verdant Spine Mountains, where the wind smelled of pine resin and electrical charge, lived Hildy.

She was unmistakable. A compact, powerfully built dragon whose scales blazed in a green so vivid it seemed almost aggressive — like someone had captured the very soul of a summer forest and pressed it into living armor.

Her belly and the sweeping undersides of her broad wings faded to a pale, luminous yellow-green, catching the morning light like polished jade held up to a candle. A wild, flowing mane of deep amber and fiery orange cascaded from the crown of her head, tumbling down her neck in loose, flame-like waves. And her tail — long, sinuous, and elegantly curved — ended in an eruption of orange-red fronds that flickered and sparked whenever magic moved through her.

That tail was no mere appendage. It was her wand.

Hildy was a Hydrogen Dragon, the rarest and most primordially powerful of all the Elemental Dragons in MarBryn. Hydrogen — Element One — was the first thing the universe had ever made. The fuel of stars. The seed of water. The breath of life itself. And it answered to Hildy alone.

She was, her elders liked to say, exactly as old as she needed to be and not a day more patient — barely nineteen in dragon years, which put her somewhere in the neighborhood of a very capable, very stubborn young adult. She loved cold mornings, the particular smell of a mountain storm three hours before it arrived, and being right, roughly in that order. She was, if pressed, not especially fond of turnips, small enclosed spaces, or being told to wait.

"First doesn't mean simple," she often reminded herself. "It means foundational."

On this particular morning, she was practicing near the ridge's edge, her tail scribing glowing runes in the cold mountain air. Each rune ignited briefly in pale blue-white plasma fire before dissolving into harmless wisps of steam.

It was meticulous work. Hydrogen magic was volatile — brilliant and powerful, but demanding respect. One careless flick and she could level a hillside. She had done it once, accidentally, when she was very young. The scorched crater north of Greenhollow was still called "Hildy's Sneeze" by locals, which she found both embarrassing and mildly amusing.

This particular exercise — the slow, deliberate scribing of glowing sigils in open air — was a discipline the elder dragons called Ionic Runeweaving, and it was the very first thing every hydrogen dragonling was taught. Each stroke of Hildy's tail stripped a thin ribbon of air of its electrons, exciting it into the charged, glowing state of plasma, then guided that charged ribbon into shape before it could scatter. It looked like calligraphy. It was, underneath, simple ionization — the same physical process that makes a neon sign glow or a lightning bolt crack across a summer sky, just performed with the patience of a dragon rather than the chaos of a storm.

"You missed the third resonance point again."

The voice came from below and to the left — precise, a little dry, and entirely unbothered by the crackling plasma runes floating overhead.

Hildy curled her tail back and looked down. Perched on a flat boulder with a battered leather satchel across his shoulder and a pair of brass-framed magnifying spectacles pushed up on his forehead was Oswin Crale. He was a young human of about twenty-two, lean and sharp-featured, with ink-stained fingers, a perpetually rumpled dark coat, and the particular confidence of someone who had read every important book twice and remembered all of it. He was an alchemical scholar — no magic in his blood whatsoever — but his knowledge of elemental chemistry was extraordinary. He had attached himself to Hildy six months ago after correctly predicting the resonance frequency of one of her plasma bursts to within three decimal points, and she had grudgingly admitted she found him useful.

Up close, Oswin was a study in small, deliberate habits. He wore the same dark green traveling coat regardless of season, its many pockets stuffed with folded reference cards, a collapsible brass magnifier, and at least one half-eaten pastry he had forgotten about and would rediscover, invariably, at the worst possible moment. His handwriting was so small and so precise that Pip liked to joke he was secretly trying to fit the entire Hall of Elemental Sciences into a single notebook. He forgot to eat with alarming regularity whenever a problem interested him, catastrophically so, and had to be reminded — usually by Serafine, occasionally by Hildy stepping bodily between him and his notes — that scholarship required a functioning body to house it.

"I did not miss it," Hildy said. "I deliberately adjusted the arc."

"You missed it," Oswin said pleasantly, opening his notebook.

From a nearby pine branch, a second figure stirred — a small, silver-feathered creature with wide amber eyes and delicate crystalline antennae that chimed faintly in the breeze. This was Pip, a Luminary Sprite, no larger than a crow, with a personality considerably larger than that. Pip could generate focused beams of concentrated light and navigate by starfield instinct, making her an invaluable scout. She had found Hildy two years prior, half-frozen on a winter ridge, and had simply never left.

Pip's feathers were not truly feathers at all but fine, overlapping scales of light-catching crystal, silver in shade but capable of splitting sunlight into small, drifting rainbows when she moved quickly, which she did often. Her antennae — twin curling filaments that rose from just above her eyes — chimed softly whenever she was startled, thoughtful, or amused, which meant she chimed almost constantly. She was fiercely loyal, incurably nosy, and had opinions about absolutely everything, delivered with a cheerfulness that made even her sharpest observations difficult to resent.

"He's right," Pip chimed. "The third rune fizzled."

Hildy exhaled a small puff of steam. "I am surrounded by critics."

But before any further debate could begin, a deep, resonant tremor rolled through the mountain beneath their feet — and far to the south, over the rooftops of the ancient city of

Caldenmoor, the sky turned an ugly, chemical yellow.

Chapter 2: The Yellow Sky Over Caldenmoor

Caldenmoor was the oldest city in MarBryn, and it wore its age with a kind of stubborn, magnificent pride. Its streets were cobbled with dark basalt, its buildings constructed from layered limestone and iron-veined granite, stacked and arched in the old architectural style that predated even the Great Elemental Accords. Copper pipes ran along the outsides of buildings like exposed veins, carrying heated water and alchemical gases between workshops, foundries, and laboratories. Lanterns burned with controlled elemental flames — some blue, some green, some the steady warm orange of purified combustion gas. It was a city that ran on chemistry as much as commerce.

Hildy banked low over the city's outer wall, her wings cutting cleanly through the sour-smelling air. The yellow tinge was worse up close — a dense, acrid haze that hung over the rooftops like a stained curtain, catching the light in an oily, unpleasant way.

"Sulfur compounds," Oswin said from the harness strapped across Hildy's back, his spectacles now down over his eyes as he peered through a small analytical scope he'd produced from his satchel. "Possibly mixed with heavy nitrogen oxides. This isn't natural atmospheric chemistry."

"Obviously," Pip muttered, hovering close to Hildy's left ear, her crystalline antennae pressed flat against her head in discomfort. "It smells like burned ambition and bad decisions."

"Someone has done this deliberately," Hildy thought, her tail twitching with agitation as she scanned the skyline. She could feel it in the hydrogen currents that she was always, on some level, reading — the way a sailor reads wind. It was a passive awareness she had never bothered naming until Oswin, characteristically, insisted on calling it her Hydrogen Sense: the constant, background perception of every hydrogen bond in the air and water around her, running at all times whether she was paying attention to it or not. The molecular fabric of the air above Caldenmoor had been disrupted. Violently. Intentionally.

She landed on the broad stone parapet of the city's upper district, near the Hall of Elemental Sciences — a grand, colonnaded building whose bronze doors were engraved with the periodic arrangements first catalogued by the ancient alchemist-scholars of MarBryn. A small crowd of citizens had gathered in the square below, many holding cloth to their faces. City wardens in copper-buttoned coats moved through the crowd with calming gestures that didn't appear to be calming anyone.

"Hildy!" A voice cut through the noise with authority. Striding across the parapet toward them was a tall woman in her mid-forties, broad-shouldered and unhurried, wearing the deep blue coat of a Senior Elemental Warden. Her steel-grey hair was pulled back tightly, and she had the kind of face that had made hundreds of difficult decisions and didn't apologize for any of them. This was Warden Serafine Aldrath, the chief elemental enforcement officer of Caldenmoor, and one of the few humans in MarBryn who dealt with Hildy as a complete equal.

"Serafine." Hildy dipped her head in greeting. "When did this start?"

"Three hours ago," Serafine said, planting her hands on the parapet wall and looking out at the yellow sky with barely contained fury. "It began at the Veltris Chemical Works in the lower district. The facility was broken into overnight. The night staff were found asleep — not hurt, just deeply, unnaturally sedated. Whatever was done to them wasn't conventional chemistry."

"Magic, then," Oswin said, sliding from Hildy's back and already scribbling in his notebook.

"Elemental corruption magic," Serafine confirmed, her jaw tight. "Someone used the facility's own reaction chambers to synthesize and release that haze. Our own technology, turned against us."

Pip landed on a bronze torch bracket and tilted her silvery head. "But why? What does the haze "do", exactly?"

"That's the problem," Serafine said. "We don't know yet. Our alchemical analysts are working on it. But we've had seventeen people collapse in the lower streets already — conscious but disoriented, unable to speak coherently." She turned to Hildy directly. "I know you were in the mountains. I sent a signal bird, but you must have already seen it."

"We saw it from the ridge," Hildy said. She studied the yellow sky again, her luminous eyes narrowing. She let her senses reach out through her hydrogen awareness — feeling the air, reading its molecular story. There was something underneath the sulfur and nitrogen. Something elegant and deliberate in the molecular structure of the haze. This wasn't random damage. It was engineered.

"*This was a demonstration*," she realized with cold certainty. "*Whoever did this wanted us to see it. Wanted us to know they could*."

"There's a signature in the compound," she said quietly. "Whoever built this haze — they left a marker. Intentional or arrogant, I'm not sure which." She paused. "Oswin."

"Already on it," he said without looking up from his notebook. "If you can give me a direct molecular reading through your hydrogen sense, I can cross-reference it against the known synthesis records at the Hall."

"Then let's start there," Hildy said, turning toward the bronze doors of the Hall of Elemental Sciences.

But as they crossed the threshold, Pip's antennae rang out a sharp, clear alarm tone — and from somewhere deep beneath the city, the ground shuddered again.

Chapter 3: The Signature of Malgrew Voss

The Hall of Elemental Sciences smelled of old parchment, mineral reagents, and the particular dusty sweetness of preserved alchemical specimens sealed in amber resin jars. Its vaulted interior was lined with tall shelves carrying centuries of documented elemental research — hand-lettered volumes alongside more recent printed journals, brass instruments beside delicate glass apparatus, star charts overlapping reaction diagrams. It was simultaneously a library, a laboratory, and a monument to MarBryn's long and complicated love affair with chemistry.

Oswin moved through it like he'd been born there. Which, in a sense, he had — he had completed his alchemical scholarship here at sixteen, the youngest in the Hall's recorded history, a fact he mentioned only when directly asked and always with careful understatement. His gift was not magic. It was pattern recognition. He saw structure in data the way others saw faces in clouds — instantly, intuitively, and almost always correctly.

He and Hildy worked side by side at a long analysis table near the central atrium while Serafine dispatched runners for additional records. Hildy extended her tail and, with slow, deliberate movements, channeled her hydrogen sense into the air sample Serafine's team had collected in a sealed crystal vessel. The plasma tip of her tail glowed softly as she read the molecular architecture of the compound.

The technique had no formal name until Oswin, watching her do it for the first time, had scribbled Plasma Trace Reading into his notebook and it had stuck. It worked, he later explained to anyone who would listen, on a principle real chemists would recognize immediately: heat a substance until it glows, and the color and pattern of the light it gives off reveals exactly which elements are inside it — the same reason fireworks burn in specific colors, or a flame test in a school laboratory turns green for copper and orange for sodium. Hildy simply did it directly and instantly, using her own plasma as both the flame and the eye that read it.

"There," she said. "Do you see the bridge structure in the sulfur chain? It's been artificially stabilized using a hydrogen-bonding lattice. Someone with deep knowledge of molecular chemistry built this to last — to persist in the atmosphere rather than disperse naturally."

Oswin leaned over the diagram she was tracing in light-runes on the table surface. His eyes went very still in the way they did when something clicked. "That stabilization technique," he said quietly. "I've seen it before. Not in a criminal context — in a theoretical paper. A highly controversial theoretical paper published about twelve years ago." He moved to the shelves with purpose and returned in under two minutes with a slim, dark-bound journal. He laid it on the table and opened it to a dense page of diagrams.

Hildy read the author's name on the cover. "Malgrew Voss. Senior Elemental Theorist, Academy of Compound Dynamics."

"I know that name," Serafine said from across the table, her voice dropping to something harder. "Voss was expelled from the Academy eleven years ago. There were accusations of unauthorized experimentation — using elemental corruption techniques on inhabited test zones. The Academy buried the full report to avoid panic, but I was a junior warden then and I saw enough to know he was dangerous."

"Where did he go after the expulsion?" Pip asked from her perch atop a specimen jar.

"No one knows for certain," Serafine said. "There were sightings. Rumors. The eastern Ashfen Marshes. The underground processing warrens beneath the city of Dravenmere." She paused. "And, more recently, whispers from traders passing through the Cinderplain — that someone has been building something out there. Something large."

"The Cinderplain." Hildy's scales prickled. The Cinderplain was a vast, desolate expanse in MarBryn's eastern reaches — a flat, cracked landscape of dark volcanic rock and mineral-stained earth, largely uninhabited, largely unmapped. The kind of place where someone who did not wish to be found would not be found.

"He's escalating," Hildy said with certainty. "The haze over Caldenmoor wasn't an attack. It was a calling card. He wants recognition. He wants someone to understand what he's built."

"Or he wants to test atmospheric dispersal before doing something larger," Oswin said quietly. He said it without drama, which somehow made it more alarming. He picked up his pen and circled a segment of Voss's diagram. "This molecular bridge structure could theoretically be scaled. If someone applied it to a synthesized compound with greater toxicity — and released it over a major population center rather than a single city district —"

He didn't finish the sentence. He didn't need to.

The room was very quiet.

"Then we have to find him," Hildy said, her tail coiling with restrained energy. "Before he moves from demonstration to consequence."

Serafine straightened. "I'm coming with you," she said. It wasn't a request.

Hildy considered her for a moment. Serafine had no elemental magic — but she had authority, tactical experience, and access to warden resources across MarBryn. She was also, Hildy knew, fundamentally brave in the practical, unpretentious way that genuinely useful people tended to be.

"Welcome to the party," Pip said cheerfully.

Oswin was already repacking his satchel with the relevant journals. "We should resupply and move by dawn," he said. "The Cinderplain is four days east on wing. Three, if Hildy pushes the pace."

"I can push the pace," Hildy said.

"And I will," she thought, her plasma tail-tip flickering in the dim hall light. "Because whatever Malgrew Voss is building, Element One was here before anything else in this universe. And it will be here when he is stopped."

Chapter 4: The Road Through Ferrous Canyon

They left Caldenmoor before the sun had fully cleared the Verdant Spine Mountains, moving east through air that gradually shed the last traces of yellow haze and sharpened into the clean cold of open sky. Hildy flew at a steady, purposeful pace, her wide wings working in long, powerful strokes. Oswin rode in the travel harness across her back, his notebook open even in flight, weighted pages held down by a clever brass clip of his own design. Pip ranged ahead and wide as scout, her silver form sometimes disappearing entirely against the pale morning sky before reappearing with a chimed report. Serafine had secured passage on a swift elemental courier vessel — a compact airship running on compressed combustion gas — and would rendezvous with them at the eastern edge of the Thornveil Forest, a day's journey ahead.

By midday, the rolling farmland east of Caldenmoor had given way to the dramatic geology of Ferrous Canyon — a vast, deep cleft in MarBryn's crust that ran for nearly sixty miles north to south, its walls banded in rich stripes of red iron oxide, pale calcium deposits, and dark basalt, like a stratigraphic record of the world's own chemical history laid bare for anyone with the curiosity to read it.

Hildy descended into the canyon to follow its sheltered passage eastward, the walls rising two hundred feet on either side. The air here was cooler and carried the metallic tang of mineral-rich groundwater seeping through the rock.

"Iron, calcium, magnesium, trace manganese," Oswin noted, reading the canyon walls with quiet satisfaction. "And look there — those dark horizontal bands near the canyon floor. Carbon deposits. This canyon was once a seabed."

"How long ago?" Pip asked, landing on a protruding ledge briefly as they passed.

"Millions of years," Oswin said. "Long before MarBryn had people in it. Long before it had a name."

"Long before everything," Hildy thought. "Except hydrogen." Hydrogen had been there at the beginning — in the first stars, in the first molecules of water, in the first stirrings of organic chemistry that eventually, improbably, became life. She had known this fact since she was young, had been told it by the elder dragons in the old teaching circles high in the Verdant Spine. But it never grew small with repetition. It only grew larger.

They were midway through the canyon when Pip's antennae rang out a sharp warning tone.

"Three figures on the canyon rim, north side," she chimed, dropping back to Hildy's shoulder. "They've been tracking us for the last ten minutes. They're not wardens."

Hildy didn't break her wingbeat rhythm. "Armed?"

"Elemental projectors. Modified. Not standard issue."

Oswin tucked his notebook away with practiced calm. "Voss's people, you think?"

"Almost certainly," Hildy said. And then, without further commentary, she folded her wings and dropped — plummeting fifty feet straight down before snapping her wings open and executing a sharp bank that put her directly below the overhang where the three figures crouched. She came up fast on the other side, her tail already live with crackling blue-white plasma.

The three figures — masked, wearing grey-brown equipment coats — scrambled back from the rim edge in alarm. Their projectors swung toward her.

"I would think carefully about that," Hildy said, her voice carrying the particular steady quality that came from absolute confidence in one's own capabilities.

One of them fired anyway. A dense bolt of green-tinted corrosive compound shot toward her — Hildy read its molecular structure in an instant. Chlorine-based. She swept her tail in a short, precise arc, releasing a counter-burst of hydrogen plasma that enveloped the bolt. The hydrogen's reducing chemistry stripped the corrosive agent apart at the molecular level. It dissolved harmlessly into a puff of warm vapor.

Oswin, watching from the harness with his usual mix of terror and professional delight, later wrote the maneuver up in his notebook as the Reduction Burst — Hildy's name for it was simply "that thing I do with chlorine," which he considered insufficiently dignified for a scientific journal. The real chemistry behind it was not fantasy at all: hydrogen is one of the most reliable reducing agents in the real world, meaning it readily gives up its single electron to another substance. When Hildy's plasma met the chlorine compound, it did on a dramatic scale exactly what hydrogen gas does in a laboratory reduction reaction — donating electrons, breaking the chlorine compound's corrosive bonds apart, and leaving behind something harmless.

The three figures stared.

"Surrender your projectors," Hildy said pleasantly, "and tell me what you know about Malgrew Voss, and this will be a very brief and non-injurious conversation."

The tallest of the three, a heavyset woman with sharp eyes above her mask, lowered her projector slowly. "We're not Voss loyalists," she said, her voice rough. "We're trying to stop him too."

Pip tilted her silver head. "That's either very convenient or very interesting."

"Start talking," Oswin said.

Chapter 5: Allies From the Ashfen

The woman's name was Dara Foundry, and she was exactly as complicated as her entrance had suggested.

She was thirty-five, stocky and capable-looking, with the kind of sun-darkened complexion that came from years of outdoor fieldwork rather than vanity, and hands that were permanently stained around the knuckles with dark chemical reagent. She was a rogue elemental chemist — trained formally at the Dravenmere Institute before going independent, working outside official structures in the grey area between licensed research and outright prohibition. She had no elemental magic, but her practical knowledge of applied chemistry was formidable, and she carried a belt of custom-synthesized reactive compounds that she deployed with the casual precision of someone who had been doing it for decades.

Her two companions were quieter. One was a young man named Tev, barely nineteen, thin and fast-moving, who served as Dara's field assistant and was apparently gifted with an almost supernatural mechanical intuition — he could disassemble and reassemble any device he'd seen once without instruction. The other was a creature Hildy recognized with some surprise: a Runic Salamander, about three feet long, with scales the color of old copper and faintly glowing amber sigils naturally occurring along its flanks. It regarded everyone with unhurried golden eyes and was called, Dara said simply, Salt.

"Salt?" Pip asked.

"Short for Saltation. It means to leap." Dara shrugged. "He earned it."

Salt flicked his tongue, apparently unconcerned with the discussion of his own name.

They gathered in the canyon's shadow while Oswin produced a small portable chemistry burner from his satchel and began laying out what he optimistically referred to as "a proper meal," which mostly meant supplementing everyone's travel rations with whatever could be warmed, steeped, or made marginally less grim by the application of heat. Everyone ate hard travel biscuits, and strips of smoked river fish except for Pip, who sipped concentrated flower nectar and Hildy, who ate almost nothing.

Hydrogen Dragons drew most of their sustenance directly from mineral-rich water and the ambient hydrogen bonded into the air and stone around them — a slow, constant absorption rather than a meal — though she had, since childhood, kept a private fondness for what the mountain villages called emberfruit: a small, golden fruit whose skin held trace amounts of natural combustible oil, so that a single spark from her tail made it glow warmly from within for a few seconds before it was eaten. It was, she privately thought, the closest thing to dessert a creature made of the universe's first element could reasonably ask for.

Dara spoke without visible concern for whether they believed her. "I've been tracking Voss for two years. Since Ashfen." She wrapped both hands around her cup. "He had a facility out there — underground, carved into the marsh bedrock. Disguised as a natural gas extraction operation. I stumbled onto it during a reagent survey. He was synthesizing atmospheric compounds on an industrial scale. Not for commercial use. For weaponization."

"And you didn't report it?" Serafine's voice came from behind them — she had arrived early, the courier vessel having made better time than expected, and now stood at the canyon mouth with the contained displeasure of a person who has just heard something professionally aggravating.

Dara looked at her steadily. "I reported it to the Dravenmere Institute. They reported it to the Regional Elemental Authority. The Authority sent one inspector, who concluded there was insufficient evidence of criminal intent, and filed the case as inactive." She paused. "Three weeks later, Voss burned the facility himself and moved on. The inspector's report was quietly buried. I stopped relying on official channels."

Serafine's jaw tightened. Hildy watched her absorb this with the practiced discipline of someone who was angry and choosing to be useful instead.

"What does Voss actually want?" Hildy asked.

Dara looked at her directly. "Recognition. Power. And revenge against the Academy that expelled him." She set down her cup. "But it's evolved beyond that. He's been developing what he calls the Null Atmosphere Protocol — a theoretical system for chemically neutralizing the elemental bonding properties of a target region's air. In plain terms: strip the air of the molecular properties that allow elemental magic to function. No combustion reactions. No plasma dynamics. No atmospheric elemental conduction." She looked meaningfully at Hildy's tail. "No hydrogen magic. In the target zone, any elemental ability would simply stop working."

The canyon was quiet except for the distant seep of mineral water.

"That's why he demonstrated it over Caldenmoor," Hildy said. "He wasn't testing toxicity. He was testing suppression range."

"He's going to use it against the capital," Oswin said softly. "Elmhaven. Strip the elemental properties from the air above the most heavily populated city in MarBryn and every elemental defender becomes ordinary. Every protection system fails."

"And then?" Pip asked quietly.

"And then," Dara said, "he walks in unopposed."

Hildy rose to her full height and looked east toward the Cinderplain. Her tail burned a steady, silent blue. She thought about hydrogen — about how it was the simplest thing in the universe and also the most powerful. About how stars ran on it. About how life was built from it. About how the right application of the most fundamental element could undo almost anything.

"Not this time, Voss."

"Then we move tonight," she said. "All of us."

Chapter 6: The Cinderplain

The Cinderplain lived up to its name.

It was a vast, flat expanse of volcanic rock and cracked mineral earth, dark as charcoal, stretching to the horizon in every direction with the featureless indifference of geological time. The rock surface was fractured into great irregular plates separated by fissures that breathed warm, mineral-laden air from deep below. Scattered across the plain were formations of crystallized sulfate minerals — tall, angular pillars of white and pale yellow that rose from the dark ground like the remnants of some ancient and alien architecture. The sky above was perpetually hazy, a pale copper-grey, filtering the sunlight into something flat and directionless.

No roads crossed the Cinderplain. No settlements clung to its edges. Even the most ambitious of MarBryn's old cartographers had labeled its interior with the honest notation: Unsurveyed. Inhospitable. Unknown.

It was, Hildy thought as she flew low over its surface with the others, exactly the kind of place Malgrew Voss would choose.

They traveled through the night after leaving Ferrous Canyon, stopping twice for brief rest. By early morning of the second day, Salt — the Runic Salamander, whose amber sigils had been slowly brightening as they moved east —

suddenly stopped on a flat rock outcropping and pressed his snout to the ground with unmistakable deliberateness.

"He's reading something," Tev said. The young mechanic watched Salt with quiet attentiveness. In the two days of traveling together, Hildy had noticed that Tev spoke little but missed nothing. He had already, without being asked, identified and fixed a stress fracture in Oswin's travel harness, recalibrated Serafine's compressed gas sidearm, and quietly untangled a knot in Pip's crystalline antennae that had been causing her minor navigational interference for weeks.

"Thermal chemical gradients," Dara said, watching Salt. "He reads them through the ground. It's a salamander ability — they're chemically sensitive to geothermal signatures. And a complex industrial operation underground would have a very distinct thermal chemical signature."

Salt lifted his snout and looked directly northeast. His sigils pulsed once — bright, clear, and definitive.

"That way," Pip confirmed from above, scanning on her own senses. "Something large. And I'm picking up electromagnetic disturbance that means active elemental machinery."

They found the entrance two miles northeast — a reinforced steel hatch set flush into the plain's surface, almost invisible unless you were standing on it. Around it, subtle chemical ventilation pipes emerged from the rock, disguised as natural fissures. Old-world iron construction overlaid with new-world precision engineering. It was, Oswin noted with reluctant admiration, masterfully concealed.

"He built this over years," Serafine said grimly, crouching to examine the hatch's locking mechanism.

"Tev," Dara said quietly.

Tev was already crouching beside Serafine, his fingers moving over the lock mechanism with the light, exploratory confidence of someone reading familiar text. "Modified seismic lock," he murmured. "Responds to vibration sequence rather than key. Clever. But the secondary bypass is mechanical, not elemental." He reached into his coat, produced a small folding tool kit, and began working with quiet, focused efficiency.

While Tev worked, Hildy crouched low and pressed her tail tip gently to the rock surface beside the hatch, sending a careful, feather-light pulse of hydrogen-sense energy downward. She read the subsurface chemical landscape like a map. Tunnels. Chambers. The sharp signatures of industrial synthesis — sulfur compounds, nitrogen derivatives, heavy atmospheric agents in containment. And at the center of it all, a large, active reaction space generating enormous molecular energy.

“He's already running it, she realized. “The Protocol isn't theoretical anymore. It's operational.”

"Tev," she said quietly.

"Almost," he answered.

The lock clicked. The hatch released. A draft of warm, chemically complex air rose from below.

Hildy looked at her companions — Oswin with his notebook and his extraordinary mind, Pip bright-eyed and alert, Serafine steady as stone, Dara with her belt of synthesized tools, Tev folding his kit away with calm competence, and Salt already descending the ladder into the dark with his sigils blazing amber light.

“Good,” she thought. “I'll take these people over an army of uncertain strangers.”

"Together," she said. "Carefully. And quietly, please."

She folded her wings tight and descended into the facility of Malgrew Voss.

Chapter 7: Below the Cinderplain

The facility was enormous.

It opened from the access shaft into a vaulted underground space that reminded Hildy, with dark irony, of the Hall of Elemental Sciences in Caldenmoor — if the Hall had been built not for the pursuit of knowledge but for the manufacture of harm. Steel and iron structures rose from the rock floor in dense, complex arrangements: reaction towers, condensation coils, atmospheric compression chambers, pipework running in every direction. Old-world engineering — iron-riveted, hand-fitted, built to endure — married to sophisticated new-world precision chemistry in a hybrid that was simultaneously impressive and deeply troubling.

The whole space was lit with the greenish-yellow glow of gas discharge lanterns, throwing everything into a slightly sickly light. The air had that dense, chemical heaviness that Hildy associated with large-scale industrial synthesis.

"He's been building this for years," she thought. "All those expulsion years. All that time supposedly disappeared. He was here. Working."

They moved in two groups — Serafine leading Tev and Dara along the eastern wall toward the primary control infrastructure, while Hildy moved through the central space with Oswin, Pip, and Salt. The plan, agreed in whispers before descent, was to reach the main reaction chamber and understand the Protocol's current operational status before any confrontation. Information before action.

Oswin was taking continuous notes, his pen moving rapidly, his expression one of suppressed scientific horror mixed with genuine admiration. "The scale of this synthesis apparatus — Hildy, this represents years of sustained alchemical engineering. One person did not build this alone."

"He had help," Pip chimed softly, her light dimmed to minimum so as not to attract attention. "The three people from the canyon rim weren't the only ones working for him. I counted sixteen individual heat signatures on my sweep above."

"Sixteen people who believed in this enough to help build it," Hildy said quietly.

Salt stopped suddenly, pressing to the floor, sigils flickering rapidly. Hildy froze, and everyone behind her followed instantly. From an adjacent passage came footsteps — two people in grey-brown coats, deep in a technical discussion about pressure calibration, walking past without pausing. They disappeared around a curve of pipe-work.

Hildy let out a slow breath and moved on.

They found the main reaction chamber through an iron-braced archway. It was circular, perhaps forty feet across, dominated by a central reaction column that rose from the floor to the cavern roof — a towering construct of glass-reinforced steel and alchemical crystal, inside which something churned and glowed in unhealthy amber and brown. Around its base, a ring of atmospheric compression units cycled steadily. The chemical signature radiating from it was exactly as Hildy had read from above — the Null Atmosphere Protocol, active and building toward operational capacity.

And standing at the primary control console, back to them, was a man who could only be Malgrew Voss.

He was tall and thin, with the slightly stooped posture of someone who spent most of their time bent over precise work. His coat was dark and practical, his grey hair pulled back severely. He moved at the console with the fluid economy of absolute familiarity. He knew every instrument here the way a musician knows a beloved instrument.

Hildy had expected, perhaps, to feel something dramatic at this moment. Instead she felt only a sharp, focused clarity.

"Voss," she said.

He turned without startling — which itself was informative. He had known they were there. Perhaps for some time.

Malgrew Voss had a sharp, angular face, deep-set eyes of a cold grey-blue, and the expression of someone who had spent years feeling misunderstood and had long since stopped caring about that and moved on to feeling contemptuous. He was perhaps sixty. He looked at Hildy with direct, assessing attention and no apparent fear. Beneath the coldness there was, Hildy would come to understand, a man who worked eighteen-hour days out of habit rather than discipline, who drank his tea black and often forgot it existed until it had gone cold beside him, and who had not, by his own quiet admission much later, eaten a proper meal in the company of another person in eleven years.

"The Hydrogen Dragon," he said. His voice was precise and dry. "I wondered when you'd appear. I sent the Caldenmoor signal specifically hoping it would reach someone of sufficient capability to follow it." He almost smiled. "I didn't expect you to bring a warden."

"Then you underestimated me," Serafine said from the eastern doorway, where she had arrived with Tev and Dara. Her expression was a controlled, professional fury.

Voss looked at Dara for a moment. Something passed across his face — recognition, and perhaps the faintest trace of old regret. "Hello, Dara."

"Malgrew," she said flatly.

"Shut it down," Hildy said. Her tail curled, plasma bright and ready.

Voss shook his head slowly. "Not yet. I need you to understand what you'd be shutting down and why. Because you haven't come here simply to destroy. If that were your intention, you'd have sent wardens in force, not a small thoughtful company." He looked at Hildy with something that might, in another context, have been respect. "You want to understand. So let me explain."

Despite every rational instinct telling her to simply neutralize the reaction column and end this immediately, Hildy held her tail steady and said nothing. Because he was right. She did want to understand. Not for his benefit — for hers. Because understanding the full architecture of a problem was always, always more powerful than brute force dismantling of its surface.

"But I am watching everything," she reminded herself. "Every movement. Every hand."

Voss turned back to his console, not in dismissal but in the manner of a lecturer reaching for reference material. "The Academy expelled me for unauthorized experimentation," he said. "What they declined to tell anyone — what they buried in committee reports and sealed archive boxes — is that the experimentation they objected to was my research into atmospheric elemental degradation. Not as a weapon. As a warning."

"A warning about what?" Oswin asked. His pen was moving.

"About dependency," Voss said. He tapped a sequence of instruments, and the central column's display shifted to show a broad atmospheric map of MarBryn. Hildy recognized major population centers — Caldenmoor, Dravenmere, and at the map's western heart, the great capital city of Elmhaven. "MarBryn has built its entire civilization on elemental magic. Its infrastructure, its medicine, its defense, its agriculture — all of it threaded through with elemental dependency. The old-world engineering still exists, but it has been systematically deprioritized, underfunded, allowed to decay. Entire generations have grown up without learning non-elemental alternatives because why bother? The magic works." He turned. "Until it doesn't."

"And your solution to elemental dependency," Serafine said with iron precision, "is to strip the atmosphere of elemental functionality over the capital city."

"My solution," Voss said, "was to demonstrate the vulnerability. Surgically. Reversibly. To force the institutions that ignored my research to face what they refused to read in a report." His voice tightened, just slightly. "The Null Atmosphere Protocol is fully reversible. Forty-eight hours of molecular disruption followed by complete restoration. No permanent damage. No fatalities. A temporary, controlled blackout."

"Seventeen people collapsed in Caldenmoor from your demonstration," Hildy said. Her voice was level. "Reversible doesn't mean harmless."

Voss was quiet for a moment. And in that moment Hildy saw something shift in his angular face — not guilt exactly, but the uncomfortable recognition of a consequence he had underweighted. It was small and quickly controlled, but it was there.

"That was a calibration error," he said quietly. "The dispersal concentration was higher than the model predicted."

"A calibration error," Dara repeated. The flatness of her voice was more devastating than anger would have been. "Malgrew. You taught me that chemistry doesn't negotiate with calibration errors. The compound doesn't care about your intentions."

Another silence. Salt moved to the center of the room with his quiet amber glow, sigils pulsing in slow, steady rhythm, watching Voss with those ancient golden eyes.

Hildy made her decision.

"Here is what is going to happen," she said, with the calm authority of someone stating natural law. "You are going to walk me through every component of this Protocol — completely, transparently, holding nothing back. Oswin will document it in full. Serafine will witness it. If your reversal claim is genuine and fully supported by the chemistry, then there is a path forward that doesn't end with this facility in ruins and you in a warden's restraint." She paused. "But the column goes to standby right now. That is not a negotiation."

Voss looked at her for a long moment. Then he looked at the reaction column, at the amber-brown churn of his life's obsessive work humming in its glass and steel housing.

He reached over and keyed the standby sequence.

The column's glow dimmed to a quiet, contained pulse. The compression units slowed. The chemical heaviness in the air lightened perceptibly.

Tev, who had been standing near the eastern doorway quietly taking in every mechanical detail of the facility with his extraordinary visual memory, let out a breath so small only Hildy's sharp dragon senses caught it. Pip's antennae unchimed from their alarm position. Oswin opened to a fresh notebook page.

"From the beginning," Hildy said to Voss.

And Malgrew Voss, for the first time in eleven years of solitary, furious, unheard work, began to explain himself to people who were genuinely listening.

Chapter 8: The Weight of Hydrogen

The explanation took three hours.

Voss was meticulous and, Hildy admitted to herself, brilliant in the specific, uncomfortable way that people were brilliant when their gifts had been given too little guidance and too much grievance. He walked them through the full molecular architecture of the Null Atmosphere Protocol with the thoroughness of someone who had rehearsed this presentation in his own mind hundreds of times and was both relieved and unnerved to finally be delivering it to a real audience.

Oswin filled eleven notebook pages. He asked forty-seven questions — Hildy counted, because she found the number oddly comforting in its precision. Dara challenged three of the synthesis assumptions with sharp technical objections, two of which Voss conceded immediately and one of which produced a tense, rapid-fire chemical debate that Serafine watched with the expression of someone fluent in the language of authority but sitting in a lecture conducted in advanced mathematics.

The reversal mechanism was real. The chemistry was sound. The Protocol was, as Voss had claimed, designed to be temporary — a forty-eight-hour atmospheric disruption followed by complete molecular restoration. The Caldenmoor incident had been, genuinely, a concentration error rather than an intended escalation.

None of which resolved the central problem, which Serafine articulated with characteristic directness when Voss finished speaking.

"You built an illegal facility, synthesized prohibited atmospheric compounds, conducted unauthorized testing over an inhabited city, and sedated eleven facility workers with non-consented chemical agents. The merit of your underlying research — which I am not qualified to assess and will not pretend to — does not change those facts."

Voss met her gaze. "I know," he said. Simply. Without deflection.

That surprised almost everyone in the room except, Hildy noticed, Dara.

"He knew the cost when he committed to this path," Hildy thought. "He chose the work over the consequences and he's made his peace with that. That is both admirable and deeply sad."

"The research itself needs to reach the right people," Oswin said, looking up from his notebook. His voice carried the particular earnest urgency it got when an idea had fully taken hold of him. "Hildy — the vulnerability he's identified is real. I've been running the numbers against what I know of MarBryn's elemental infrastructure distribution and he's right. If any external force ever naturally degraded atmospheric elemental bonding —

through catastrophic volcanic activity, through a sufficiently large-scale rogue elemental event — the dependency gap would be catastrophic. The old-world engineering backup systems haven't been maintained in decades."

"So you're saying he's right about the problem," Serafine said carefully.

"I'm saying the problem is real and has been ignored, yes," Oswin said. "Which doesn't justify the method. But it does mean the research matters."

Hildy had been listening to all of this while also conducting a quiet, ongoing hydrogen-sense survey of the facility around her. She had noted the positions of the sixteen workers Pip had identified. She had mapped the facility's structural layout through its chemical signatures. She had been, with careful subtlety, preparing.

Because something had been troubling her since they entered the facility. Something in the subsurface chemical readings that didn't quite fit the picture Voss was presenting.

"Voss," she said. "The northeast chamber — the one your schematics don't show. What's in it?"

The room's atmosphere changed in an instant. Something crossed Voss's face — not guilt, and not deception exactly, but the expression of a person confronted with the part of the story they had decided to present last.

"That," he said after a pause, "is where it gets more complicated."

Serafine's hand moved to her sidearm.

"Show us," Hildy said.

The northeast chamber was smaller than the main reaction space — intimate, almost, by comparison. But what it contained made Oswin's breath catch audibly. Along the far wall stood a row of twelve sealed atmospheric containment vessels, each the size of a large barrel, each bearing the unmistakable amber-brown tint of the Null Atmosphere compound. Fully synthesized. Fully concentrated. Enough, Hildy's hydrogen senses told her with cold clarity, to blanket Elmhaven completely for far longer than forty-eight hours.

"This is a backup deployment system," Dara said slowly. "This isn't demonstration quantity. This is—"

"It was never for Elmhaven," Voss said, and his voice carried something new — a tightness that sounded, Hildy thought, like fear. "I built this reserve because six months ago, someone contacted me. Someone who had learned about my work. They wanted to purchase the Protocol and the deployment capacity. They were not interested in the reversible version."

"Who?" Serafine said sharply.

"They called themselves the Reduction Syndicate," Voss said. "I don't know their leadership. I don't know their full purpose. I refused them. Three times." He looked at the containment vessels. "They stopped asking four months ago. Which means either they gave up—"

"Or they found another way to get what they needed," Hildy finished.

She felt it then — a vibration through the rock, deep and rhythmic. Not geological. Mechanical. Something large approaching from the east, underground.

Pip's antennae rang out three sharp alarm tones simultaneously.

"We have incoming," Pip said. "Multiple contacts. Moving fast. And Hildy—" her voice went small and precise "—they're running elemental suppression fields ahead of them."

Hildy's plasma tail flared bright. *"So they came for the compound themselves."*

"Everyone out of this chamber," she said. "Now. Tev — can you rig the containment vessels to self-seal on external breach?"

Tev was already moving toward the vessels, his hands reading the mechanisms. "Thirty seconds," he said.

"You have twenty," Hildy told him. "Oswin, take Voss. Serafine, cover the main passage. Dara—"

"Already on it," Dara said, her hand moving to her reagent belt with the calm efficiency of long practice.

Hildy turned toward the approaching vibration, her tail burning clean and fierce and blue-white in the dark.

"*Hydrogen was the first thing,*" she thought. "*And right now, that matters enormously.*"

Chapter 9: The Reduction Syndicate

The breach came from the east tunnel wall.

Not through a door. Not through the access shaft. Through the wall itself — a precisely engineered chemical dissolution that ate through the rock and iron reinforcement in a controlled, silent wave, leaving a perfectly circular opening eight feet across. It was elegant and ruthless and spoke of resources and planning that went well beyond opportunistic theft.

Through it came seven figures in matte black equipment coats, moving with the coordinated efficiency of people who had rehearsed this exact operation. Each carried an advanced elemental suppression projector — new-world technology, precision-manufactured, far beyond the modified units Dara's team had carried at Ferrous Canyon. At their center walked a woman who was clearly in command: tall, composed, perhaps fifty, with close-cropped silver hair and an expression of complete professional detachment. She surveyed the chamber with the brisk inventory of someone arriving to collect a pre-purchased order.

"The Hydrogen Dragon," she said, with the tone of someone checking an item off a list. "We expected the Warden. We didn't expect you." She didn't sound particularly concerned. "I am Director Cassia Wenn of the Reduction Syndicate. We're here for the atmospheric compound and the Protocol documentation.

Nothing else. Cooperate and this remains uncomplicated."

"You dissolved through reinforced rock and iron," Serafine said from the main passage doorway, her voice carrying its full warden authority. "That's already considerably past uncomplicated."

Wenn glanced at her briefly. "Warden Aldrath. Your reputation precedes you. Stand down, please. This is above your jurisdictional remit."

"Nothing in MarBryn is above warden remit," Serafine said flatly.

Hildy had been very still since the breach, her tail held low and deceptively quiet. She was reading the suppression fields the Syndicate projectors were generating — analyzing their molecular mechanics with her hydrogen sense, mapping their coverage geometry, finding their boundaries. The fields were good. Sophisticated. Designed specifically to disrupt elemental bonding dynamics in the immediate atmosphere, creating a zone in which most elemental magic would function poorly or not at all.

Most. Not all.

Because the suppression field's designers had made a reasonable but ultimately flawed assumption: that disrupting standard atmospheric elemental bonding would neutralize hydrogen-based magic equally with all other elemental types. It was a logical assumption. It was wrong. Hydrogen's bonding behavior operated at a more fundamental level than the suppression field's disruption frequency. Like trying to silence a sound by removing the air — it worked on most frequencies, but the very lowest vibrations still traveled through the ground itself. Oswin would later write this quirk up formally, giving it the name the First Element Effect: because hydrogen has only a single electron and the simplest possible atomic structure of any element, its bonding signature sits below the range most suppression chemistry is calibrated to disrupt. Every other element on the table is, in a sense, hydrogen plus complications — and it was precisely hydrogen's lack of complications that made it impossible to fully suppress.

"They don't know that," Hildy noted. "Good."

She needed a moment to act on that advantage. Which meant she needed a conversation to be happening.

"What does the Reduction Syndicate actually want with the Protocol?" she asked Wenn, genuinely curious despite the circumstances. "Voss designed it as a demonstration tool. You'd know from any analysis that the deployment concentration in these vessels is set for temporary disruption, not permanent effect."

Wenn regarded her with what appeared to be mild appreciation for the question. "Temporary in the current concentration, yes," she said. "Our chemistry team has identified the scaling pathway to a permanent atmospheric variant. We need the base compound and the complete documentation to complete that synthesis." She paused. "We don't want to demonstrate MarBryn's elemental vulnerability, Dragon. We want to eliminate it. Permanently. In specific, targeted locations."

"To what end?" Oswin asked. He was behind Hildy, and she could hear the precise, controlled quality of his voice that meant he was frightened and managing it carefully.

"Equalization," Wenn said, with complete apparent sincerity. "MarBryn's social and political power is concentrated in elemental practitioners. Remove elemental functionality from the capital and the major administrative centers and you redistribute power to the non-magical majority." She looked around the group. "Several of you have no elemental ability at all. You understand what it is to work, to contribute, to be genuinely capable — and to be perpetually secondary to those who happened to be born with a magical affinity."

A silence followed this. It was the particular silence of an argument that contained enough truth to be uncomfortable.

Dara broke it. "That argument might carry some weight," she said slowly, "if your solution wasn't to permanently poison the atmosphere of inhabited cities." She tapped her reagent belt. "You're not redistributing power. You're destroying infrastructure that non-magical people depend on equally. The elemental heating systems in Elmhaven's lower districts keep non-magical families alive through winter."

Something flickered in Wenn's composed expression. Quickly controlled, but visible.

"She hasn't fully accounted for the civilian infrastructure dependency," Hildy realized. "Or she has and she's set it aside. I'm not sure which is worse."

From the corner of her awareness, she caught the faintest shift of movement — Tev, pressed against the wall beside the containment vessels, making the smallest possible gesture with two fingers. The vessels were sealed. Whatever happened next, the compound could not be easily extracted.

Hildy made her decision and moved.

She didn't use a dramatic burst. She used precision — a tight, focused application of hydrogen plasma through her tail, targeting not the Syndicate operatives directly but the suppression projectors they carried. Hydrogen's reducing chemistry worked at the molecular level on the projectors' elemental disruption emitters, breaking down their crystalline resonance components with surgical accuracy. Oswin would name this one too, later, once everyone had stopped shaking: Resonance

Fracture, and the real principle behind it was one any physics teacher could demonstrate — every crystal, like every wine glass, has a natural resonance frequency, and a precisely matched vibration can shatter it from the inside without ever touching it. Hildy's plasma simply found each projector's resonance point and pushed, gently and completely, until the crystal gave way. One after another, in a rapid sequence of small bright contacts, five of the seven projectors went dark.

The remaining two operatives swung their active projectors toward her. Serafine took one off its aim with a physical tackle that was entirely non-magical and entirely effective. Dara released a contained reactive compound from her belt that neutralized the second projector's emitter chemistry on contact.

Seven seconds. The suppression field collapsed.

In the sudden return of full elemental atmosphere, Pip blazed to full luminosity — a concentrated beam of focused light that hit the ceiling and diffused into brilliant general illumination, flooding the chamber with clarity.

The seven Syndicate operatives stood blinking in the light. Wenn stood perfectly still, her composure intact, making a rapid internal calculation that was visible in her still, assessing eyes.

Hildy faced her directly, tail alive with blue-white plasma, voice completely even.

"Here is what I want you to understand," Hildy said. "The problem you've identified — elemental dependency, infrastructural imbalance, the political concentration of power in magical practitioners — that problem is real. Oswin has spent the last three hours documenting evidence that it may be more serious than even you know." She paused, letting that land. "Permanently destroying the atmospheric chemistry of inhabited cities is not a solution. It is a different version of the same injustice — the powerful deciding unilaterally what the powerless need."

Wenn said nothing for a long moment. Then: "And what is your solution, Dragon?"

"Transparency," Hildy said. "Voss's research, fully documented, presented to the Elemental Assembly with Warden Aldrath's authority behind it. The infrastructure dependency gap, formally acknowledged and addressed. The old-world engineering systems, properly funded and maintained alongside the elemental systems." She glanced at Oswin. "And a voice for the people who built this world without magic — at the same table as those who built it with it."

Serafine looked at Hildy with an expression that mixed surprise with the beginning of genuine agreement.

Voss, standing beside Oswin, said nothing. But something in his angular face had loosened — some years-long tension releasing, almost imperceptibly, like a crystal stressed for too long finally finding a stable configuration.

Wenn looked at Hildy for a long, assessing moment. Then she looked at her operatives — at the neutralized projectors, at Salt watching her steadily with ancient amber eyes, at Tev standing calmly beside the sealed containment vessels.

"You neutralized seven suppression projectors in under ten seconds," she said to Hildy.

"Seven in about that, yes," Hildy agreed.

"The suppression field should have degraded your abilities significantly."

"Hydrogen operates at a more fundamental level than your field's disruption frequency," Hildy said. "A gap in your chemistry team's modeling."

For the first time, something that might have been genuine respect crossed Cassia Wenn's face. She looked at the sealed containment vessels. She looked at Serafine's steady, authoritative presence. She performed, visibly, the calculation of someone deciding whether the remaining options were worth their costs.

"I want the Assembly presentation to include full representation from non-elemental citizen groups," Wenn said. "Not consultation. Representation."

"Agreed," Serafine said, with the immediate decisiveness of someone who had been waiting for an opening.

Wenn nodded once, precisely. "Then I will stand down."

Chapter 10: First Element, Lasting Foundation

Three weeks later, Elmhaven was bright with late autumn light.

The capital of MarBryn occupied a wide, gentle valley where three rivers met — the Aldric, the Senne, and the quiet, deep-running Cael — their confluence forming the broad, reed-fringed lake at the city's heart from which its oldest neighborhoods radiated outward in concentric rings of increasing modernity. The innermost ring was old-world entirely: stone-arched bridges, hand-fitted iron lamp posts, buildings of hand-quarried granite with copper guttering green with age. The outer rings layered in new-world additions with varying degrees of architectural confidence — steam-driven public lifts, alchemical gas street lighting, precision-engineered aqueducts running alongside ancient hand-built ones. It was a city that contained its own history visibly, the way geological strata contain theirs — readable by anyone willing to look carefully.

The Elemental Assembly met in the Grand Convocation Hall, a domed building of white stone at the valley's high point, its interior a sweeping circular chamber with tiered gallery seating and a central floor where speakers stood. The dome above was fitted with an array of thin alchemical crystal panels that filtered and distributed natural light evenly throughout the space regardless of weather or season —

one of MarBryn's great engineering achievements, old-world design and new-world material science working in seamless collaboration.

It was, Oswin had observed when they arrived, a rather fitting venue.

Hildy waited outside the Hall's main entrance on the broad stone terrace while final preparations were made inside. The morning air was crisp and clean, carrying the mineral freshness of the nearby rivers and the faint woodsmoke of the city's early fires. She extended her senses into it — reading the clean, stable hydrogen content of the atmosphere, the ordinary, beautiful molecular fabric of uncompromised air — and felt something settle in her chest that she recognized as relief.

"This is what it should feel like," she thought. "Ordinary. Uninterrupted. Whole."

"You're doing the contemplative dragon thing again," Pip said from her customary perch on Hildy's left shoulder ridge. Her crystalline antennae chimed softly in the breeze.

"I contemplate," Hildy said. "It's not a thing. It's a practice."

"It's absolutely a thing," Pip said fondly.

Oswin emerged from the Hall's side entrance, adjusting his spectacles and carrying a leather document case so thick it appeared to be causing him mild structural concern. He had spent the three weeks since the Cinderplain facility in a state of sustained, focused productivity that had alarmed everyone around him and produced, by final count, two hundred and thirty pages of fully documented elemental infrastructure analysis, cross-referenced atmospheric chemistry data, and a detailed structural proposal for MarBryn's old-world engineering restoration. He had slept approximately four hours a night and had seemed, by all appearances, entirely happy about this.

"The Assembly reception is warm," he reported. "Warmer than I expected, honestly. The preliminary circulation of the dependency gap data got ahead of us — someone in Serafine's office shared it with three Assembly members before the formal session and apparently it caused significant discussion."

"Good discussion or alarming discussion?" Hildy asked.

"The productive kind," Oswin said. "The kind where people are frightened enough to act and not so frightened they panic."

Serafine appeared behind him, in full warden formal dress — the deep blue coat with its senior rank insignia bright with polish, her steel-grey hair precisely arranged, every line of her communicating authority and intention. She looked, Hildy thought, exactly like someone who was about to walk into a room and change things in it.

"They're ready," Serafine said.

Inside the Hall, the gallery was full. Assembly members in their formal robes occupied the lower tiers. Above them, the public galleries held citizens — a mix of elemental practitioners and non-magical residents, the latter present specifically because Serafine had invoked a provision of the Assembly's founding charter that Hildy suspected most current members hadn't known existed. Dara sat in the front row of the public gallery, her arms folded, watching the proceedings with the focused attention of someone who had waited a long time for this particular room to take a particular conversation seriously.

Beside her sat Tev, notebook open — he had, in the weeks since the Cinderplain, developed a habit of documentation that Oswin had encouraged with visible delight, recognizing in the young mechanic a mind that processed the world through precise observation. Tev had also, quietly and without making a production of it, submitted a formal application to the Dravenmere Institute's engineering program. Dara had written his recommendation letter in under twenty minutes and described it afterward as the easiest thing she had ever put her name to.

Voss was present too, seated at the speaker's table with the carefully arranged stillness of someone who understood the privilege of the seat and was not taking it lightly. His formal cooperation had been secured through a framework Serafine had negotiated with the Warden Authority — full transparency and testimony in exchange for supervised research status rather than criminal prosecution. It was not a perfect resolution. Several Assembly members had objected strenuously. But the chemistry of the situation, Hildy thought, had ultimately supported it: Voss's knowledge was too important to lock away, his research too consequential to leave unaddressed, and his genuine, if catastrophically misguided, underlying concern too legitimate to simply punish into silence.

Cassia Wenn was not present in the Hall. She and her six operatives were in warden custody pending a formal review process that Serafine had structured carefully to balance accountability with the substantive concerns the Syndicate had raised. Wenn had cooperated fully and had submitted, through her legal advocate, a detailed written proposal for non-elemental citizen representation in Assembly governance. Serafine had forwarded it to every Assembly member with a cover note that said simply: "Read this." Two had already responded with genuine interest.

The formal session opened. Serafine presented the atmospheric vulnerability findings. Oswin presented the infrastructure analysis. Voss, when his turn came, spoke with the precise, undeflected clarity of someone who had made their peace with consequence and found, on the other side of it, a kind of freedom. Several Assembly members asked hard questions. He answered them all.

And when the session opened to floor discussion, something happened that Hildy had hoped for but had not been certain of: the conversation moved, on its own momentum, from the specific crisis to the larger question. From "what went wrong" to "what must we build". From the defensive to the generative.

She watched it from the speaker's platform where she had been given a formal standing as the presenting Elemental Authority — a status she held in MarBryn by ancient charter right, which she used sparingly and had chosen to use today. She watched the Assembly members debate, challenge, and gradually begin to find agreement on the outline of something real: a joint commission for infrastructure restoration, a formal elemental dependency audit, a citizen representation framework, and the establishment of what Oswin had proposed calling the Foundational Chemistry Institute — a research body dedicated to the integration of old-world and new-world technical knowledge, accessible to magical and non-magical practitioners equally.

It would take years. It would face resistance, complication, and revision. The path between a productive Assembly session and actual, durable change was long and frequently frustrating. Hildy knew this.

But foundations were laid stone by stone. Stars built their hydrogen reserves over millions of years before they were powerful enough to burn. The first element didn't announce itself with immediate spectacle. It simply preceded everything.

After the session, as the Hall emptied into the autumn afternoon, the companions gathered on the terrace above the lake. Pip perched on the stone balustrade, her antennae chiming gently in the river wind. Oswin sat on the balustrade edge, already making addition notes with the document case balanced on his knees. Serafine stood with her arms loosely folded, looking out over the city she had served for twenty years with the expression of someone seeing it slightly differently than before and finding the new perspective preferable.

Salt moved quietly along the terrace wall, his amber sigils pulsing in the afternoon light with the slow rhythm of deep contentment. He paused beside Hildy and pressed the side of his copper-scaled head briefly against her foreleg — a gesture so small and so complete that she felt unexpectedly moved by it.

"What happens now?" Pip asked. "For us, I mean. Not for MarBryn's long-term governance reform. For us specifically, today, in the next few hours."

"Oswin needs to eat something that isn't travel rations," Serafine said.

"I genuinely forgot that was a category of concern," Oswin admitted.

"Dara mentioned there's an alchemical teahouse in the eastern quarter," Tev said from the doorway behind them, where he had appeared with his characteristic unannounced quietness. "Apparently they brew using a catalytic mineral water process and the results are supposed to be exceptional."

"Catalytic mineral water brewing," Oswin said, straightening immediately. "That's a specific and interesting claim. I would like to investigate it."

"Of course you would," Pip said warmly.

The teahouse — a narrow, three-story building called The Steeping Stone, wedged companionably between a bookbinder and a brass instrument-maker — turned out to be entirely worth the walk. Its proprietor, an elderly alchemist named Master Feyrin who had clearly heard every joke about her name at least once, explained the process to Oswin with visible pleasure at finding someone who asked genuinely informed questions: the teahouse ran its water through a bed of specially treated mineral stone that acted as a catalyst, speeding up the chemical extraction of flavor and aroma from the tea leaves without being consumed or altered itself in the process, the same way a catalyst works in any real chemical reaction, quietly making something happen faster without ever appearing in the final result.

After everyone finished their meals, they stood with Hildy looking out over Elmhaven — over its layered rings of old stone and new copper, its three rivers catching the late light in shifting silver and gold, its domed Hall with its crystal light-panels gleaming, its streets full of people living their ordinary, irreplaceable lives. Hildy let her hydrogen sense range out across it — feeling the clean molecular fabric of the air, the steady chemistry of water moving through ancient channels and modern pipes alike, the vast, quiet abundance of the most fundamental element woven through all of it.

"First doesn't mean simple," she thought again, as she often had. "It means foundational."

"So," Pip said, breaking the quiet with the particular brightness she reserved for ideas she'd clearly been sitting on for a while, "where next?"

"Ashfen," Dara said immediately. "There's a second site out past the marsh I never finished surveying. Voss's old reserves, before the Cinderplain. I'd wager there's a compound cache no one's touched in a decade."

"If we're going anywhere near the old high-altitude research stations, Oswin said, already reaching for his notebook out of pure reflex. " I have several questions the Academy never let me ask."

"You have several questions everywhere," Serafine said, not unkindly.

"The Dravenmere engineering program starts its intake review next month," Tev said quietly, and then, when everyone looked at him, added, "I'd rather see one more thing first. If that's — if there's room."

"There is always room," Hildy said. "I don't believe we've ever once had a full roster of well-rested, uninjured passengers. It would set an alarming precedent."

Salt pressed his head against her foreleg and looked northeast, toward the marsh, sigils already brightening.

"That's a yes from Salt," Pip translated.

Hildy felt something settle and lift in her chest at once — the particular feeling of an ending that was actually a beginning wearing an ending's clothes. Stars didn't stop burning once they'd formed. They kept converting hydrogen into more of themselves, one reaction at a time, for as long as the fuel lasted. She suspected hers would last a while yet.

"East to Ashfen, then," she said. "All of us. And Oswin can ask his questions on the way."

"Excellent," Oswin said, already climbing into the harness.

She spread her wings — vivid green catching the sun, pale undersides luminous as new leaves — and felt her companions settle into place around her: Oswin in the harness, notebook already open; Pip darting ahead as scout; Serafine standing steady at the terrace edge before catching the courier vessel that would meet them at the forest's rim; Dara swinging her reagent belt over one shoulder with a grin; Tev quiet and ready beside Salt, whose sigils burned bright and eager in the afternoon light.

"Together," Hildy said. "Let's go."

She launched from the terrace in one powerful, joyful stroke, her fiery mane streaming behind her, the plasma tip of her tail leaving a brief trail of blue-white sparks — not dissolving this time, but arcing east, toward the marsh, toward whatever came next.

Author's Note

When I first sat down to write Hildy's story, I wanted to answer a question I've been chewing on since the thought entered my mind to write a series of books about the elements. I wondered - what if the periodic table wasn't something you memorized, but something you 'believed in'? What if hydrogen — Element One, the first thing the universe ever made — wasn't just a fact on a chart, but a living, breathing dragon with a wand for a tail and a temper to match her power?

Hildy is the answer to that question, and she was, honestly, a joy and a challenge to write in equal measure. Hydrogen is deceptively simple. It's the lightest element, the most abundant, the one every chemistry student learns first and often thinks about least. But the more research I did, the more I fell in love with how much hydrogen actually does — how it forms the water in our bodies and our oceans, how it fuels the stars overhead, how its bonding holds together structures too small to see and too important to ignore. Hildy needed to carry all of that. She needed to feel foundational, not just powerful. That's where the line "First doesn't mean simple. It means foundational" came from — it's as much a thesis about hydrogen as it is a piece of Hildy's character.I also wanted this book to sit honestly in the real world, even while it's dressed up in dragons and airships and crystal-veined mountains. The mystery Hildy and her friends uncover — contaminated air, a villain willing to poison a city's atmosphere to make a point about power — isn't just a fantasy plot device. Atmospheric chemistry is real, and so is the uncomfortable truth that the powerful sometimes justify harming the vulnerable "for their own good." I didn't want to lecture young readers about that, but I did want Hildy to say it plainly when it mattered, because I think kids are more capable of sitting with nuance than we often give them credit for.

Oswin, Pip, Tev, and Serafine each represent a different way of relating to knowledge — pattern recognition, vigilance, quiet competence, diplomacy — and I loved giving Hildy a found family that balances her raw elemental power with very human (well, very not-dragon) skills. Chemistry, in this book as in life, isn't a solitary pursuit. It takes a team to read a canyon wall, decode a poisoned sky, or stop a man like Malgrew Voss.

If your young reader finishes this book and can tell you one true thing about hydrogen — that it's element one, that it's in every glass of water, that it's the reason stars burn — then this book has done its job. And if they finish it wanting to know what carbon or iron or chlorine might be capable of in dragon form, even better. There are more elements, and more elementals, waiting for their turn.

Thank you for letting Hildy into your home and your imagination.

Warmly,
Sybrina Durant,

Sybrina Durant

PS: If you're interested in reading the resources the scientific data in this book was derived from, check out this webpage: ***https://magicalptelements.com/mdapt/***

Hydrogen Facts

- First artificially produced in the early 16th century
- The lightest gas
- Poor conductor of heat and electricity
- Very weakly magnetic– Diamagnetic
- H2 (molecular Hydrogen) is highly reactive
- Non-Metal Gas

About the Author

Sybrina Durant is the author of

"The Magical Elementals Chemistry Fantasy Series"

"The Magical Elements of the Periodic Table Series"

"The No Metal No Magic Series"

"The Blue Unicorn – Journey To Osm" books

and she is the creator of the "Elemental Fantasy Periodic Table" which is available as a brilliantly colored poster.

There are also book activities, songs, trading cards and t-shirts for all 118 elements and elementals, too.

Visit MagicalPTElements.com to see everything that is currently available.

If you love to sing and learn, check out the "Chemistry Sing Alongs" playlist on the Sybrinad channel on Youtube.

Glossary of Scientific Terms in Hildy The Elemental Dragon with Hydrogen Magic

Atmospheric Chemistry

Real Science: The real scientific study of the chemical composition of the air, including the gases and compounds present in our own sky.

Story Magic: The very sense Hildy uses to "range out" her hydrogen awareness over a city and feel whether its air is clean or has been tampered with, as when she and Oswin detect that Caldenmoor's smog is "not natural atmospheric chemistry" but a deliberate attack.

Calcium

Real Science: A real, soft, light metallic element (number 20 on the periodic table) found naturally in rocks, bones, and mineral deposits.

Story Magic: One of the pale mineral bands Oswin reads in the walls of Ferrous Canyon, alongside iron and magnesium — part of the ancient chemical record that reminds Hildy hydrogen was present "long before everything" else in MarBryn's history, including these rocks.

Carbon

Real Science: A real, fundamental element (number 6) present in all organic matter, forming coal, limestone, and dark mineral deposits in sedimentary rock over millions of years.

Story Magic: The dark horizontal bands of carbon deposits Oswin spots near the canyon floor, marking an ancient seabed — a reminder that hydrogen, the element of Hildy's magic, existed at the very beginning of the universe, before even carbon and the first organic chemistry of life.

Catalytic Mineral Water

Real Science: In real chemistry, a catalyst is a substance that speeds up a chemical reaction without being consumed or changed by it — many teas and brewing processes use mineral-rich water because dissolved minerals can act as gentle real-world catalysts for flavor extraction.

Story Magic: The specialty brewing process at the Elmhaven teahouse, The Steeping Stone, that immediately catches Oswin's attention — a fitting curiosity for Hildy's companions, since hydrogen is the element that forms water itself, making every drop of catalytic mineral water a quiet echo of Hildy's own elemental nature.

Chlorine

Real Science: A real, highly reactive element (number 17) that readily forms corrosive compounds; in real laboratories, reduction reactions are used to break such compounds down safely.

Story Magic: The element behind the "green-tinted corrosive compound" one of Voss's operatives fires at Hildy in Ferrous Canyon. She reads it as chlorine-based on sight, then unleashes her Reduction Burst — hydrogen plasma's reducing chemistry — to strip the compound apart and dissolve it harmlessly.

Combustion

Real Science: The real chemical process of burning a substance with oxygen to release heat and light — the reaction that powers everything from candles to car engines.

Story Magic: The burning process behind the blue-white plasma fire that flickers from Hildy's tail whenever her hydrogen magic is active, and behind the "purified combustion gas" that powers Caldenmoor's controlled elemental flames and Serafine's courier airship.

Electron

Real Science: A real, negatively charged subatomic particle that orbits an atom's nucleus; how easily an atom gains, loses, or shares electrons determines almost all of its chemistry.

Story Magic: The particle Hildy's magic manipulates directly — her Ionic Runeweaving strips electrons from the air to create glowing plasma runes, and her Reduction Burst works by donating electrons to break hostile compounds apart.

Emission Spectrum

Real Science: In real chemistry, when an element is heated until it glows, it gives off light of very specific colors and wavelengths unique to that element — the same principle used in flame tests, neon signs, and fireworks.

Story Magic: The real science behind Hildy's Plasma Trace Reading: by reading the exact quality of light and structure produced when her plasma touches a compound, she can identify precisely what it is made of, the way she reads the "bridge structure" of the sabotaged sulfur chain in the Hall of Elemental Sciences.

Hydrogen

Real Science: Element One on the real periodic table — the lightest, simplest, and most abundant element in the universe, with a single proton and a single electron, essential for forming water and fueling the nuclear fusion inside every star.

Story Magic: The source of Hildy's magic. As a Hydrogen Dragon, she is the rarest and most primordially powerful of the Elemental Dragons, wielding her tail like a wand and channeling the same element that built the first stars and the first water.

Hydrogen Bonding

Real Science: A real, weak chemical attraction where a hydrogen atom forms a bridge between electronegative atoms in nearby molecules — it's why water has such a high boiling point and why ice floats, and it holds the double helix of DNA together.

Story Magic: The chemical bridge Hildy detects holding together the tampered sulfur chain in Caldenmoor's poisoned air — an "artificially stabilized" hydrogen-bonding lattice built by someone with deep chemical knowledge to make the contamination persist. Hildy recognizes it instantly because hydrogen bonding is, quite literally, her home element at work.

Hydrogen Sense

Real Science: Not a real ability — hydrogen atoms cannot actually sense anything.

Story Magic: Hildy's story-magic power: a constant, passive background awareness of every hydrogen bond in the air and water around her, letting her feel disturbances in atmospheric chemistry the way a sailor reads the wind, and to read the molecular structure of anything she focuses on.

Ion / Ionization

Real Science: A real process where an atom or molecule gains or loses electrons, becoming electrically charged — ionized gas is what makes lightning, neon signs, and the sun's plasma glow.

Story Magic: The real science behind Ionic Runeweaving, the very first technique every hydrogen dragonling learns: Hildy's tail strips electrons from a ribbon of air, exciting it into glowing, chargeable plasma that she can shape into runes before it disperses.

Iron / Iron Oxide

Real Science: A real, common metallic element (number 26) that reacts with oxygen in a process called oxidation to form iron oxide — the reddish substance also known as rust.

Story Magic: The reddish bands of iron oxide banded through the walls of Ferrous Canyon (the canyon's very namesake), and the steel-and-iron structures Hildy finds inside Voss's underground facility.

Magnesium

Real Science: A real, light, highly reactive metallic element (number 12) found in mineral and rock formations, and burned in real fireworks and flares for its brilliant white light.

Story Magic: One of the reactive metallic elements Oswin identifies banded into the walls of Ferrous Canyon, part of the layered chemical history that Hildy's hydrogen sense — older than any of it — quietly perceives as she flies past.

Manganese

Real Science: A real, hard, brittle metallic element (number 25) often found as a trace component alongside iron deposits in rock strata, and essential in trace amounts to living organisms.

Story Magic: The trace mineral Oswin notes alongside iron in Ferrous Canyon's rock strata, one more thread in the geological chemistry that Hildy, carrier of the universe's first element, reads with practiced ease.

Molecular Architecture

Real Science: A real term for the precise three-dimensional structure and arrangement of atoms within a chemical compound — understanding it is central to real chemistry and medicine.

Story Magic: The precise atomic structure Hildy reads directly with the glowing plasma tip of her tail through her signature ability, Plasma Trace Reading, uncovering the engineered nature of Caldenmoor's poisoned air.

Nitrogen Oxides

Real Science: Real chemical compounds made of nitrogen and oxygen, often released by combustion engines and industrial processes, and a genuine contributor to real-world air pollution and smog.

Story Magic: The "heavy nitrogen oxides" Oswin detects mixed into Caldenmoor's haze — a telltale sign, alongside the sulfur compounds, that the sky's chemistry has been deliberately altered.

Plasma

Real Science: A real, fourth state of matter — alongside solid, liquid, and gas — made of superheated, ionized particles capable of emitting light and energy; it makes up stars, lightning, and neon signs.

Story Magic: The superheated, glowing state of matter that erupts from Hildy's tail whenever she works magic — pale blue-white fire scribing runes in the mountain air, or a defensive burst that neutralizes an incoming attack.

Reducing Chemistry (Reduction)

Real Science: A real chemical process in which a substance gains electrons — the opposite of oxidation — often used to break down or "reduce" a more complex, reactive compound into simpler, safer components.

Story Magic: The process behind Hildy's Reduction Burst, in which her hydrogen plasma strips apart hostile compounds at the molecular level — first breaking down the chlorine-based bolt fired at her in Ferrous Canyon, and later disabling the crystalline resonance components inside Voss's suppression projectors.

Resonance Frequency

Real Science: A real physical property: the specific frequency at which an object or system naturally vibrates, and at which the smallest applied force produces the largest possible effect — including, in extreme cases, shattering the object.

Story Magic: The vibration Oswin famously predicted "to within three decimal points" for one of Hildy's plasma bursts, the feat that first won her trust in him — and the same property her Resonance Fracture ability targets in the crystalline components of Voss's suppression projectors.

Sulfate / Sulfur

Real Science: A real element (sulfur, number 16) and its mineral compounds (sulfates), which often smell acrid when burned and can form crystalline mineral formations in volcanic or geothermal areas.

Story Magic: The element behind both the crystallized sulfate pillars rising from the Cinderplain and the sulfur compounds Hildy and Oswin detect tainting Caldenmoor's air.

Ionic Runeweaving (Named Ability)

Real Science: Ionization, the process of stripping electrons from atoms to create a charged, glowing plasma state — the same physics behind neon signs and lightning.

Story Magic: The foundational hydrogen-dragon discipline of scribing glowing plasma runes in open air, the very first skill every hydrogen dragonling like Hildy is taught.

The Reduction Burst (Named Ability)

Real Science: Reduction reactions, in which hydrogen donates electrons to break down a more reactive or corrosive compound — a genuine, common technique in real-world chemistry.

Story Magic: Hildy's defensive counter-attack, sweeping her tail through a burst of hydrogen plasma that strips a hostile compound apart at the molecular level, as she does against the chlorine-based bolt in Ferrous Canyon.

Plasma Trace Reading (Named Ability)

Real Science: Emission spectroscopy — heating a substance until it glows and reading the specific colors of light it produces to identify its elemental makeup, just as scientists do with flame tests and starlight.

Story Magic: Hildy's signature investigative power, using the plasma tip of her tail to read the exact molecular architecture of any compound she examines.

Resonance Fracture (Named Ability)

Real Science: Every object has a natural resonance frequency, and a precisely matched vibration can shatter it from the inside — the same principle that can shatter a wine glass with the right musical note.

Story Magic: Hildy's precision technique for disabling elemental suppression projectors by finding and shattering the resonance frequency of their crystalline components.

The First Element Effect (Named Concept)

Real Science: Hydrogen has the simplest possible atomic structure of any element — just one proton and one electron — which gives its chemical bonding behavior unique properties that more complex elements don't share.

Story Magic: The reason Voss's and the Reduction Syndicate's elemental suppression fields cannot fully block Hildy's magic — her hydrogen-based power operates at a more fundamental level than their technology was designed to disrupt.

www.ingramcontent.com/pod-product-compliance
Lightning Source LLC
La Vergne TN
LVHW050827061126
851857LV00012B/1023
* 9 7 8 1 9 4 2 7 4 0 7 0 4 *